Excel
人力资源管理
从入门到精通

王　洋◎主编

CTS K 湖南科学技术出版社 · 长沙

图书在版编目（CIP）数据

Excel 人力资源管理从入门到精通 / 王洋主编. — 长沙：湖南科学技术出版社，2024.1

ISBN 978-7-5710-2563-2

Ⅰ. ①E… Ⅱ. ①王… Ⅲ. ①表处理软件—应用—人力资源管理 Ⅳ. ①F243-39

中国国家版本馆 CIP 数据核字（2023）第 248404 号

Excel RENLI ZIYUAN GUANLI CONG RUMEN DAO JINGTONG

Excel 人力资源管理从入门到精通

主　　编：王　洋
出 版 人：潘晓山
责任编辑：杨　林
出版发行：湖南科学技术出版社
社　　址：湖南省长沙市开福区芙蓉中路一段 416 号泊富国际金融中心 40 楼
网　　址：http://www.hnstp.com
印　　刷：唐山楠萍印务有限公司
　　　　（印装质量问题请直接与本厂联系）
厂　　址：唐山市芦台经济开发区场部
邮　　编：063000
版　　次：2024 年 1 月第 1 版
印　　次：2024 年 1 月第 1 次印刷
开　　本：710mm×1000mm　1/16
印　　张：15
字　　数：270 千字
书　　号：ISBN 978-7-5710-2563-2
定　　价：59.00 元

PREFACE 前言

Excel 是微软公司研发的一款简单易懂、方便快捷、功能强大的办公软件，极大地提高了办公效率。Excel 在人力资源管理中的应用是非常广泛的，熟练掌握 Excel 能做出人力资源管理过程中常用的表格，能帮助 HR 快速解决企业招聘、培训、计算薪酬等各项工作。

《Excel 人力资源管理从入门到精通》一书旨在帮助 HR 掌握 Excel 在人力资源管理中的应用，内容包括 Excel 在人力资源规划管理中的应用、人才招聘计划、记录公司员工信息、员工的培训管理、员工的出勤和绩效、员工社保和公积金缴纳、员工的薪酬管理、员工入职与离职管理等内容，帮助 HR 解决在工作中遇到的难题，从入门到精通，让 HR 成为人力资源管理达人！

本书中的表格和数据全部来源于 HR 的实际工作，读者能够根据书中讲解的设计表格的理念进行举一反三，制作出其他表格。每种表格的制作，每项知识的应用都有详细的文字描述并辅以步骤图，通过实例进行讲解。读者可以跟随本书的讲解，在计算机上亲自操作，无须太多的基础和时间，就能迅速地学以致用。

本书紧扣当前人力资源管理中的各项工作，以实用性、典型性为编写宗旨，尽可能介绍了 HR 使用 Excel 进行人力资源管理的各种技能，知识体系非常全面。具体来说，本书的特点包括：

◆ 语言简洁，循序渐进

本书从人力资源规划开始，用简洁的语言循序渐进地为读者讲解了利用 Excel 进行人力资源管理的各项工作，帮助读者轻松学习。

◆ 一步一图，图文并茂

本书中每讲解一个 Excel 在人力资源管理中的技能，都会有详细的步骤，且每个步骤下面都配有相应的步骤图，图片上还有每项操作的序号，读者在学习本书的过程中，能够清晰、直观地看到具体的操作步骤和效果，非常方便。

◆ 实用案例，即学即用

本书不仅搭配了大量的办公实例，如工作人员的信息、社保、公积金等，通过对具体工作清晰、全面的讲解，让读者快速掌握使用 Excel 在人力资源管理中的技巧，并应用到实际工作中。

希望本书能够成为读者学习 Excel 人力资源管理的良师益友，为读者在办公中提供便利，帮助读者在职场中取得更加出色的表现。相信通过学习本书，读者不仅可以快速掌握 Excel 人力资源管理的方法和技巧，还能领悟出一些技巧和窍门，最终找到适合自己的办公方式，提高工作效率和质量，促进个人的职业发展。

在本书编写过程中，我们尽力保证内容的准确性和全面性，但由于编者水平有限以及时间限制，难免存在一些不足之处。因此，我们非常希望读者能够提出宝贵的意见和建议，帮助我们不断改进和完善本书，以便更好地满足读者的需求。同时，我们也会认真倾听读者的反馈意见，不断改进和升级本书的内容和质量，让读者获得更好的学习体验和使用效果。

目录

CONTENTS

Chapter

01

第 1 章

Excel在人力资源规划管理中的应用

导读 ▷

Excel是办公软件重要的组成部分之一，具有操作简单、用途多样等特点，在人力资源管理工作中有着重要的作用。HR通过收集、整理、统计人力资源管理现状相关的信息，可以利用Excel规划出未来一段时间内、一年的工作，预测未来的人员需求、培训计划等。

学习要点：★学会创建人力资源规划相关工作表

★了解HR使用Excel时常见的错误

1.1 人力资源规划相关工作表

不同的企业有着不同的战略目标和不同的人员结构要求，HR 根据企业需要制作出人力资源规划相关的工作表是规划未来工作的基础，本节将着重介绍该部分内容。

1.1.1 创建年度人力资源规划表

创建“年度人力资源规划表”的操作步骤如下：

1 创建一个空白工作簿，并将“Sheet1”命名为“年度人力资源规划表”，如图 1–1 所示。

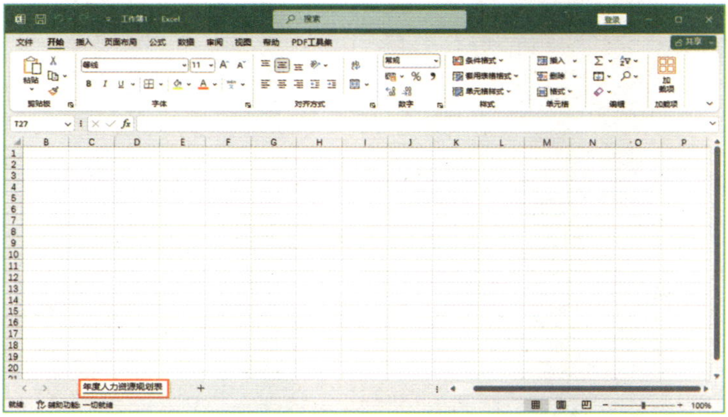

图 1–1

2 在创建好的空白工作簿中填入文字内容，如图 1–2 所示。

	N	O	P	Q	R	S	T	U
1	年度人力资源规划表							
2	部门	2023年		2024年		2025年		
3	行政部	目前人数	35	预测人数	45	预测人数	50	
4		需招聘人数	10	预测离职人数	10	预测离职人数	5	
5				需招聘人数	10	需招聘人数	10	
6	人事部	目前人数	5	预测人数	7	预测人数	10	
7		需招聘人数	2	预测离职人数	2	预测离职人数	5	
8				需招聘人数	3	需招聘人数	5	
9	销售部	目前人数	36	预测人数	56	预测人数	46	
10		需招聘人数	20	预测离职人数	10	预测离职人数	2	
11				需招聘人数	3	需招聘人数	2	
12	运营部	目前人数	25	预测人数	30	预测人数	40	

图 1–2

3 选中 A1:G1 单元格，单击【开始】选项卡，找到【对齐方式】选项组，分别单击【居中】按钮、【合并后居中】按钮，如图 1–3 所示。

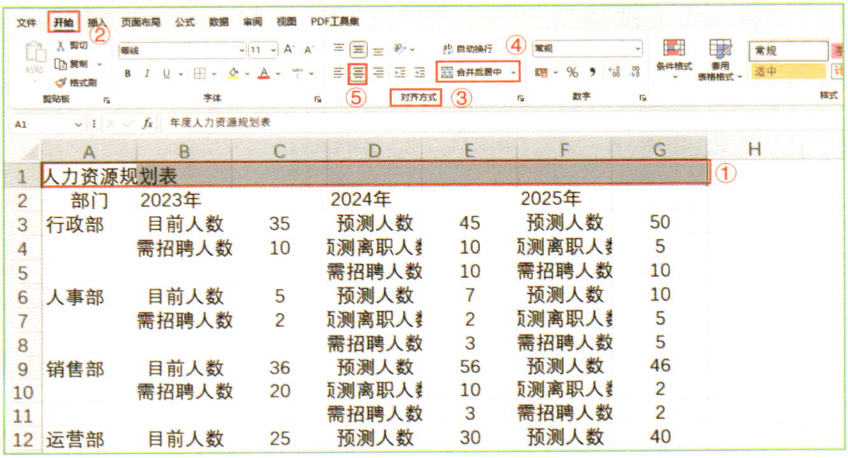

	A	B	C	D	E	F	G
1	人力资源规划表						
2	部门	2023年		2024年		2025年	
3	行政部	目前人数	35	预测人数	45	预测人数	50
4		需招聘人数	10	测离职人	10	测离职人	5
5				需招聘人数	10	需招聘人数	10
6	人事部	目前人数	5	预测人数	7	预测人数	10
7		需招聘人数	2	测离职人	2	测离职人	5
8				需招聘人数	3	需招聘人数	5
9	销售部	目前人数	36	预测人数	56	预测人数	46
10		需招聘人数	20	测离职人	10	测离职人	2
11				需招聘人数	3	需招聘人数	2
12	运营部	目前人数	25	预测人数	30	预测人数	40

图 1–3

4 效果如图 1–4 所示。

	A	B	C	D	E	F	G
1	年度人力资源规划表						
2	部门	2023年		2024年		2025年	
3	行政部	目前人数	35	预测人数	45	预测人数	50
4		需招聘人数	10	测离职人	10	测离职人	5
5				需招聘人数	10	需招聘人数	10
6	人事部	目前人数	5	预测人数	7	预测人数	10
7		需招聘人数	2	测离职人	2	测离职人	5
8				需招聘人数	3	需招聘人数	5
9	销售部	目前人数	36	预测人数	56	预测人数	46
10		需招聘人数	20	测离职人	10	测离职人	2
11				需招聘人数	3	需招聘人数	2
12	运营部	目前人数	25	预测人数	30	预测人数	40
13		需招聘人数	5	测离职人	5	测离职人	5
14				需招聘人数	10	需招聘人数	6
15	发行部	目前人数	10	预测人数	15	预测人数	20
16		需招聘人数	5	测离职人	3	测离职人	5
17				需招聘人数	10	需招聘人数	2
18							

图 1–4

5 先选中 A3:A5 单元格区域，按住【Ctrl】键，依次选中 A6:A8、A9:A11、A12:A14、A15:A17、B2:C2、D2:E2、F2:G2，然后松开【Ctrl】键，单击【开始】选项卡，找到【对齐方式】选项组，分别单击【居中】按钮、

【合并后居中】按钮，如图 1–5 所示。

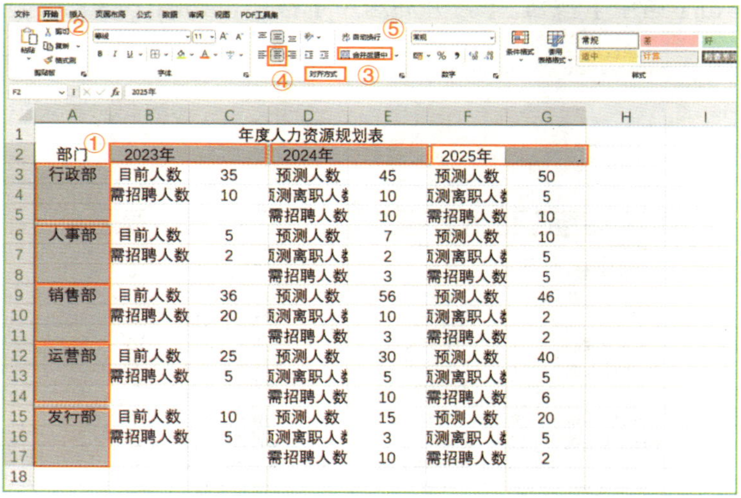

图 1–5

6 效果如图 1–6 所示。

7 选中第一行的行标，单击鼠标右键，在弹出的快捷菜单中选择【行高】命令，如图 1–7 所示。

	A	B	C	D	E	F	G
1	年度人力资源规划表						
2	部门	2023年		2024年		2025年	
3		目前人数	35	预测人数	45	预测人数	50
4	行政部	需招聘人数	10	预测离职人数	10	预测离职人数	5
5				需招聘人数	10	需招聘人数	10
6		目前人数	5	预测人数	7	预测人数	10
7	人事部	需招聘人数	2	预测离职人数	2	预测离职人数	5
8				需招聘人数	3	需招聘人数	5
9		目前人数	36	预测人数	56	预测人数	46
10	销售部	需招聘人数	20	预测离职人数	10	预测离职人数	2
11				需招聘人数	3	需招聘人数	2
12		目前人数	25	预测人数	30	预测人数	40
13	运营部	需招聘人数	5	预测离职人数	5	预测离职人数	5
14				需招聘人数	10	需招聘人数	6
15		目前人数	10	预测人数	15	预测人数	20
16	发行部	需招聘人数	5	预测离职人数	3	预测离职人数	5
17				需招聘人数	10	需招聘人数	2
18							

图 1–6

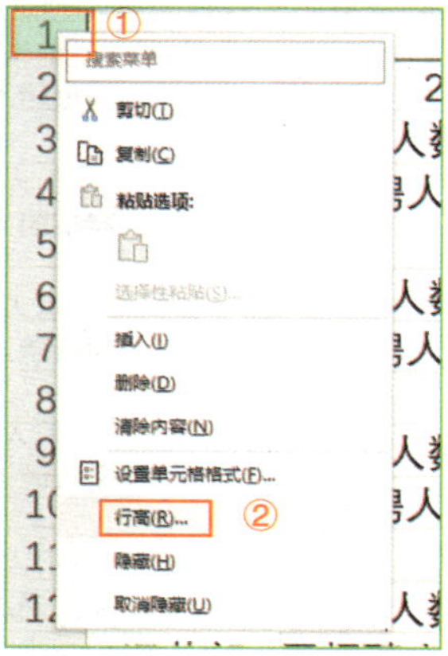

图 1–7

8 弹出【行高】对话框，在文本框中根据需要设置参数，此处设置为【50】，单击【确定】按钮，如图 1–8 所示。

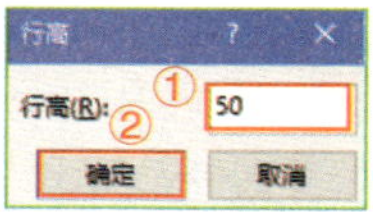

图 1–8

9 第一行的行高设置后的效果，如图 1–9 所示。

图 1–9

10 选中第 2~17 行的行标，单击鼠标右键，在弹出的快捷菜单中选择【行高】命令，如图 1–10 所示。

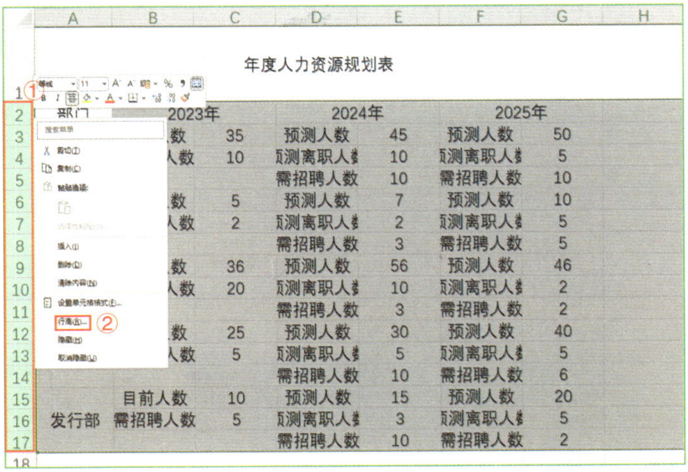

图 1–10

11 弹出【行高】对话框，在文本框中根据需要设置合适的参数，此处设置为【20】，单击【确定】按钮，如图 1–11 所示。

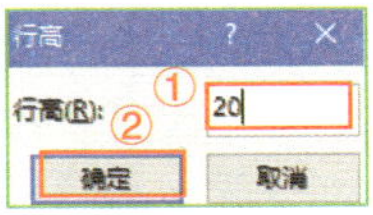

图 1–11

12 最终效果如图 1–12 所示。

年度人力资源规划表

部门	2023年		2024年		2025年	
行政部	目前人数	35	预测人数	45	预测人数	50
	需招聘人数	10	预测离职人数	10	预测离职人数	5
			需招聘人数	10	需招聘人数	10
人事部	目前人数	5	预测人数	7	预测人数	10
	需招聘人数	2	预测离职人数	2	预测离职人数	5
			需招聘人数	3	需招聘人数	5
销售部	目前人数	36	预测人数	56	预测人数	46
	需招聘人数	20	预测离职人数	10	预测离职人数	2
			需招聘人数	3	需招聘人数	2
运营部	目前人数	25	预测人数	30	预测人数	40
	需招聘人数	5	预测离职人数	5	预测离职人数	5
			需招聘人数	10	需招聘人数	6
发行部	目前人数	10	预测人数	15	预测人数	20
	需招聘人数	5	预测离职人数	3	预测离职人数	5
			需招聘人数	10	需招聘人数	2

图 1–12

13 选中第 A~G 列，单击鼠标右键，在弹出的快捷菜单中选择【列宽】命令，如图 1–13 所示。

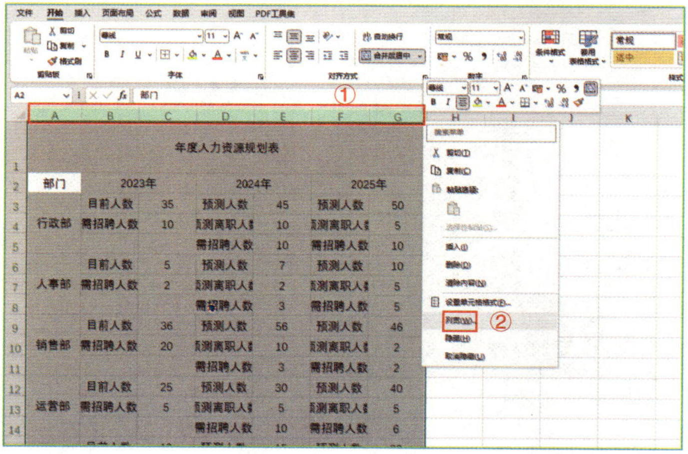

图 1–13

14 弹出【列宽】对话框，在文本框中根据需要设置合适的参数，此处设置为【15】，单击【确定】按钮，如图 1–14 所示。

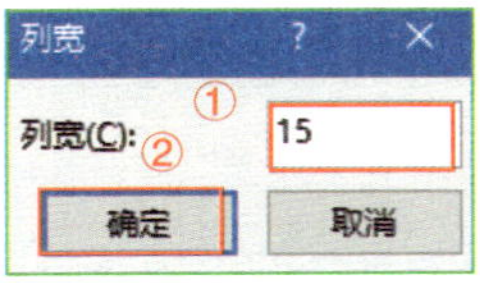

图 1–14

15 最终效果如图 1–15 所示。

年度人力资源规划表

部门	2023年		2024年		2025年	
	目前人数	35	预测人数	45	预测人数	50
行政部	需招聘人数	10	预测离职人数	10	预测离职人数	5
			需招聘人数	10	需招聘人数	10
	目前人数	5	预测人数	7	预测人数	10
人事部	需招聘人数	2	预测离职人数	2	预测离职人数	5
			需招聘人数	3	需招聘人数	5
	目前人数	36	预测人数	56	预测人数	46
销售部	需招聘人数	20	预测离职人数	10	预测离职人数	2
			需招聘人数	3	需招聘人数	2
	目前人数	25	预测人数	30	预测人数	40
运营部	需招聘人数	5	预测离职人数	5	预测离职人数	5
			需招聘人数	10	需招聘人数	6
	目前人数	10	预测人数	15	预测人数	20
发行部	需招聘人数	5	预测离职人数	3	预测离职人数	5
			需招聘人数	10	需招聘人数	2

图 1–15

16 选中 A1:G17 单元格区域，单击【开始】选项卡，单击【字体】选项组中的【无框线】下拉按钮，如图 1–16 所示。

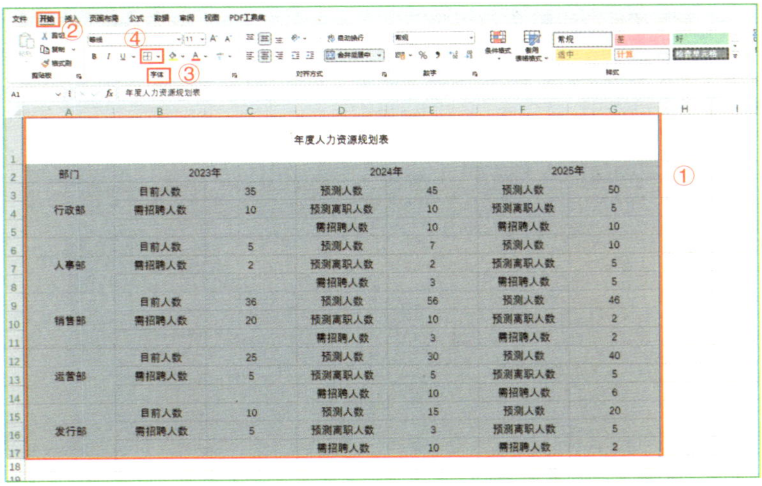

图 1–16

17 弹出快捷菜单后，单击【边框】下拉列表中的【所有框线】选项，如图

1–17 所示。

18 最终效果如图 1–18 所示。

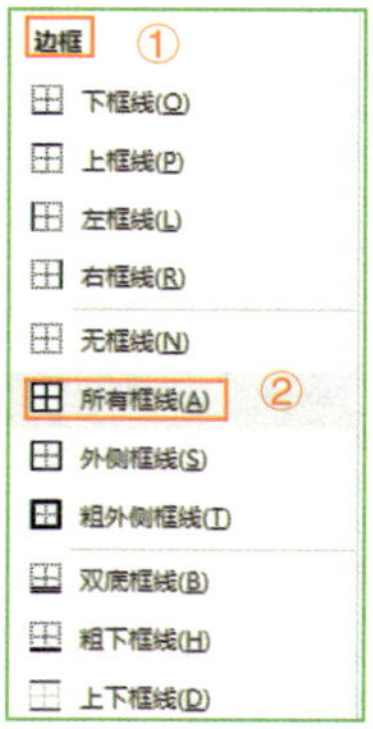

图 1–17

图 1–18

19 选择 A1:G1 单元格区域，单击【开始】选项卡，找到【字体】选项组，如图 1–19 所示。

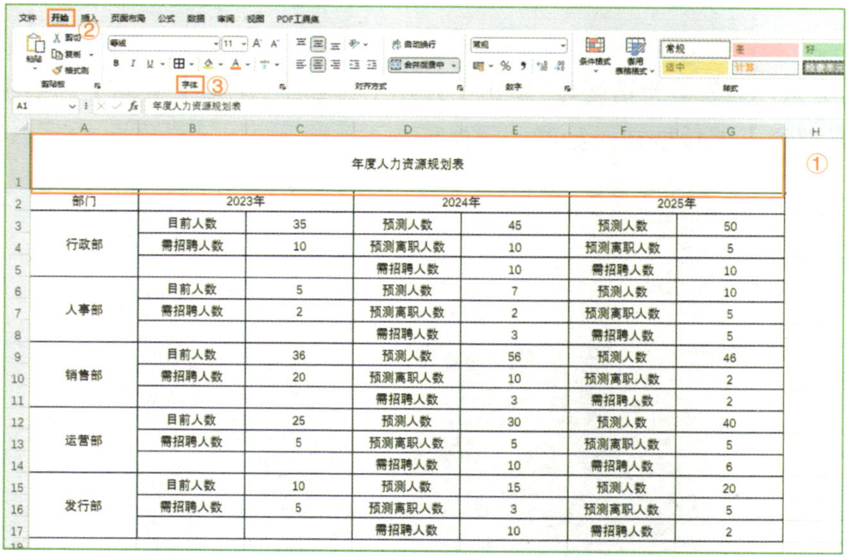

图 1–19

20 单击【字体】选项组中的【字体】下拉按钮，在其下拉列表中选择【华文琥珀】字体，如图 1–20 所示。

21 再单击【字体】选项组中的【字号】下拉按钮，在其下拉列表中选择【18】

字号，如图 1–21 所示。

22 效果如图 1–22 所示。

图 1–20

图 1–21

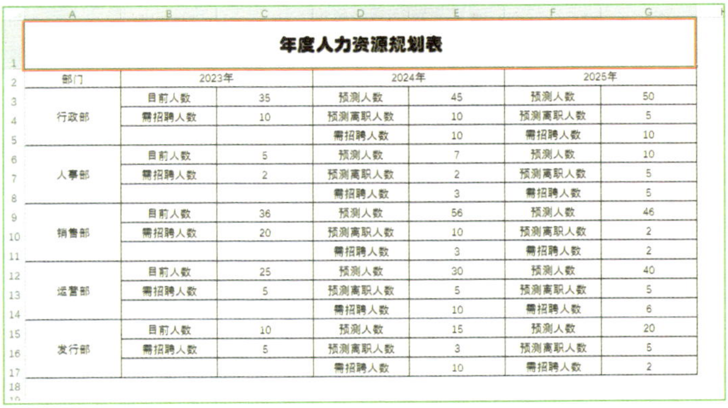

图 1–22

23 选择 A1:G17 单元格区域，单击鼠标右键，弹出快捷菜单，选择【设置单元格格式】命令，如图 1–23 所示。

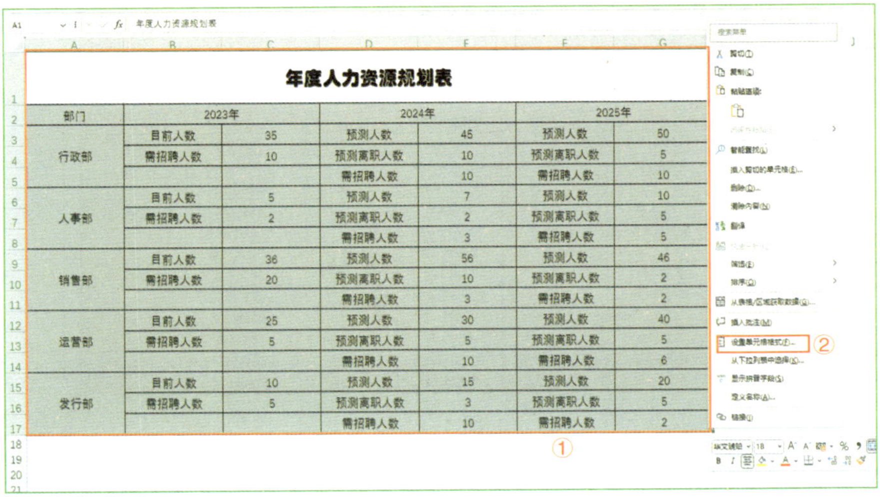

图 1–23

24 弹出【设置单元格格式】对话框，在【填充】选项卡下【背景色】列表框中选择【橙色】，单击【确定】按钮，如图 1–24 所示。

25 效果如图 1–25 所示。

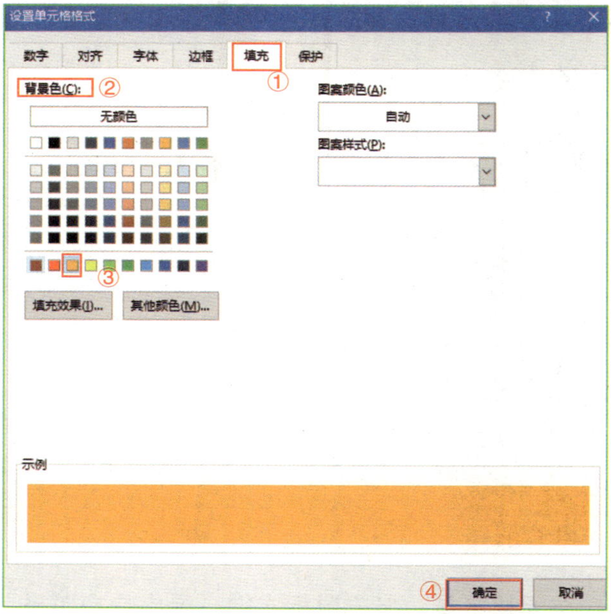

图 1–24

年度人力资源规划表						
部门	2023年		2024年		2025年	
行政部	目前人数	35	预测人数	45	预测人数	50
	需招聘人数	10	预测离职人数	10	预测离职人数	5
			需招聘人数	10	需招聘人数	10
人事部	目前人数	5	预测人数	7	预测人数	10
	需招聘人数	2	预测离职人数	2	预测离职人数	5
			需招聘人数	3	需招聘人数	5
销售部	目前人数	36	预测人数	56	预测人数	46
	需招聘人数	20	预测离职人数	10	预测离职人数	2
			需招聘人数	3	需招聘人数	2
运营部	目前人数	25	预测人数	30	预测人数	40
	需招聘人数	5	预测离职人数	5	预测离职人数	5
			需招聘人数	10	需招聘人数	6
发行部	目前人数	10	预测人数	15	预测人数	20
	需招聘人数	5	预测离职人数	3	预测离职人数	5
			需招聘人数	10	需招聘人数	2

图 1–25

1.1.2 创建各部门工作计划表

创建“各部门工作计划表”的操作步骤如下：

1 创建一个空白工作簿，将工作表标签“Sheet1”命名为“各部门工作计划表”，用户表选中第一行单元格，如图 1–26 所示。

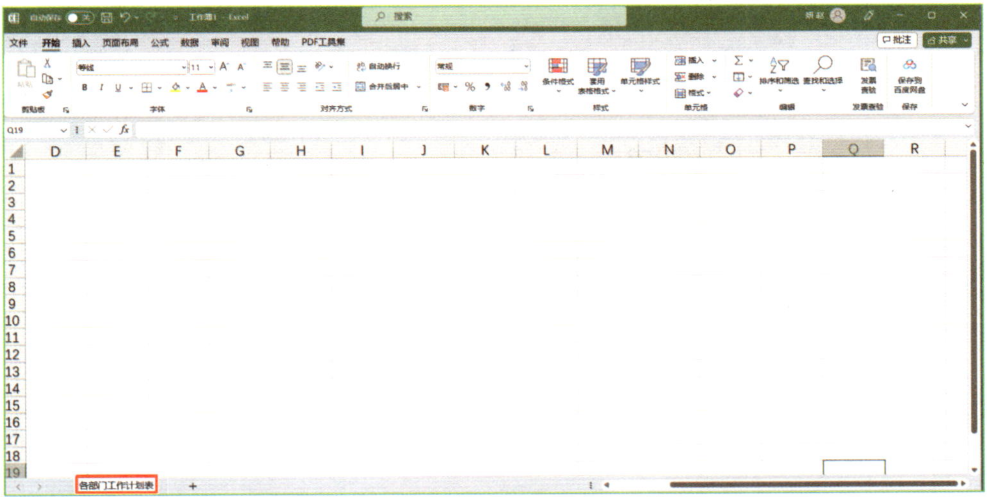

图 1–26

2 将第一行的行高设置为【40】，A~F 列的列宽设置为【12】，效果如图 1–27 所示。

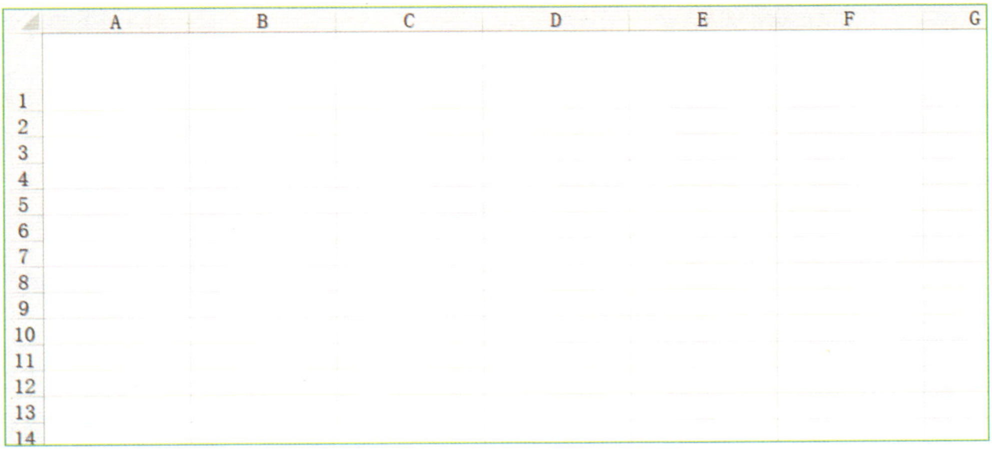

图 1–27

3 选中 A1:F1 单元格区域，在【开始】选项卡下，【对齐方式】选项组中单击【合并后居中】按钮，如图 1–28 所示。

4 在 A1:F1 单元格区域中输入文字“各部门工作计划表”，如图 1–29 所示。

5 选中 A1:F1 单元格区域，单击鼠标右键，弹出快捷菜单，单击【设置单元格格式】命令，如图 1–30 所示。

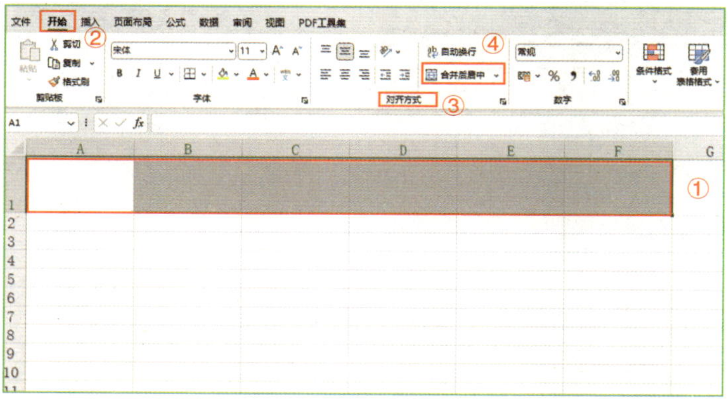

图 1–28

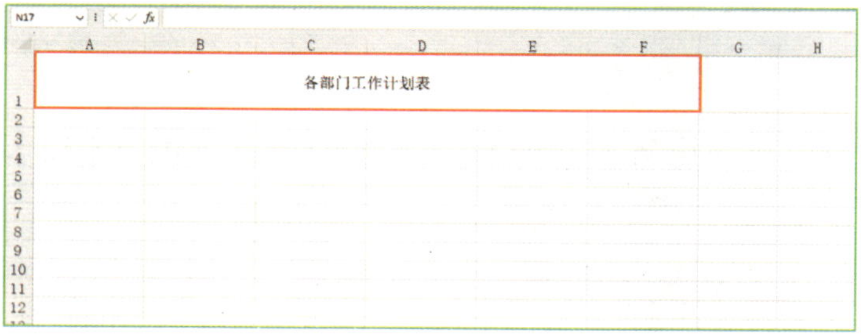

图 1–29

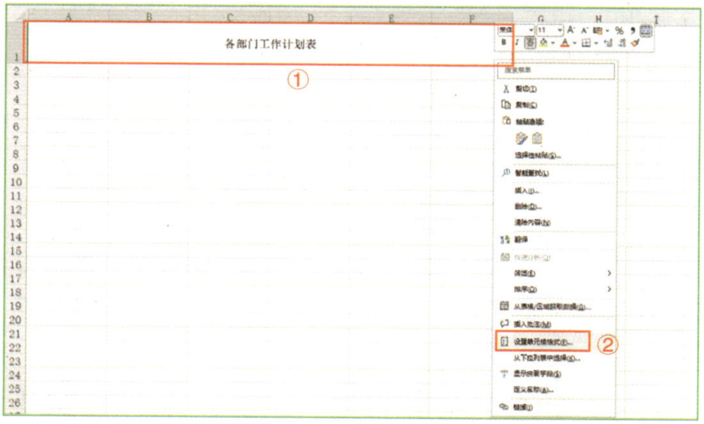

图 1–30

6 弹出【设置单元格格式】对话框，在【填充】选项卡下【背景色】列表框中选择【绿色】，单击【确定】按钮，如图 1–31 所示。

7 效果如图 1–32 所示。

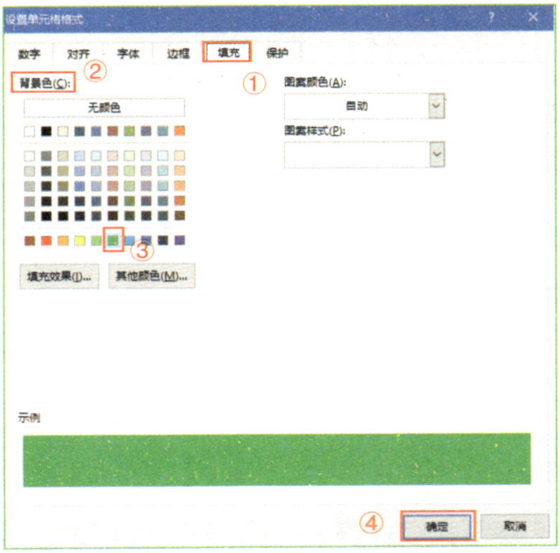

图 1–31

图 1–32

8 再次在【设置单元格格式】对话框中，【字体】选项卡下【字形】列表框中选择【倾斜】，【字号】列表框中选择【22】，最后单击【确定】按钮，如图 1–33 所示。

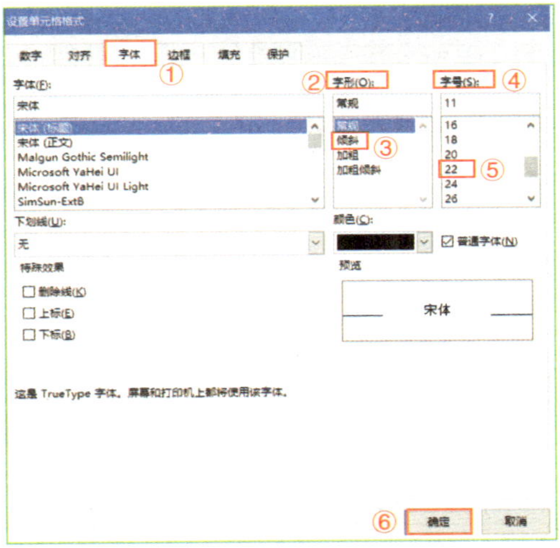

图 1–33

9 效果如图 1–34 所示。

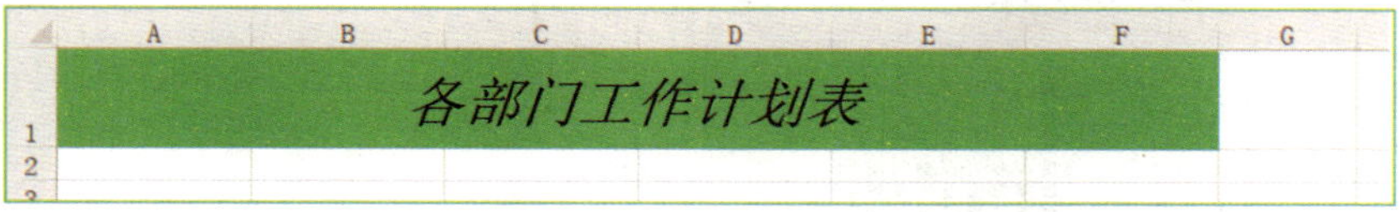

图 1–34

10 将 A2:F2 单元格合并后居中，然后在单元格中配合【空格】键输入“日期：”“年”“月”，并将字号设置为【10】，填充颜色为【橙色，个性色 6，淡色 60%】，效果如图 1–35 所示。

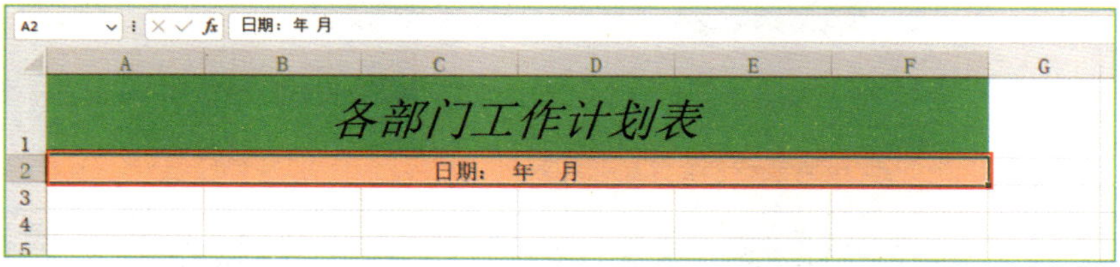

图 1–35

11 选中 A2:F2 单元格区域，单击【开始】选项卡，找到【对齐方式】选项组，单击【右对齐】按钮，如图 1–36 所示。

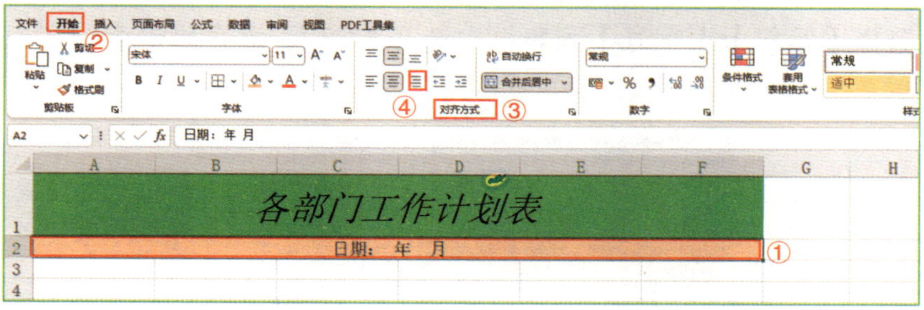

图 1–36

12 效果如图 1–37 所示。

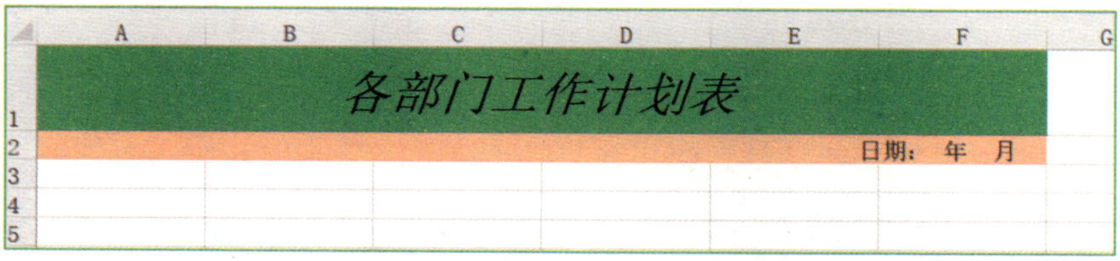

图 1–37

13 将第 3~15 行的行高设置为【25】，第 16 行的行高设置为【80】，将 A~F 列的列宽设置为【15】，如图 1–38 所示。

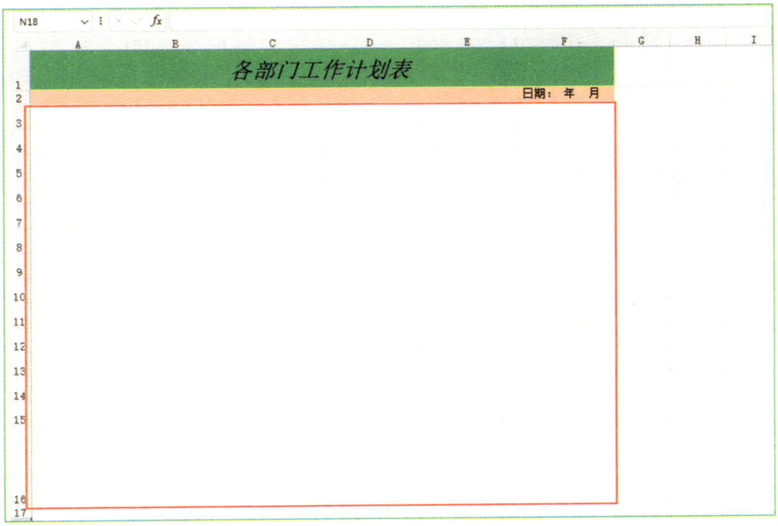

图 1–38

14 选中 A3:F16 单元格区域，单击鼠标右键，弹出快捷菜单，选择【设置单元格格式】命令，如图 1–39 所示。

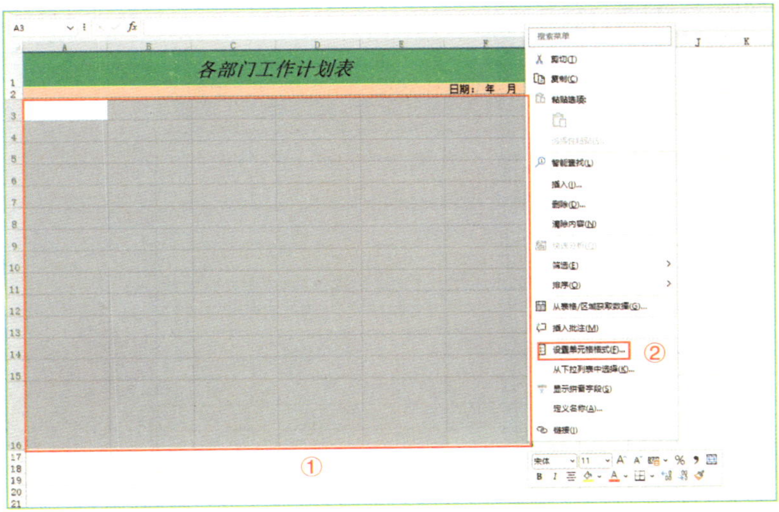

图 1–39

15 弹出【设置单元格格式】对话框，点击【边框】选项卡，在样式列表框中选择一种较细的线型，然后在【预置】选项组中选择【内部】；然后再在样式列表框中选择一种较粗的线型，然后在【预置】选项组中选择【外边框】，然后单击【确定】按钮，如图 1–40 所示。

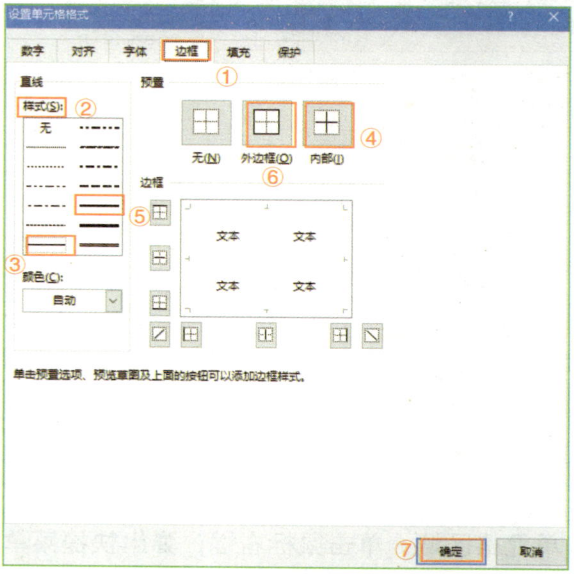

图 1–40

16 效果如图 1–41 所示。

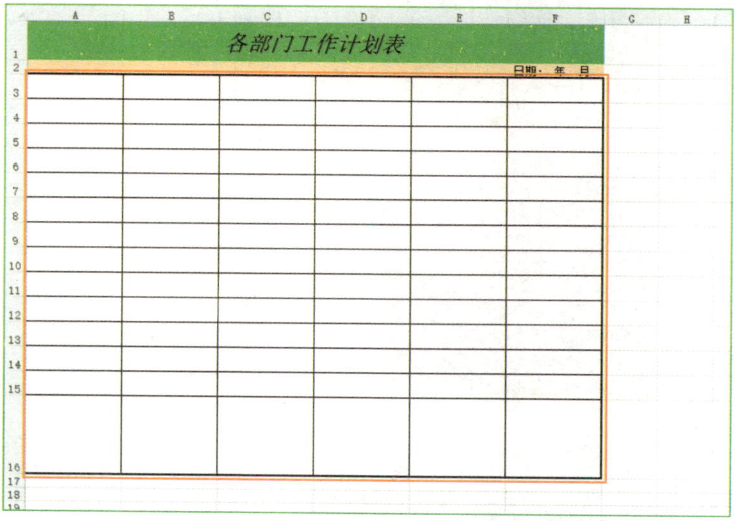

图 1–41

17 选择 A4:A6 单元格区域，按住【Ctrl】键，再分别选择 A7:A9、A10:A12、A13:A15、B16:F16 单元格区域，分别将这些单元格区域合并后居中，如图 1–42 所示。

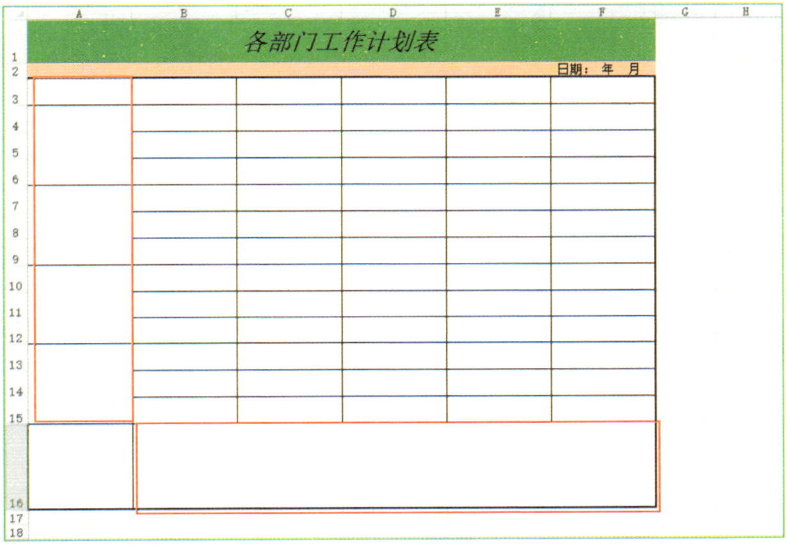

图 1–42

18 用户根据需要在表格中填入相应的内容，如图 1–43 所示。

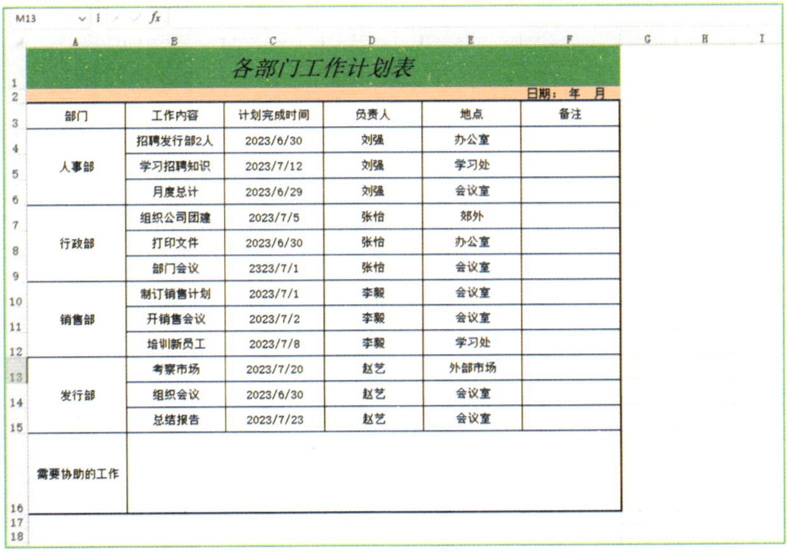

各部门工作计划表

日期：　年　月

部门	工作内容	计划完成时间	负责人	地点	备注
人事部	招聘发行部2人	2023/6/30	刘强	办公室	
	学习招聘知识	2023/7/12	刘强	学习处	
	月度总计	2023/6/29	刘强	会议室	
行政部	组织公司团建	2023/7/5	张怡	郊外	
	打印文件	2023/6/30	张怡	办公室	
	部门会议	2323/7/1	张怡	会议室	
销售部	制订销售计划	2023/7/1	李毅	会议室	
	开销售会议	2023/7/2	李毅	会议室	
	培训新员工	2023/7/8	李毅	学习处	
发行部	考察市场	2023/7/20	赵艺	外部市场	
	组织会议	2023/6/30	赵艺	会议室	
	总结报告	2023/7/23	赵艺	会议室	
需要协助的工作					

图 1–43

19 选中 A17:F17 单元格区域，合并后居中，然后配合【空格】键，输入“审批：”“审核：”“编制：”，填充颜色为【橙色】，效果如图 1-44 所示。

各部门工作计划表					
					日期： 年 月
部门	工作内容	计划完成时间	负责人	地点	备注
人事部	招聘发行部2人	2023/6/30	刘强	办公室	
	学习招聘知识	2023/7/12	刘强	学习处	
	月度总计	2023/6/29	刘强	会议室	
行政部	组织公司团建	2023/7/5	张怡	郊外	
	打印文件	2023/6/30	张怡	办公室	
	部门会议	2323/7/1	张怡	会议室	
销售部	制定销售计划	2023/7/1	李毅	会议室	
	开销售会议	2023/7/2	李毅	会议室	
	培训新员工	2023/7/8	李毅	学习处	
发行部	考察市场	2023/7/20	赵艺	外部市场	
	组织会议	2023/6/30	赵艺	会议室	
	总结报告	2023/7/23	赵艺	会议室	
需要协助的工作					
审批：		审核：		编制：	

图 1-44

实用贴士

【开始】选项卡中【剪切板】选项组中的【格式刷】工具【】具有强大的功能，选中要格式刷的文字或格式，双击该按钮，就能复制设定的条件格式到新的文字或单元格中。

1.1.3 统计员工保留率

统计“员工保留率”的操作步骤如下：

1 创建一个空白工作簿，将“Sheet1”命名为“员工保留率统计表”，将第

1 行的行高设置为【30】，第 2~9 行的行高设置为【20】，效果如图 1–45 所示。

2 选中 A 列、C 列、D 列、E 列，将其列宽设置为【10】，选中 B 列、F 列、G 列，将其列宽设置为【15】，效果如图 1–46 所示。

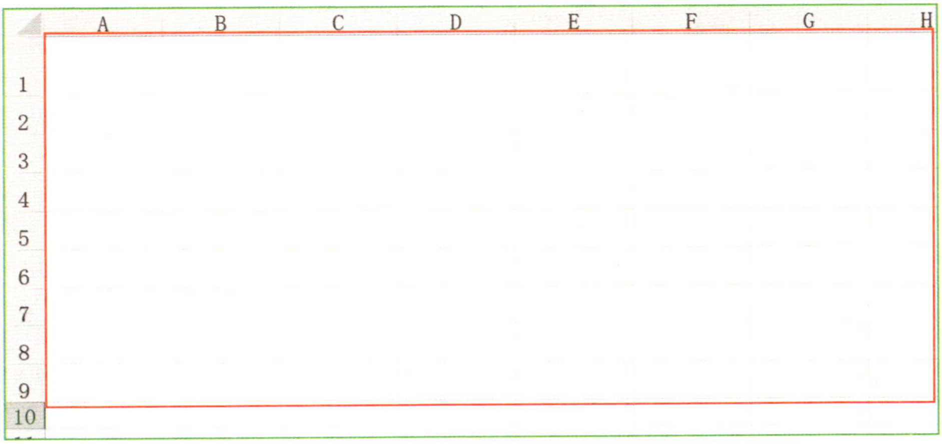

图 1–45

图 1–46

3 选中 A1:G1 单元格区域，将其合并后居中，并输入文字“员工保留率统计表”，将其加粗，字体设置为【微软雅黑】，字号设置为【16】，效果如图 1–47 所示。

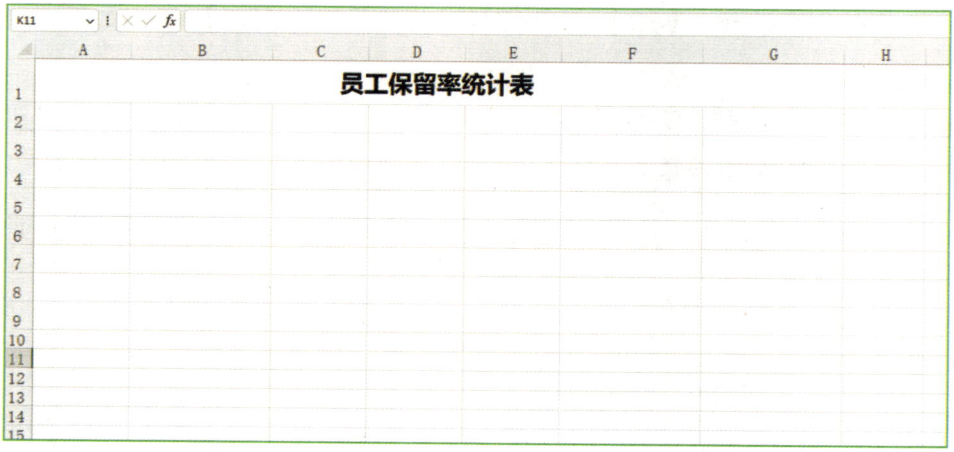

图 1–47

4 选中 A2:G9 单元格区域，单击鼠标右键，弹出快捷菜单，选择【设置单元格格式】命令，弹出【设置单元格格式】对话框，点击【边框】选项卡，在【样式】列表框中选择一种较细的线型，然后在【预置】选项组中选择【内部】；然后再在【样式】列表框中选择一种较粗的线型，然后在【预置】选项组中选择【外边框】，然后单击【确定】按钮，效果如图 1–48 所示。

图 1–48

5 在 A2:G9 单元格区域中分别填入合适的文字，此处所填内容，如图 1–49 所示。

员工保留率分析表

部门	2022年员工数	招聘人数	离职人数	保留人数	2023年员工数	员工保留率
人事部	10	5	2			
行政部	20	6	3			
销售部	30	12	5			
发行部	20	15	5			
技术部	30	14	4			
售后部	20	13	2			
总计						

图 1–49

6 选中 E3 单元格，输入公式“=B3–D3”，如图 1–50 所示。

SUM fx =B3-D3

员工保留率分析表

部门	2022年员工数	招聘人数	离职人数	保留人数	2023年员工数	员工保留率
人事部	10	5	2	=B3-D3		
行政部	20	6	3			
销售部	30	12	5			
发行部	20	15	5			
技术部	30	14	4			
售后部	20	13	2			
总计						

图 1–50

7 按【Enter】键，如图 1–51 所示。

P11 fx

员工保留率分析表

部门	2022年员工数	招聘人数	离职人数	保留人数	2023年员工数	员工保留率
人事部	10	5	2	8		
行政部	20	6	3			
销售部	30	12	5			
发行部	20	15	5			
技术部	30	14	4			
售后部	20	13	2			
总计						

图 1–51

8 选中 E3 单元格，将鼠标放在单元格的右下角，当鼠标指针变为【 + 】时，按住鼠标左键不放并拖动至 E8 单元格，如图 1–52 所示。

E3 =B3-D3

员工保留率分析表

部门	2022年员工数	招聘人数	离职人数	保留人数	2023年员工数	员工保留率
人事部	10	5	2	8		
行政部	20	6	3			
销售部	30	12	5			
发行部	20	15	5			
技术部	30	14	4			
售后部	20	13	2			
总计						

图 1–52

9 效果如图 1–53 所示。

员工保留率分析表

部门	2022年员工数	招聘人数	离职人数	保留人数	2023年员工数	员工保留率
人事部	10	5	2	8		
行政部	20	6	3	17		
销售部	30	12	5	25		
发行部	20	15	5	15		
技术部	30	14	4	26		
售后部	20	13	2	18		
总计						

图 1–53

10 选中 F3 单元格，输入公式 “=C3+E3”，按【Enter】键，效果如图 1–54 所示。

F3 =C3+E3

员工保留率分析表

部门	2022年员工数	招聘人数	离职人数	保留人数	2023年员工数	员工保留率
人事部	10	5	2	8	13	
行政部	20	6	3	17		
销售部	30	12	5	25		
发行部	20	15	5	15		
技术部	30	14	4	26		
售后部	20	13	2	18		
总计						

图 1–54

11 选中 F3 单元格，将鼠标放在单元格的右下角，当鼠标指针变为【 + 】时，按住鼠标左键不放并拖动至 F8 单元格，效果如图 1–55 所示。

员工保留率分析表

部门	2022年员工数	招聘人数	离职人数	保留人数	2023年员工数	员工保留率
人事部	10	5	2	8	13	
行政部	20	6	3	17	23	
销售部	30	12	5	25	37	
发行部	20	15	5	15	30	
技术部	30	14	4	26	40	
售后部	20	13	2	18	31	
总计						

图 1–55

12 选中 B9 单元格，输入公式“=SUM(B3:B8)”，如图 1–56 所示。

员工保留率分析表

部门	2022年员工数	招聘人数	离职人数	保留人数	2023年员工数	员工保留率
人事部	10	5	2	8	13	
行政部	20	6	3	17	23	
销售部	30	12	5	25	37	
发行部	20	15	5	15	30	
技术部	30	14	4	26	40	
售后部	20	13	2	18	31	
总计	=SUM(B3:B8)					

图 1–56

13 按【Enter】键，效果如图 1–57 所示。

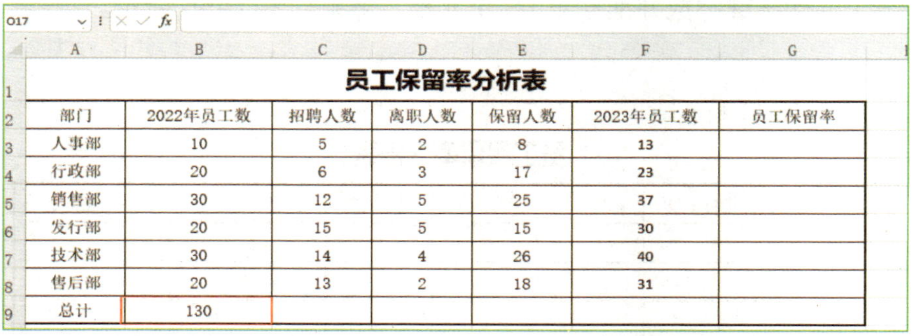

员工保留率分析表						
部门	2022年员工数	招聘人数	离职人数	保留人数	2023年员工数	员工保留率
人事部	10	5	2	8	13	
行政部	20	6	3	17	23	
销售部	30	12	5	25	37	
发行部	20	15	5	15	30	
技术部	30	14	4	26	40	
售后部	20	13	2	18	31	
总计	130					

图 1–57

14 选中 B9 单元格，将鼠标放在单元格的右下角，当鼠标指针变为【+】时，按住鼠标左键不放并拖动至 F9 单元格，效果如图 1–58 所示。

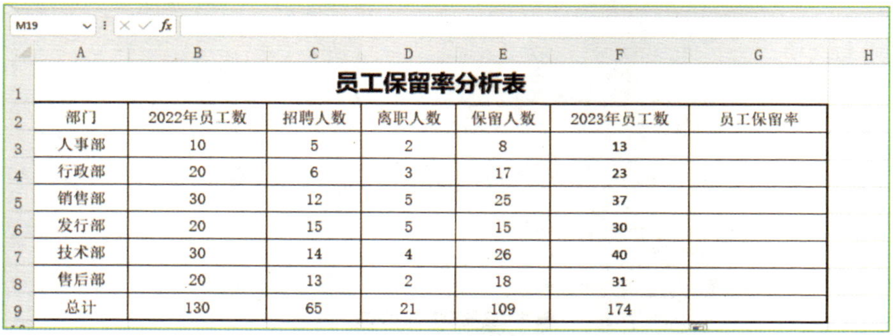

员工保留率分析表						
部门	2022年员工数	招聘人数	离职人数	保留人数	2023年员工数	员工保留率
人事部	10	5	2	8	13	
行政部	20	6	3	17	23	
销售部	30	12	5	25	37	
发行部	20	15	5	15	30	
技术部	30	14	4	26	40	
售后部	20	13	2	18	31	
总计	130	65	21	109	174	

图 1–58

15 选中 G3 单元格，输入公式“=E3/B3”，如图 1–59 所示。

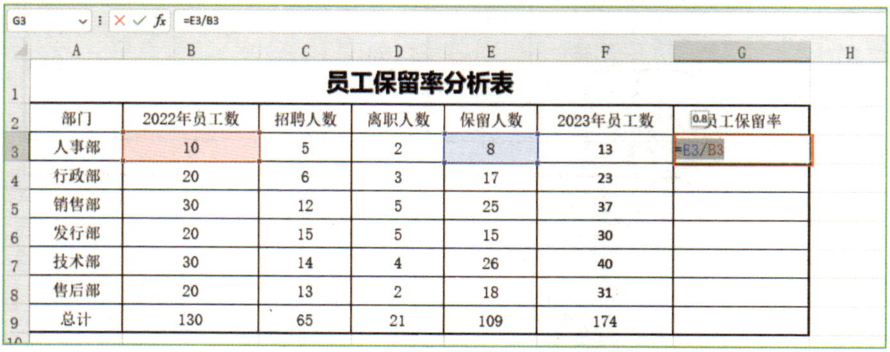

员工保留率分析表						
部门	2022年员工数	招聘人数	离职人数	保留人数	2023年员工数	员工保留率
人事部	10	5	2	8	13	=E3/B3
行政部	20	6	3	17	23	
销售部	30	12	5	25	37	
发行部	20	15	5	15	30	
技术部	30	14	4	26	40	
售后部	20	13	2	18	31	
总计	130	65	21	109	174	

图 1–59

16 按【Enter】键后，就能得出“员工保留率”如图 1–60 所示。

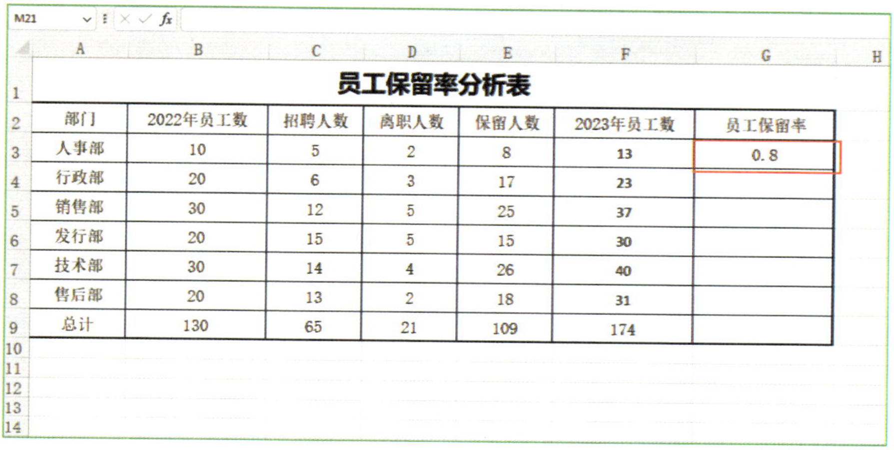
员工保留率分析表

部门	2022年员工数	招聘人数	离职人数	保留人数	2023年员工数	员工保留率
人事部	10	5	2	8	13	0.8
行政部	20	6	3	17	23	
销售部	30	12	5	25	37	
发行部	20	15	5	15	30	
技术部	30	14	4	26	40	
售后部	20	13	2	18	31	
总计	130	65	21	109	174	

图 1–60

17 选中 G3 单元格，单击右键，弹出快捷菜单，选中【设置单元格格式】命令，如图 1–61 所示。

18 弹出【设置单元格格式】对话框，选择【数字】选项卡，在【分类】列表框中选择【百分比】，将右侧的【小数位数】改为【2】，然后单击【确定】按钮，如图 1–62 所示。

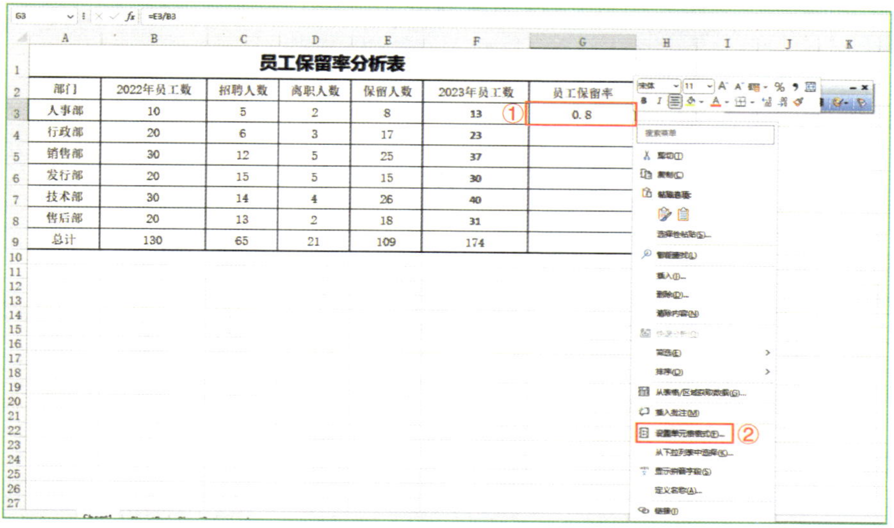

图 1–61

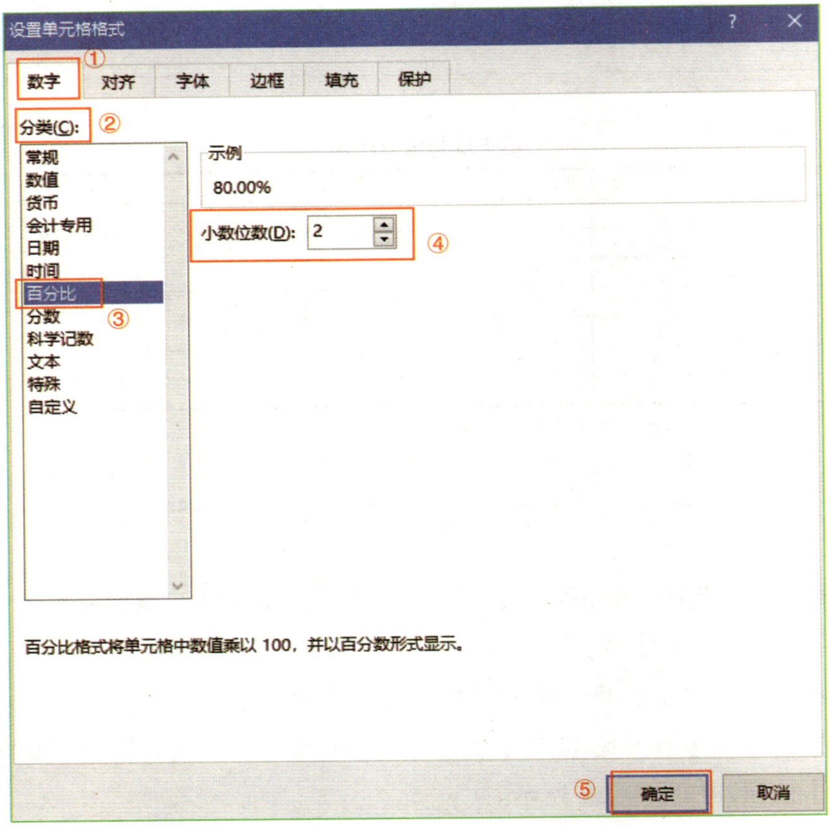

图 1–62

19 效果如图 1–63 所示。

员工保留率分析表

部门	2022年员工数	招聘人数	离职人数	保留人数	2023年员工数	员工保留率
人事部	10	5	2	8	13	80.00%
行政部	20	6	3	17	23	
销售部	30	12	5	25	37	
发行部	20	15	5	15	30	
技术部	30	14	4	26	40	
售后部	20	13	2	18	31	
总计	130	65	21	109	174	

图 1–63

20 选中 G3 单元格，将鼠标放在单元格的右下角，当鼠标指针变为【 + 】时，按住鼠标左键不放并拖动至 G9 单元格，效果如图 1–64 所示。

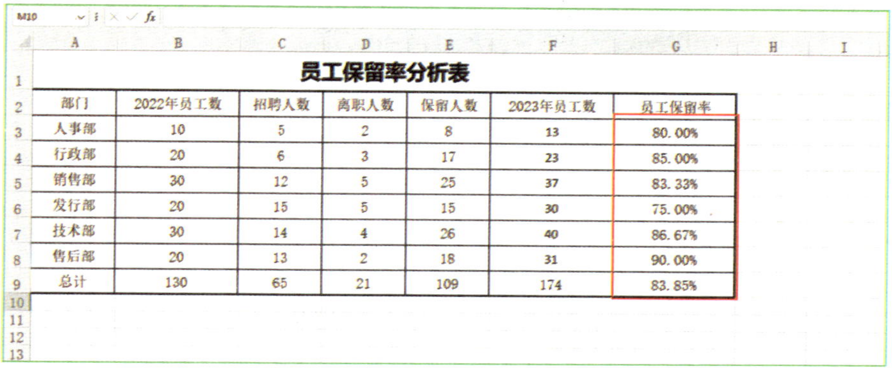

图 1–64

21 选中 G3:G9 单元格区域，选择【 开始 】选项卡，单击【 样式 】选项组中的【 条件格式 】下拉按钮，如图 1–65 所示。

22 在弹出的下拉列表中单击【 突出显示单元格规则 】命令，在其子列表中单击【 大于 】命令，如图 1–66 所示。

23 在弹出的【 大于 】对话框中，把数值设置为“81.00%”，单击【 设置为 】下拉按钮，选择【 黄填充色深黄色文本 】命令，单击【 确定 】按钮，如图 1–67 所示。

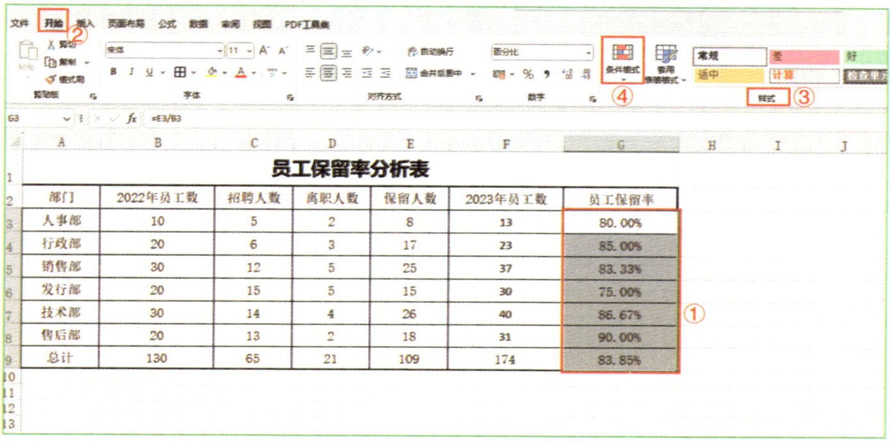

图 1–65

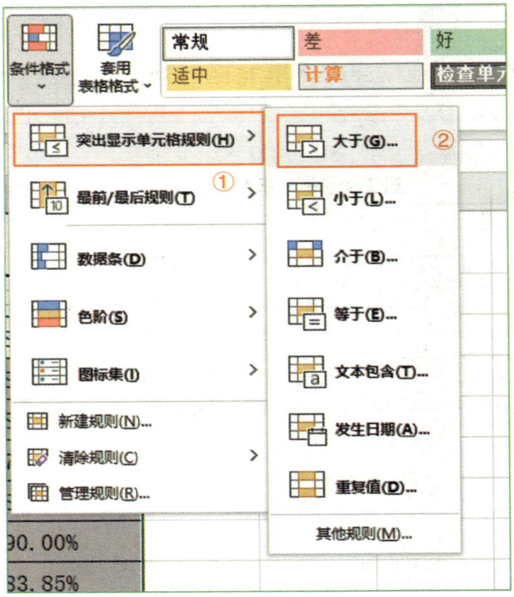

图 1–66

图 1–67

24 效果如图 1–68 所示。

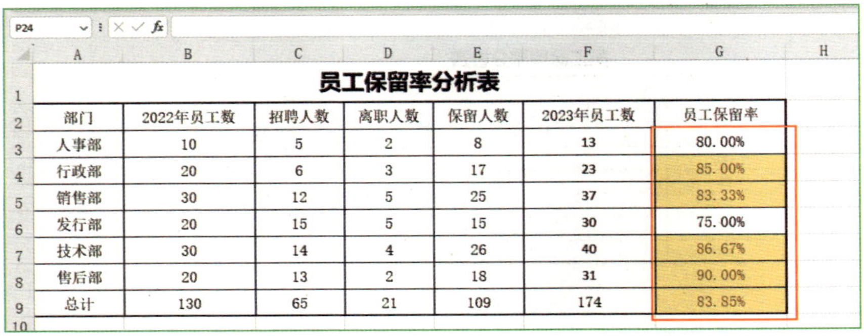

员工保留率分析表

部门	2022年员工数	招聘人数	离职人数	保留人数	2023年员工数	员工保留率
人事部	10	5	2	8	13	80.00%
行政部	20	6	3	17	23	85.00%
销售部	30	12	5	25	37	83.33%
发行部	20	15	5	15	30	75.00%
技术部	30	14	4	26	40	86.67%
售后部	20	13	2	18	31	90.00%
总计	130	65	21	109	174	83.85%

图 1–68

25 选中 A1:G1 单元格区域，将其填充为【橙色，个性色 6】，A3:G3、A6:G6 单元格区域填充【紫色，个性色 4，淡色 80%】，效果如图 1-69 所示。

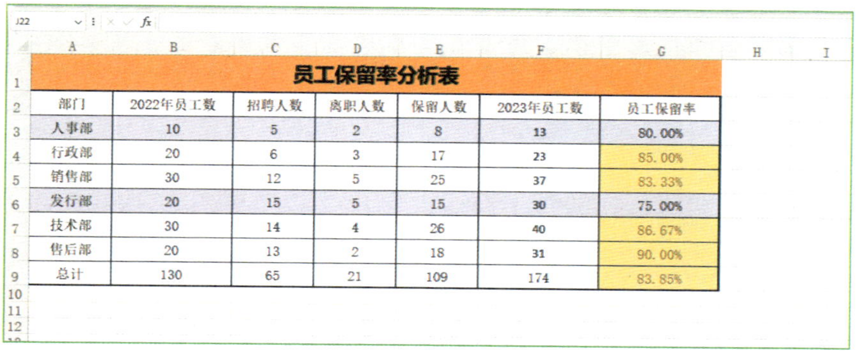

员工保留率分析表						
部门	2022年员工数	招聘人数	离职人数	保留人数	2023年员工数	员工保留率
人事部	10	5	2	8	13	80.00%
行政部	20	6	3	17	23	85.00%
销售部	30	12	5	25	37	83.33%
发行部	20	15	5	15	30	75.00%
技术部	30	14	4	26	40	86.67%
售后部	20	13	2	18	31	90.00%
总计	130	65	21	109	174	83.85%

图 1-69

1.1.4 创建岗位说明表

创建“岗位说明表”的操作步骤如下：

1 新建一个空白工作簿，将“Sheet1”命名为“岗位说明表”，将工作表的第 2 行行高设置为【30】，第 3 行行高设置为【12】，第 4~6 行行高设置为【15】，第 7~26 行行高设置为【20】，第 27 行行高设置为【12】，选中 A~H 列，将其列宽设置为【15】，效果如图 1-70 所示。

图 1-70

2 选中 A2:H2 单元格区域，将其合并后居中，并输入文字“岗位说明表”，并将其设置为【宋体】【20 号】【倾斜】【加粗】，如图 1–71 所示。

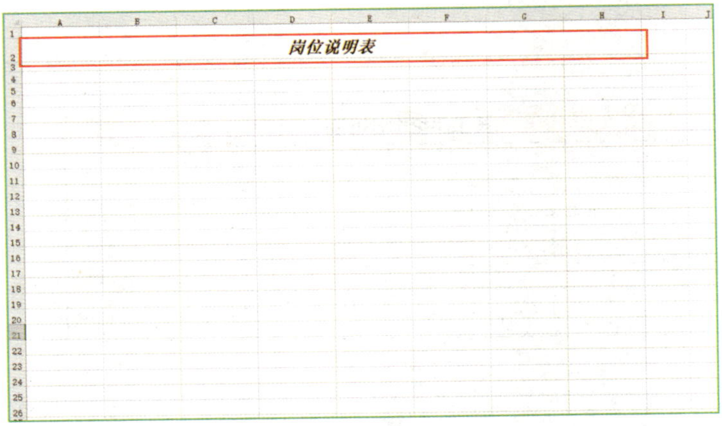

图 1–71

3 选中 A4:H26 单元格区域，单击鼠标右键，弹出快捷菜单，选择【设置单元格格式】命令，弹出【设置单元格格式】对话框，点击【边框】选项，在【样式】列表框中选择一种较细的线型，然后在【预置】选项组中选择【内部】；然后再在【样式】列表框中选择一种较粗的线型，然后在【预置】选项组中选择【外边框】，然后单击【确定】按钮，如图 1–72 所示。

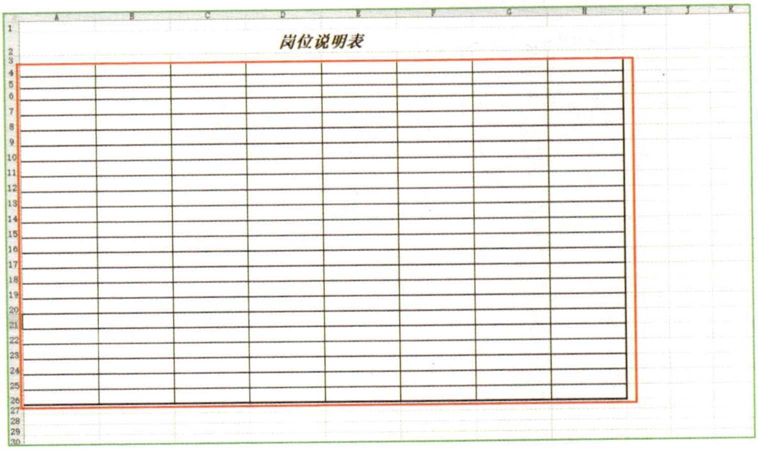

图 1–72

4 分别将 A3:H3、A7:A11、A12:A16、A17:A21、A22:A24、A25:A26、B7:H11、B12:H16、B17:H21、B22:H24、B25:H26、A27:H27 单元格区域合并后居

中，效果如图 1–73 所示。

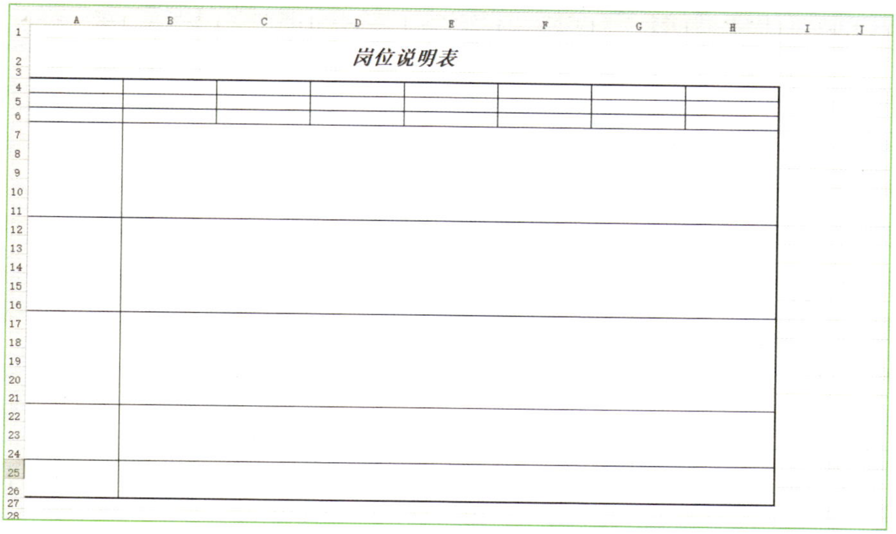

图 1–73

5 在设置好的工作表中填入合适的文字，如图 1–74 所示。

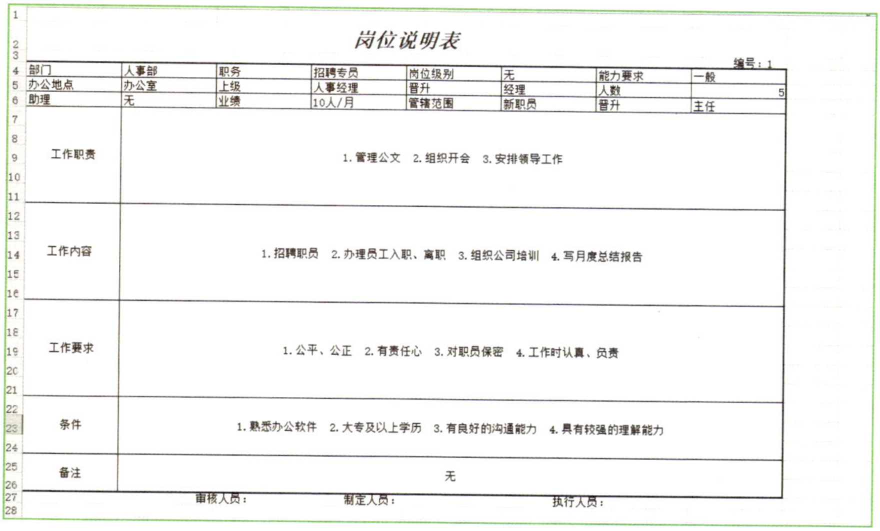

图 1–74

6 将 B4:B6、D4:D6、F4:F6、H4:H6 单元格区域中的字体设置为【华文仿宋】，效果如图 1–75 所示。

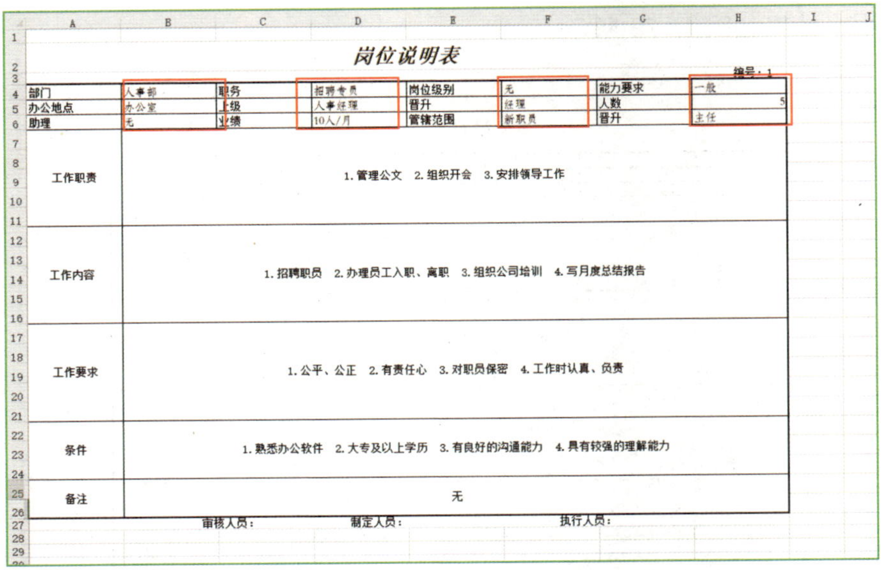

图 1–75

7 选中 A1:H3 单元格区域，将填充为【橙色，个性色 6，淡色 80%】，选中 A4:H26 单元格区域，将填充为【橄榄色，个性色 3，淡色 40%】，选中 A27:H27 单元格区域，将其填充为【蓝色，个性色 1，淡色 40%】，效果如图 1–76 所示。

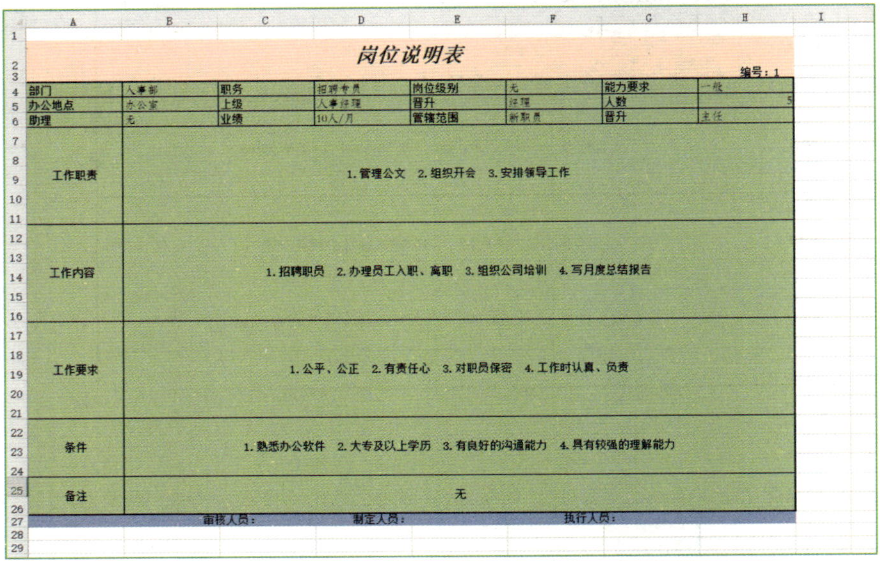

图 1–76

1.1.5 统计公司人员发展趋势

统计“公司人员发展趋势”的操作步骤如下：

1 打开“公司人员发展趋势表”，如图 1–77 所示。

公司人员发展趋势表					
编号	类型	项目	人员		趋势
			2022年	2023年	
1	性别	男	89	100	
		女	100	200	
2	学历	研究生及以上	85	100	
		本科	35	45	
		专科	10	35	
		高中及以下	59	125	
3	工龄	1-2年	52	32	
		3-4年	12	136	
		5年及以上	125	132	
4	职位	经理	2	3	
		主任	1	2	
		组长	5	1	

图 1–77

2 在 F4 单元格中输入函数“=IF(E4>D4,"↑",IF(E4<D4,"↓",""))”，如图 1–78 所示。

公司人员发展趋势表					
编号	类型	项目	人员		趋势
			2022年	2023年	
1	性别	男	=IF(E4>D4,"↑",IF(E4<D4,"↓",""))		
		女			
2	学历	研究生及以上	85	100	
		本科	35	45	
		专科	10	35	
		高中及以下	59	125	
3	工龄	1-2年	52	32	
		3-4年	12	136	
		5年及以上	125	132	
4	职位	经理	2	3	
		主任	1	2	
		组长	5	1	

图 1–78

3 按【Enter】键，就能看出公司男性员工这两年的数量呈上升趋势，如图 1–79 所示。

公司人员发展趋势表					
编号	类型	项目	人员		趋势
			2022年	2023年	
1	性别	男	89	100	↑
		女	100	200	
2	学历	研究生及以上	85	100	
		本科	35	45	
		专科	10	35	
		高中及以下	59	125	
3	工龄	1-2年	52	32	
		3-4年	12	136	
		5年及以上	125	132	
4	职位	经理	2	3	
		主任	1	2	
		组长	5	1	

图 1–79

4 选择 F4 单元格，将鼠标指针放至右下角，当鼠标指针呈【＋】形状时，按住鼠标左键拖动至 F15 单元格，如图 1–80 所示。

5 释放鼠标左键，就能得出公司“性别”“学历”“工龄”“职位”的趋势结果，如图 1–81 所示。

公司人员发展趋势表					
编号	类型	项目	人员		趋势
			2022年	2023年	
1	性别	男	89	100	↑
		女	100	200	
2	学历	研究生及以上	85	100	
		本科	35	45	
		专科	10	35	
		高中及以下	59	125	
3	工龄	1-2年	52	32	
		3-4年	12	136	
		5年及以上	125	132	
4	职位	经理	2	3	
		主任	1	2	
		组长	5	1	

图 1–80

	A	B	C	D	E	F	G
1	公司人员发展趋势表						
2	编号	类型	项目	人员		趋势	
3				2022年	2023年		
4	1	性别	男	89	100	↑	
5			女	100	200	↑	
6	2	学历	研究生及以上	85	100	↑	
7			本科	35	45	↑	
8			专科	10	35	↑	
9			高中及以下	59	125	↑	
10	3	工龄	1-2年	52	32	↓	
11			3-4年	12	136	↑	
12			5年及以上	125	132	↑	
13	4	职位	经理	2	3	↑	
14			主任	1	2	↑	
15			组长	5	1	↓	
16							

图 1-81

1.2 HR使用Excel时常见的错误

HR 在实际工作中可能会遇到各种问题，导致做出的表格要么错误、要么不美观，其实这是 HR 没有认识到哪些操作属于表格的不规范操作所造成的，本节将详细介绍 HR 使用 Excel 时常见的错误。

1.2.1 错误使用日期格式

在生活中，表示日期的方式有很多种，但是在 Excel 中，只有规范使用日期的表示形式，才能对数据进行计算、排序、筛选和分类等。如图 1-82 所示，不正确的日期格式，那么计算的结果也是错误的。

A	B	C	D	E
姓名	部门	入职时间	离职时间	在公司年限
张红	人事部	2023.6.6	2023.9.10	#VALUE!
梨花	人事部	2023.6.10	2023.8.9	#VALUE!
张三	销售部	2023.9.8	2023.10.9	#VALUE!
张玲	行政部	2023.9.4	2023.10.9	#VALUE!

图 1-82

在 Excel 中，正确表示日期的格式是“2023-7-6”“2023/7/6”“2023 年 7 月 6 日”，如图 1-83 所示。

	A	B	C	D	E
1	姓名	部门	入职时间	离职时间	
2	张红	人事部	2023/6/6	2023/9/10	
3	梨花	人事部	2023/6/10	2023/8/9	
4	张三	销售部	2023/9/8	2023/10/9	
5	张玲	行政部	2023/9/4	2023/10/9	
6					
7					
8					
9					
10					
11					

图 1-83

1.2.2 错误使用数字格式

在 Excel 中，数据分为两种，即文本型数字和数值型数字，这两种数据的区别是文本型数字不能参与计算，数值型数字能参与各种计算。因此，HR 在使用 Excel 处理工作表时应注意这两种数据的区别。

如图 1-84 所示是数字型数据在求和时得出的结果。

	B	C	D	E	F	G
1	招聘费用表					
2	广告宣传费	招聘场地租用费	网络招聘渠道费	表格资料打印费	招聘人员食宿费	总计
3	600	1000	2000	60	500	4160
4	500	0	1000	10	400	1910
5	700	500	900	20	580	2700
6	456	800	800	15	100	2171
7	1200	900	900	40	500	3540
8	530	1500	900	30	500	3460
9	489	0	800	10	400	1699
10	412	0	500	50	600	1562
11	400	400	400	12	800	2012
12	300	100	800	15	400	1615
13	200	500	500	10	500	1710
14	500	0	600	56	300	1456
15						

图 1-84

将 B3:B14 单元格区域中的数字改成文本型，在计算总费用时会自动忽略文本型数字，得出错误的结果，如图 1–85 所示。

招聘费用表

时间	广告宣传费	招聘场地租用费	网络招聘渠道费	表格资料打印费	招聘人员食宿费	总计
1月	0600	1000	2000	60	500	3560
2月	0601	0	1000	10	400	1410
3月	0602	500	900	20	580	2000
4月	0603	800	800	15	100	1715
5月	0604	900	900	40	500	2340
6月	0605	1500	900	30	500	2930
7月	0606	0	800	10	400	1210
8月	0607	0	500	50	600	1150
9月	0608	400	400	12	800	1612
10月	0609	100	800	15	400	1315
11月	0610	500	500	10	500	1510
12月	0611	0	600	56	300	956

文本型数字　　错误的结果

图 1–85

实用贴士

用户将数值型数字转换为文本型数字后，该单元格的右上角会出现一个绿色的三角形，用来提醒用户该数据类型为文本型数字。

1.2.3 随意使用合计行

在人事表格中，尤其是在统计的表格中，合计行不能随意出现，不然会把整个表格人为地划分为几个大块，不仅不够美观，而且对后续的统计分析也会产生莫大影响，如图 1–86 所示。

绩效考核表

姓名	部门	工作能力	工作态度	绩效总分	平均值	名次	优良
李淼	人事部	90	100	190	127	1	优
刘森	人事部	89	98	187	125	2	优
张忠	行政部	95	90	185	123	3	优
总名次							
赵国	行政部	96	76	172	115	4	优
王党	销售部	87	84	171	114	5	优
刘田	销售部	100	56	156	104	6	差
黄日	发行部	56	96	152	101	7	差
王铮	销售部	49	87	136	91	8	差

图 1–86

通常情况下，人事数据汇总或统计表格不太需要人为的合计行，在制作表格时也不应有。一旦在表格中出现了合计行，就要手动删除：选中所在的行，单击鼠标右键，在弹出的快捷菜单中选择【删除】命令便可。需要注意的是，有的人事表单中是需要合计行或合计列的，如图 1–87 所示。

面试记录表

编号	姓名	分数			
		4分（优秀）	3分（良好）	2分（一般）	1分（差）
1	张雪				
2	王盼				
3	王青				
4	李文				
5	张怡				

图 1–87

Chapter

02

第 2 章

人才招聘计划

导读

对企业来说，人才招聘是人力资源部的工作内容之一，制作一套完整的招聘计划和流程，能快速为企业找到优秀的人才，改善企业人才机构，为企业注入新鲜血液。本章将使用Excel创建HR在人才招聘过程中以及分析、统计人员时用到表格。

学习要点：★学会创建招聘费用表

★学会创建应聘人员相关工作表

★学会创建招聘计划表

★学会创建面试及录用表

2.1 招聘费用表

公司确定需要招聘人员时，人力资源部门就需要根据员工数量和岗位需要来展开招聘工作了，而其中的一项就是需要进行招聘费用的预算。通常情况下，招聘费用包括广告宣传费、招聘场地租用费、网络招聘渠道费、表格资料打印费以及招聘人员食宿费等。在制作招聘费用预算表的时候要将这些组成要素都考虑进去，也要根据实际的情况进行调整。

2.1.1 创建招聘费用表

创建“招聘费用表”的操作步骤如下：

1 创建一个空白工作簿，将“Sheet1”工作表命名为“招聘费用表”，将第一行的行高设置为【25】，第 2~14 行的行高设置为【18】，A~G 列的列宽设置为【15】，将 A1:G1 单元格合并后居中，最终效果如图 2-1 所示。

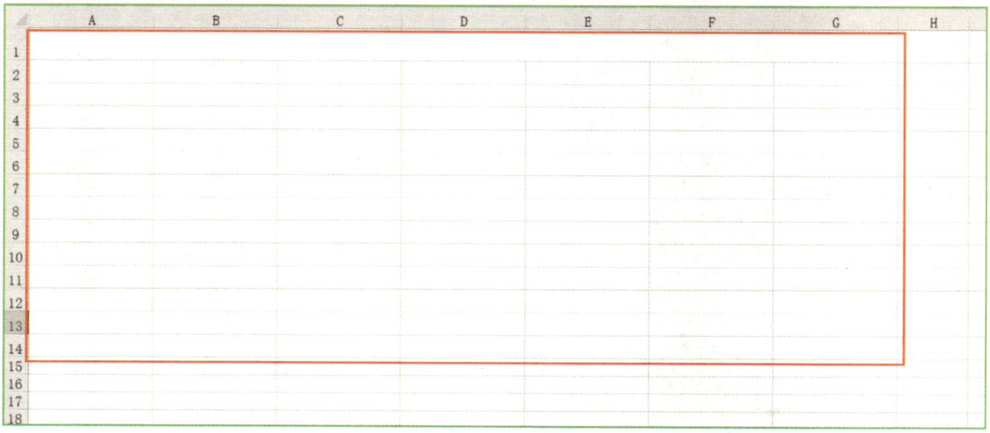

图 2-1

2 选中 A2:G14 单元格区域，单击【开始】选项卡，找到【字体】选项组，如图 2-2 所示。

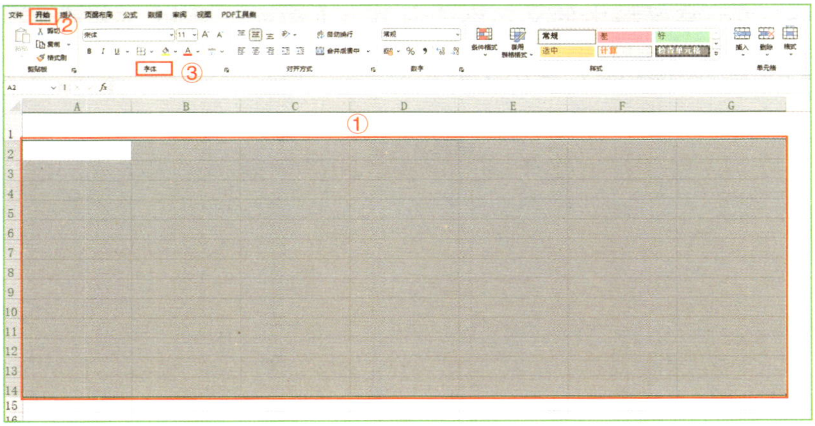

图 2-2

3 单击【所有框线】下拉按钮，在其下拉列表中单击【所有框线】命令，如图 2-3 所示。

4 效果如图 2-4 所示。

图 2-3

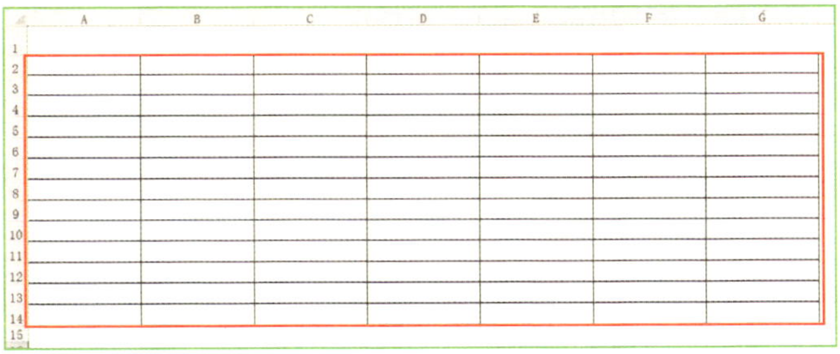

图 2-4

5 用户根据需要在工作表中填入相应的文字，如图 2-5 所示。

招聘费用表						
时间	广告宣传费	招聘场地租用费	网络招聘渠道费	表格资料打印费	招聘人员食宿费	总计
1月	600	1000	2000	60	500	
2月	500	0	1000	10	400	
3月	700	500	900	20	580	
4月	456	800	800	15	100	
5月	1200	900	900	40	500	
6月	530	1500	900	30	500	
7月	489	0	800	10	400	
8月	412	0	500	50	600	
9月	400	400	400	12	800	
10月	300	100	800	15	400	
11月	200	500	500	10	500	
12月	500	0	600	56	300	

图 2-5

6 A1:G1 单元格区域中的文字格式设置为【微软雅黑】【加粗】，字号设置为【20】，效果如图 2–6 所示。

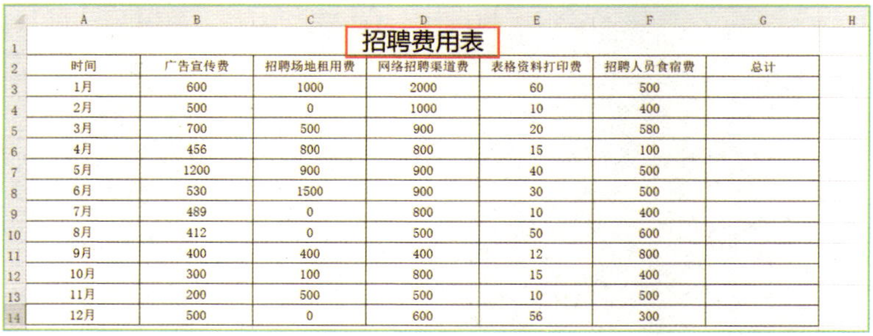

招聘费用表

时间	广告宣传费	招聘场地租用费	网络招聘渠道费	表格资料打印费	招聘人员食宿费	总计
1月	600	1000	2000	60	500	
2月	500	0	1000	10	400	
3月	700	500	900	20	580	
4月	456	800	800	15	100	
5月	1200	900	900	40	500	
6月	530	1500	900	30	500	
7月	489	0	800	10	400	
8月	412	0	500	50	600	
9月	400	400	400	12	800	
10月	300	100	800	15	400	
11月	200	500	500	10	500	
12月	500	0	600	56	300	

图 2–6

7 选中 B3:F3 单元格区域，单击【公式】选项卡，找到【函数库】选项组，单击【自动求和】按钮，如图 2–7 所示。

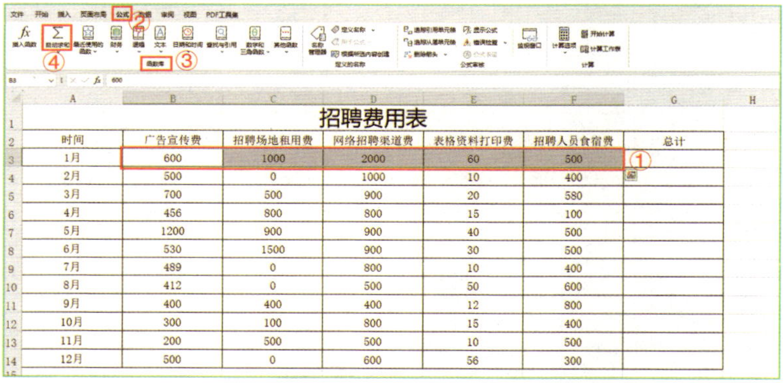

招聘费用表

时间	广告宣传费	招聘场地租用费	网络招聘渠道费	表格资料打印费	招聘人员食宿费	总计
1月	600	1000	2000	60	500	
2月	500	0	1000	10	400	
3月	700	500	900	20	580	
4月	456	800	800	15	100	
5月	1200	900	900	40	500	
6月	530	1500	900	30	500	
7月	489	0	800	10	400	
8月	412	0	500	50	600	
9月	400	400	400	12	800	
10月	300	100	800	15	400	
11月	200	500	500	10	500	
12月	500	0	600	56	300	

图 2–7

8 效果如图 2–8 所示。

招聘费用表

时间	广告宣传费	招聘场地租用费	网络招聘渠道费	表格资料打印费	招聘人员食宿费	总计
1月	600	1000	2000	60	500	4160
2月	500	0	1000	10	400	
3月	700	500	900	20	580	
4月	456	800	800	15	100	
5月	1200	900	900	40	500	
6月	530	1500	900	30	500	
7月	489	0	800	10	400	
8月	412	0	500	50	600	
9月	400	400	400	12	800	
10月	300	100	800	15	400	
11月	200	500	500	10	500	
12月	500	0	600	56	300	

图 2–8

9 选中 G3 单元格，将鼠标放在单元格右下角，当指针变为【 + 】时，按住鼠标左键不放并拖动至 G14 单元格，如图 2–9 所示。

招聘费用表

时间	广告宣传费	招聘场地租用费	网络招聘渠道费	表格资料打印费	招聘人员食宿费	总计
1月	600	1000	2000	60	500	4160
2月	500	0	1000	10	400	
3月	700	500	900	20	580	
4月	456	800	800	15	100	
5月	1200	900	900	40	500	
6月	530	1500	900	30	500	
7月	489	0	800	10	400	
8月	412	0	500	50	600	
9月	400	400	400	12	800	
10月	300	100	800	15	400	
11月	200	500	500	10	500	
12月	500	0	600	56	300	

图 2–9

10 就会出现每月招聘所花费用，如图 2–10 所示。

招聘费用表

时间	广告宣传费	招聘场地租用费	网络招聘渠道费	表格资料打印费	招聘人员食宿费	总计
1月	600	1000	2000	60	500	4160
2月	500	0	1000	10	400	1910
3月	700	500	900	20	580	2700
4月	456	800	800	15	100	2171
5月	1200	900	900	40	500	3540
6月	530	1500	900	30	500	3460
7月	489	0	800	10	400	1699
8月	412	0	500	50	600	1562
9月	400	400	400	12	800	2012
10月	300	100	800	15	400	1615
11月	200	500	500	10	500	1710
12月	500	0	600	56	300	1456

图 2–10

11 将 A1:G1 单元格区域的填充色设置为【紫色，个性色 4，淡色 80%】，A2:G14 单元格区域的填充色设置为【水绿色，个性色 5，淡色 80%】，效果如图 2–11 所示。

招聘费用表

时间	广告宣传费	招聘场地租用费	网络招聘渠道费	表格资料打印费	招聘人员食宿费	总计
1月	600	1000	2000	60	500	4160
2月	500	0	1000	10	400	1910
3月	700	500	900	20	580	2700
4月	456	800	800	15	100	2171
5月	1200	900	900	40	500	3540
6月	530	1500	900	30	500	3460
7月	489	0	800	10	400	1699
8月	412	0	500	50	600	1562
9月	400	400	400	12	800	2012
10月	300	100	800	15	400	1615
11月	200	500	500	10	500	1710
12月	500	0	600	56	300	1456

图 2–11

2.1.2 分类汇总招聘费用

“分类汇总”招聘费用的操作步骤如下：

1 打开“招聘费用表”，选中 A2:G14 单元格区域，单击【数据】选项卡下【分级显示】选项组中的【分类汇总】按钮，如图 2-12 所示。

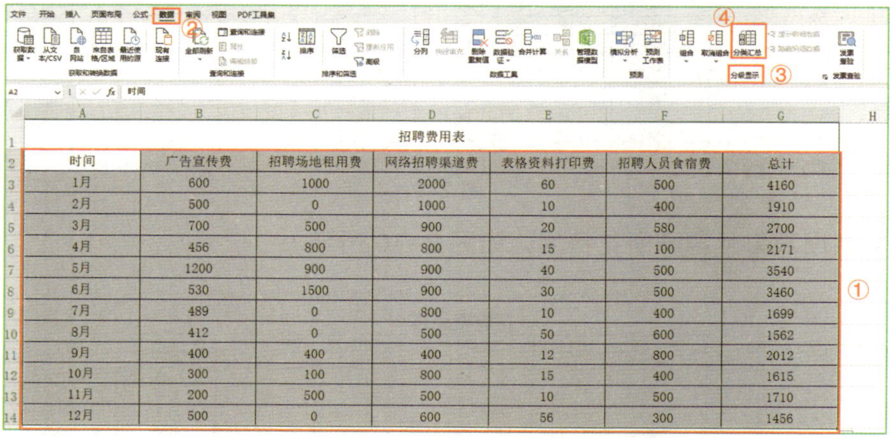

招聘费用表						
时间	广告宣传费	招聘场地租用费	网络招聘渠道费	表格资料打印费	招聘人员食宿费	总计
1月	600	1000	2000	60	500	4160
2月	500	0	1000	10	400	1910
3月	700	500	900	20	580	2700
4月	456	800	800	15	100	2171
5月	1200	900	900	40	500	3540
6月	530	1500	900	30	500	3460
7月	489	0	800	10	400	1699
8月	412	0	500	50	600	1562
9月	400	400	400	12	800	2012
10月	300	100	800	15	400	1615
11月	200	500	500	10	500	1710
12月	500	0	600	56	300	1456

图 2-12

2 弹出【分类汇总】对话框，选中【选定汇总项】列表框中的【总计】复选框，取消下方的【替换当前分类汇总】复选框，单击【确定】按钮，如图 2-13 所示。

3 效果如图 2-14 所示。

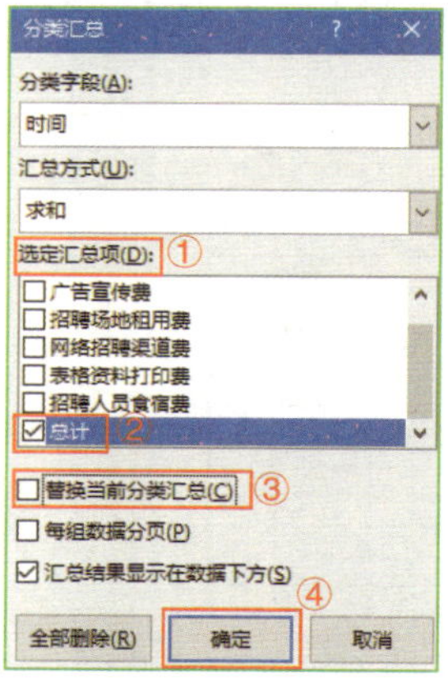

图 2-13

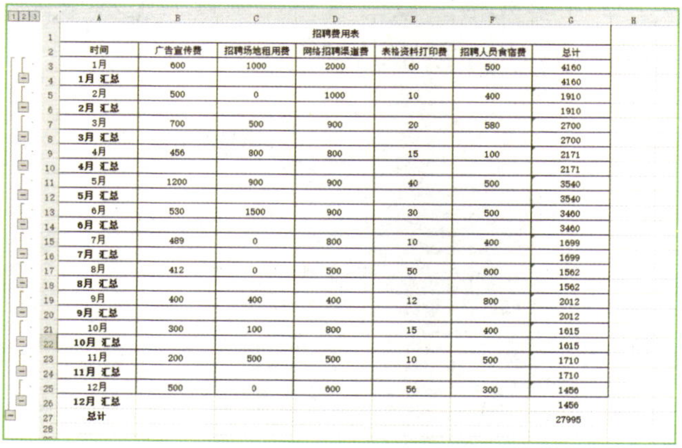

招聘费用表						
时间	广告宣传费	招聘场地租用费	网络招聘渠道费	表格资料打印费	招聘人员食宿费	总计
1月	600	1000	2000	60	500	4160
1月 汇总						4160
2月	500	0	1000	10	400	1910
2月 汇总						1910
3月	700	500	900	20	580	2700
3月 汇总						2700
4月	456	800	800	15	100	2171
4月 汇总						2171
5月	1200	900	900	40	500	3540
5月 汇总						3540
6月	530	1500	900	30	500	3460
6月 汇总						3460
7月	489	0	800	10	400	1699
7月 汇总						1699
8月	412	0	500	50	600	1562
8月 汇总						1562
9月	400	400	400	12	800	2012
9月 汇总						2012
10月	300	100	800	15	400	1615
10月 汇总						1615
11月	200	500	500	10	500	1710
11月 汇总						1710
12月	500	0	600	56	300	1456
12月 汇总						1456
总计						27995

图 2-14

实用贴士

使用 Excel 制作表格时，HR 常常需要设置单元格的行高和列宽，除了执行【行高】【列宽】命令，还可以将鼠标的光标放在两行或两列之间，当鼠标指针变为【TP 调整行高】或【TP 调整列宽】时，按住鼠标左键不放并进行拖动，就能快速调整单元格的行高和列宽。

2.2 应聘人员相关工作表

求职人员在进行面试的时候，首先需要填写一张应聘登记表，以方便公司人力资源部门对求职者有一个更加全面的了解。本节所讲述的应聘人员登记表与大众通常使用的类似，基本包含应聘者的全部相关信息。

2.2.1 创建应聘人员签到表

创建“应聘人员签到表”的操作步骤如下：

1 创建一个空白工作簿，将“Sheet1”工作表重命名为“应聘人员签到表”。将第 1 行的行高设置为【30】，第 2~23 行及第 25 行的行高设置为【20】，第 24 及 26 行的行高设置为【100】，A~G 列的列宽设置为【18】，效果如图 2-15 所示。

2 先将 A1:G1、A2:G2 单元格合并后居中，并在 A1:G1 单元格区域中输入文字“应聘人员签到表”，再选中 A3:G26 单元格区域，单击鼠标右键，弹出快捷菜单，选择【设置单元格格式】命令，弹出【设置单元格格式】对话框，单击【边框】选项卡，在【样式】列表框中选择一种较细的线型，然后在【预置】选项组中选择【内部】；然后再在【样式】列表框中选择一种较粗的线型，然后在【预置】选项组中选择【外边框】，然后单击【确定】按钮，效果如图 2-16 所示。

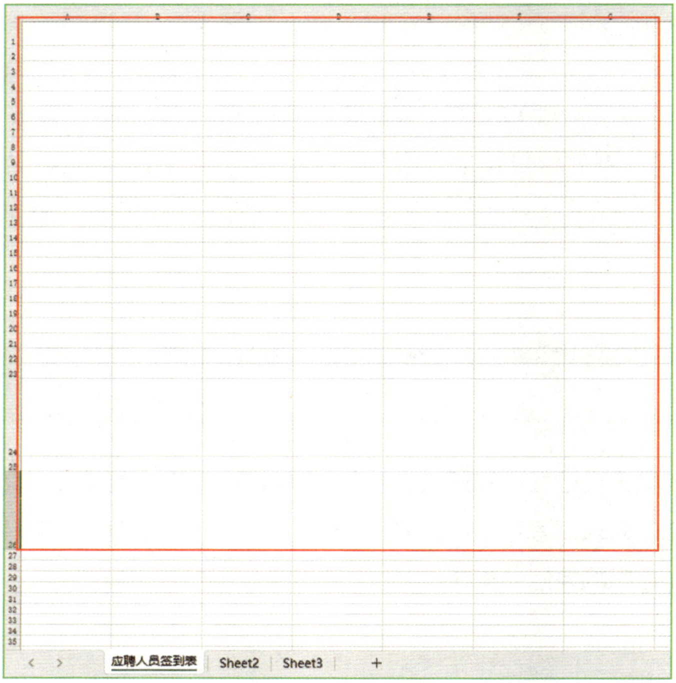

图 2–15

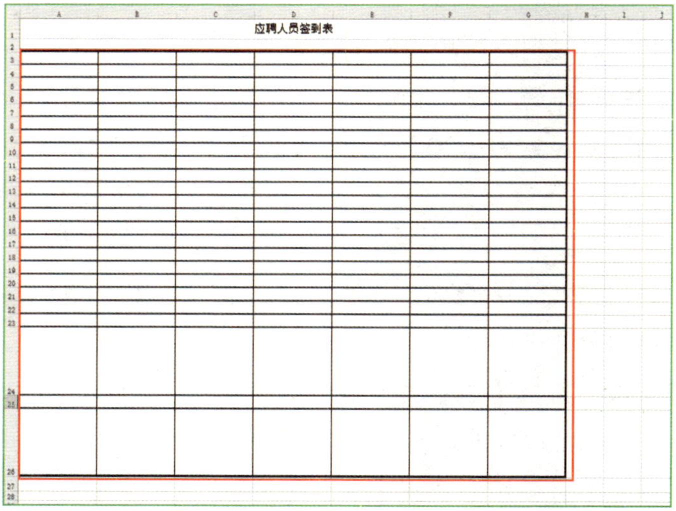

图 2–16

3 先选中 G3:G5 单元格区域，然后按住【Ctrl】键，分别选中 B5:C5、E5:F5、F6:G6、B7:D7、F7:G7、B8:D8、F8:G8、A9:G9、A16:G16、

A23:G23、A25:G25 区域，将其合并后居中，最终效果如图 2–17 所示。

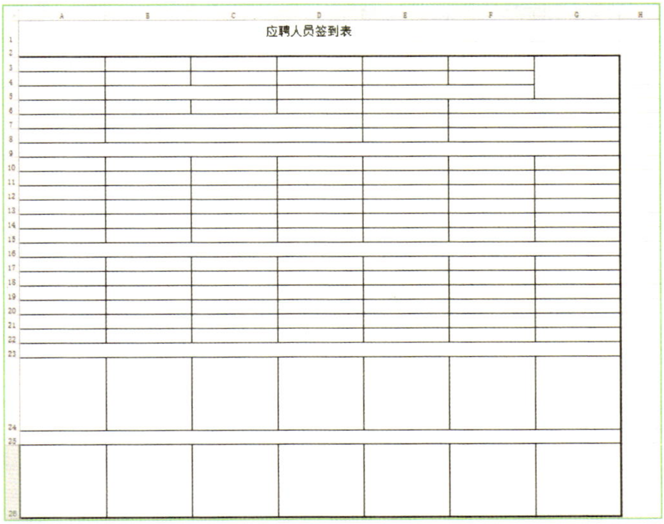

图 2–17

4 用户根据需要在工作表中填入文字，如图 2–18 所示。

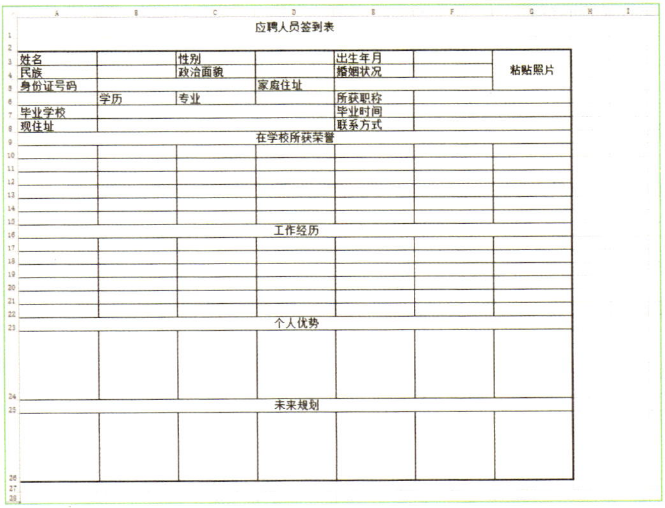

图 2–18

5 将 A1:GA 单元格区域的字体设置为【华文仿宋】【加粗】，字号设置为【24】，效果如图 2–19 所示。

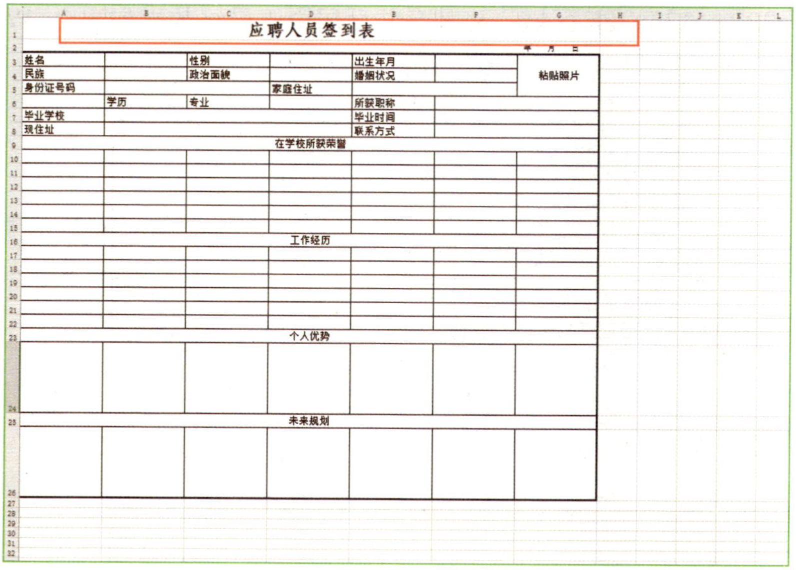

图 2-19

6 选中 A9:G9、A16:G16、A23:G23、A25:G25 单元格区域，将颜色填充为【绿色】，效果如图 2-20 所示。

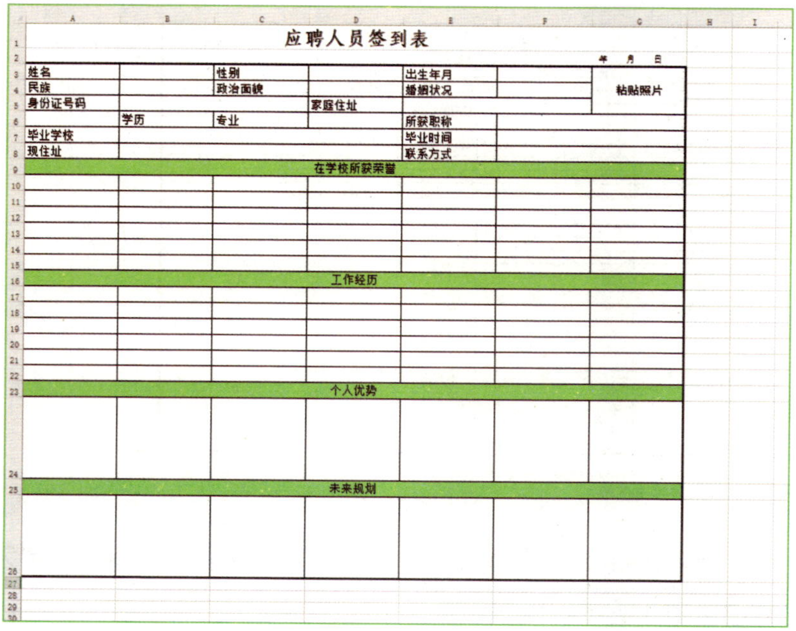

图 2-20

2.2.2 创建应聘人员汇总表

创建“应聘人员汇总表”的操作步骤如下：

1 创建一个空白工作簿，将“Sheet1”工作表重命名为“应聘人员汇总表”，将第 1 行行高设置为【40】，第 2~21 行行高设置为【20】，A~G 列列宽设置为【15】，最终效果如图 2–21 所示。

图 2–21

2 将 A1:G1 单元格区域合并后居中，最终效果如图 2–22 所示。

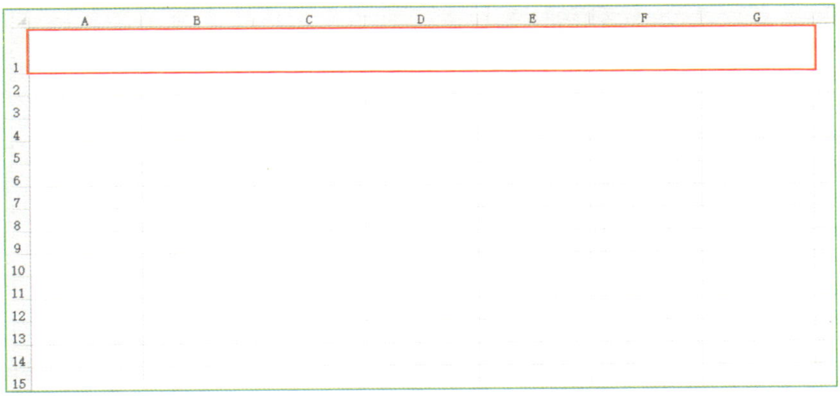

图 2–22

3 选中 A2:G21 单元格区域，单击【开始】选项卡下【字体】选项组中的【边框】下拉按钮，在其下拉列表中选择【所有框线】命令，效果如图 2–23 所示。

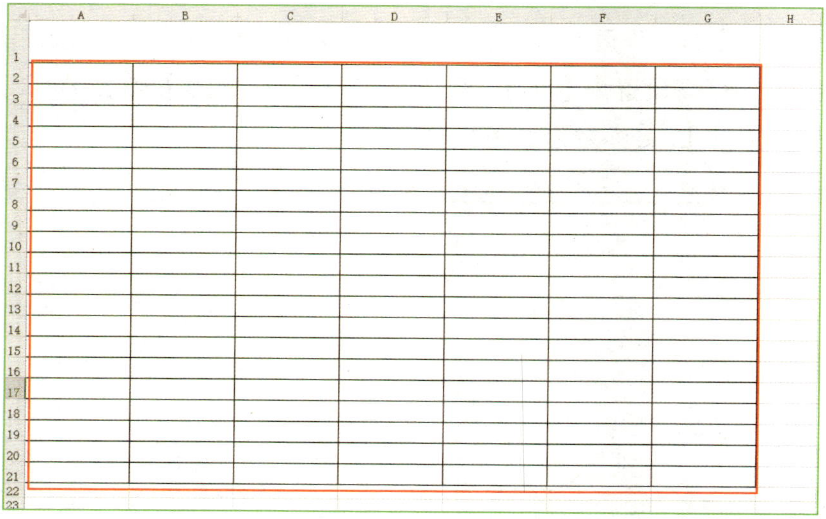

图 2–23

4 根据需要在工作表中填入合适的文字，如图 2–24 所示。

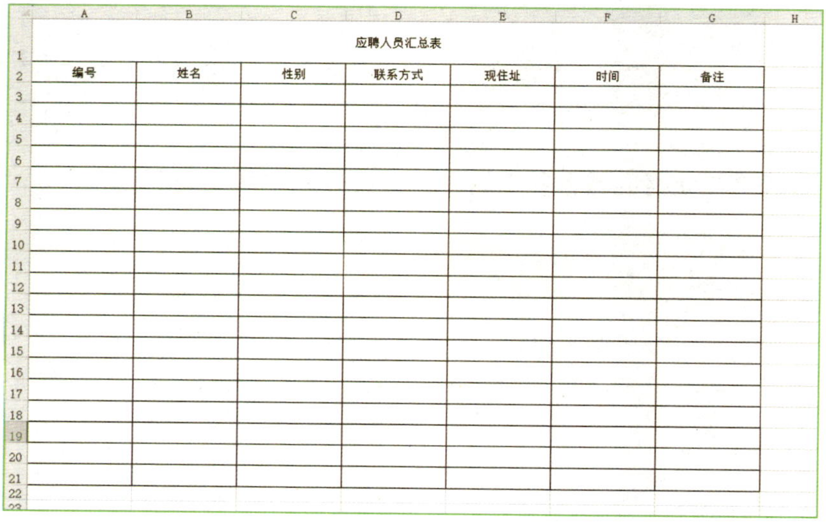

图 2–24

5 将 A1:G1 单元格区域字体设置为【黑体】，字号设置为【20】，最终效果如图 2–25 所示。

应聘人员汇总表

编号	姓名	性别	联系方式	现住址	时间	备注

图 2-25

实用贴士

HR 为单元格设置边框时，除了使用鼠标右键单击【设置单元格格式】命令，还可以通过按下组合键的方式弹出【设置单元格格式】对话框，即【Ctrl+1】。

2.3 招聘计划

招聘工作是企业获得人才的主要方式，也是 HR 最基本的一项工作。在招聘进行前要 HR 要提前做好各项准备工作，本节将详细介绍该部分内容。

2.3.1 创建招聘流程图

创建“招聘流程图”的操作步骤如下：

1 新建一个空白工作簿，将其命名为“招聘流程图”，并且将“Sheet1”重命名为“招聘流程图”，将第 1 行行高设置为【35】，第 2~15 行行高设置为【20】，A~G 列列宽设置为【10】，效果如图 2-26 所示。

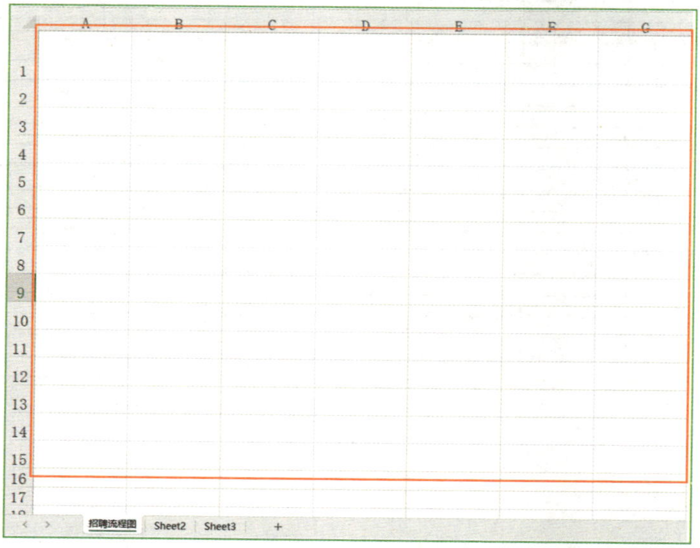

图 2-26

2 选中 A1:G1 单元格区域，单击【开始】选项卡下的【对齐方式】选项组中【合并后居中】按钮，然后在合并后的单元格中输入表格标题“招聘流程图”，字体设置为【微软雅黑】，字号设置为【20】，效果如图 2-27 所示。

图 2-27

3 选中 A2:G15 单元格区域，再次单击【合并后居中】按钮，效果如图 2-28 所示。

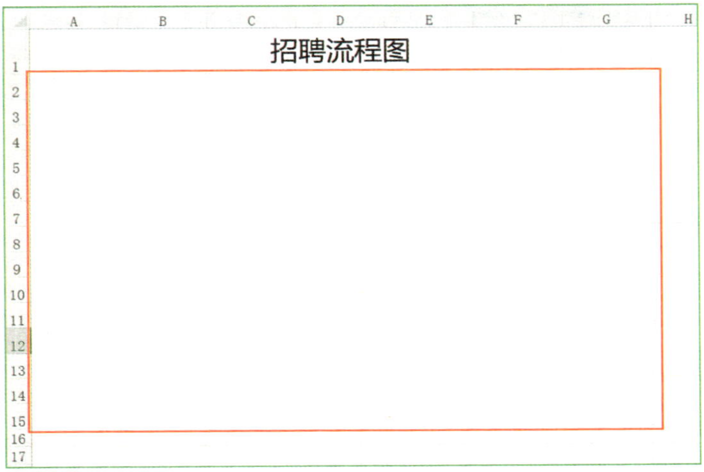

图 2-28

4 选中 A1:G15 单元格区域，单击鼠标右键，弹出快捷菜单，选择【设置单元格格式】命令，弹出【设置单元格格式】对话框，单击【边框】选项卡，在【样式】列表框中选择一种较细的线型，然后在【预置】选项组中选择【内部】；然后再在【样式】列表框中选择一种较粗的线型，然后在【预置】选项组中选择【外边框】，然后单击【确定】按钮，效果如图 2-29 所示。

图 2-29

5 选中 A2:G15 单元格区域，单击【插入】选项卡下【插图】选项组中的【形状】下拉按钮，如图 2–30 所示。

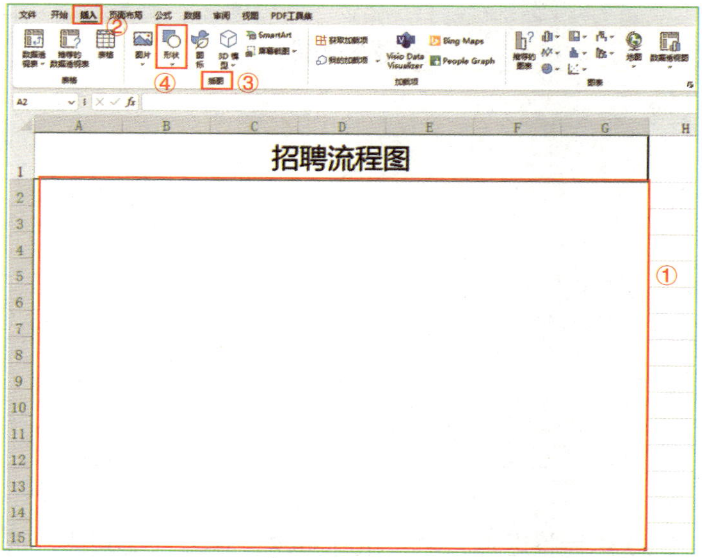

图 2–30

6 弹出下拉列表，选择【流程图】下拉列表中的【流程图：决策】，如图 2–31 所示。

7 工作表中会出现一个黑色十字光标，如图 2–32 所示。

图 2–31

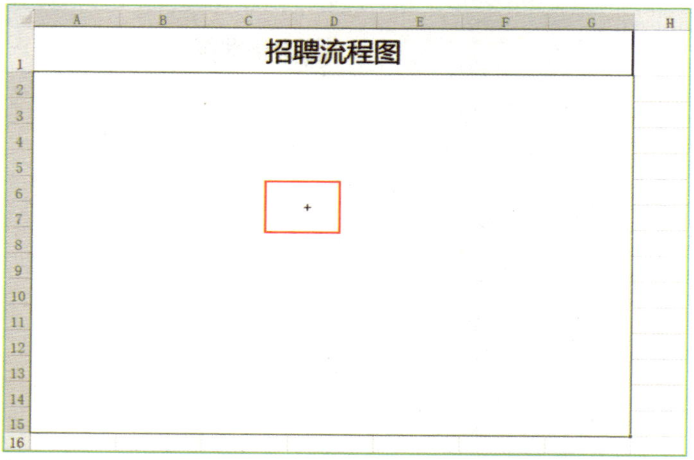

图 2–32

8 用户想将【流程图：决策】放在哪，便在哪单击鼠标左键，此时工作表中会出现一个图形，图形四周有八个控制点，可拖动控制点来调整图形的大小，如图 2–33 所示。

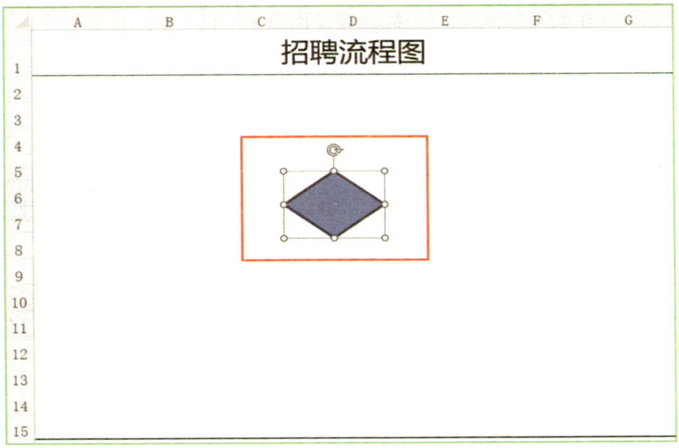

图 2–33

9 按【Ctrl+C】组合键进行复制，按【Ctrl+V】组合键进行粘贴，重复此操作，复制 2 个【流程图：决策】形状，如图 2–34 所示。

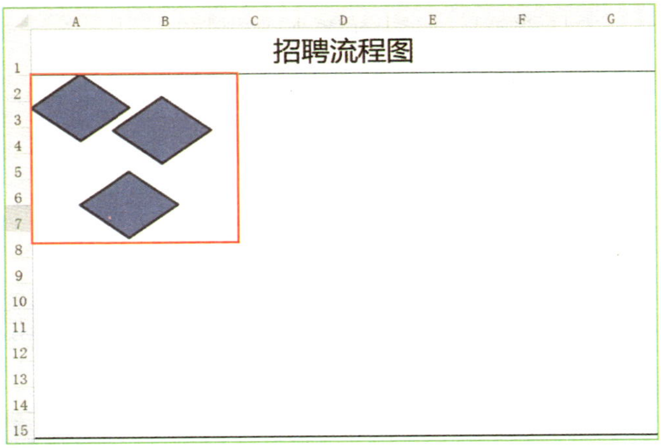

图 2–34

10 再次选中 A2:G15 单元格区域，单击【插入】选项卡下【插图】选项组中的【形状】下拉按钮，在其下拉列表中选择【流程图：过程】形状，如图 2–35 所示。

11 选中的单元格区域中，绘制【流程图：过程】形状后，按【Ctrl+C】组合键进行复制，按【Ctrl+V】组合键进行粘贴，重复此操作，复制4个【流程图：过程】形状，如图2–36所示。

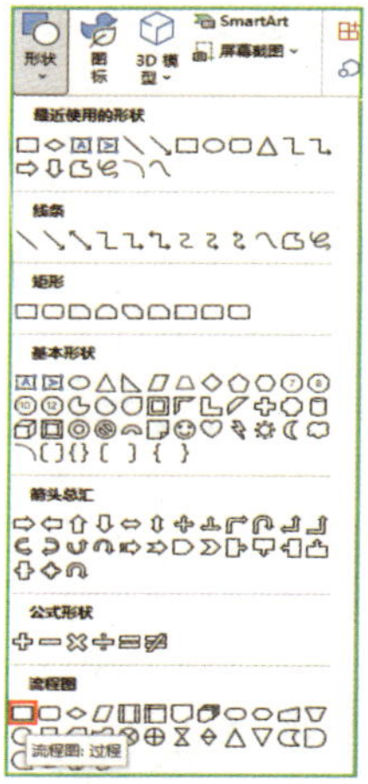

图2–35

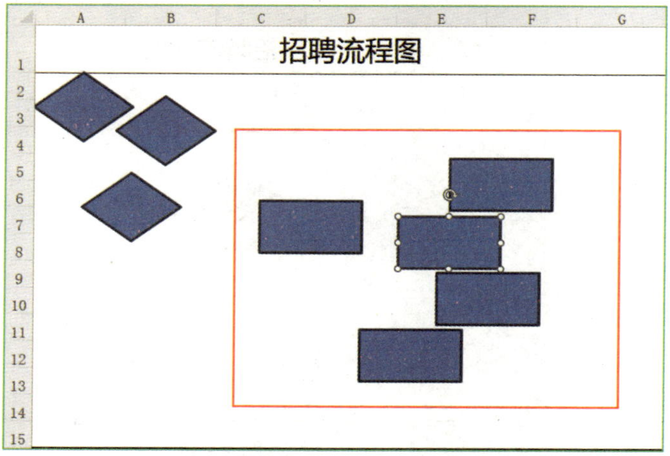

图2–36

12 再次选中A2:G15单元格区域，单击【插入】选项卡下【插图】选项组中的【形状】下拉按钮，在其下拉列表中【箭头总汇】下选择合适的形状，此处先选择一个【箭头：右】，如图2–37所示。

13 绘制的箭头形状，如图2–38所示。

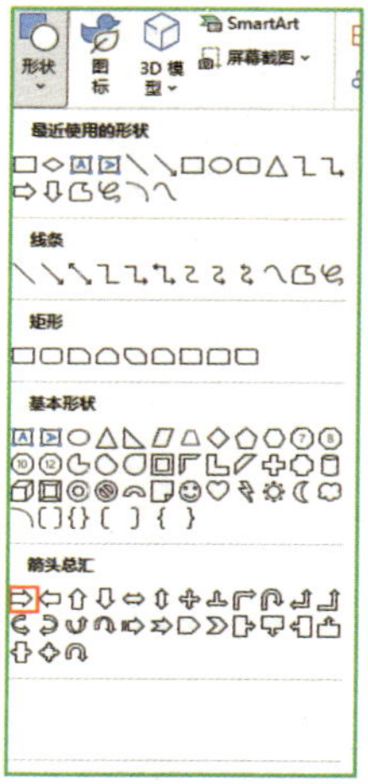

图2–37

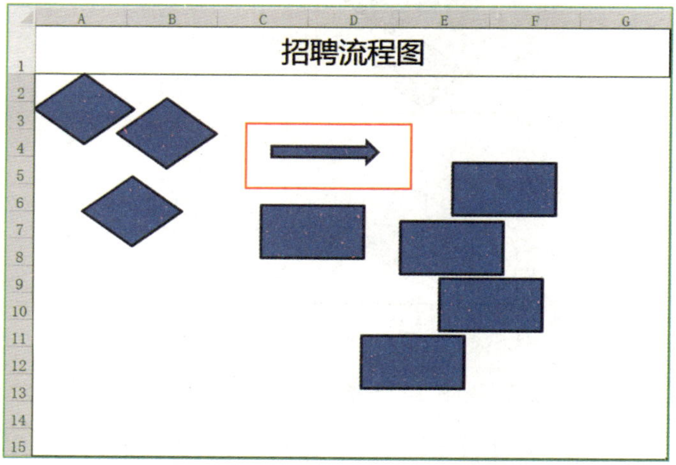

图2–38

14 选中形状，按住鼠标不放，将插入的形状拖动到需要放置的位置，将所有形状调整完位置后如图 2-39 所示。

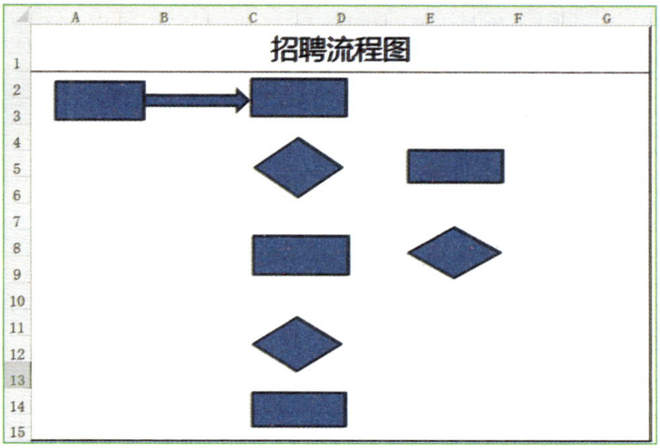

图 2-39

15 位置摆好之后，再次选中 A2:G15 单元格区域，单击【插入】选项卡下【插图】选项组中的【形状】下拉按钮，在其下拉列表中【箭头总汇】下选择合适的形状，效果如图 2-40 所示。

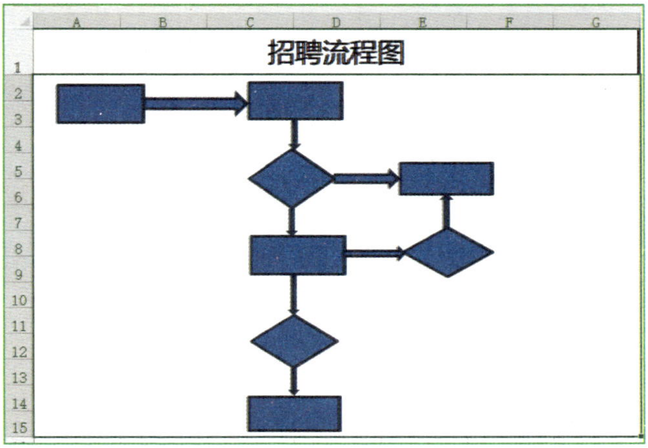

图 2-40

16 先选中一个形状，然后按【Ctrl】键，分别选中其他的形状（箭头除外），单击【形状格式】选项卡下，【形状样式】选项组中的【⊽】按钮，如图 2-41 所示。

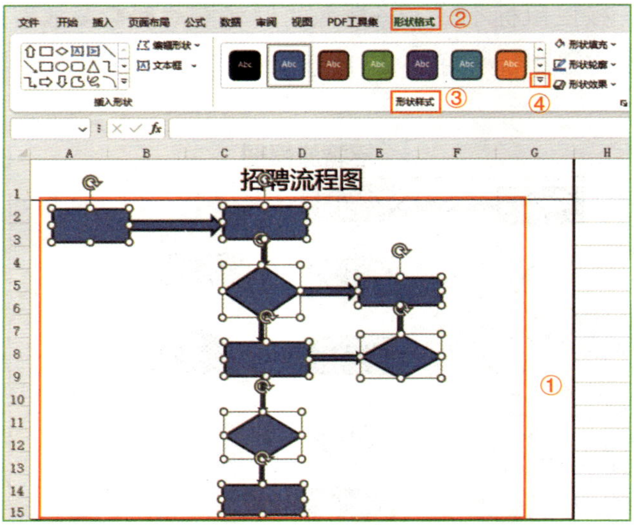

图 2-41

17 出现下拉列表，选择【主题样式】下的【细微效果 – 紫色，强调颜色 4】，如图 2-42 所示。

18 效果如图 2-43 所示。

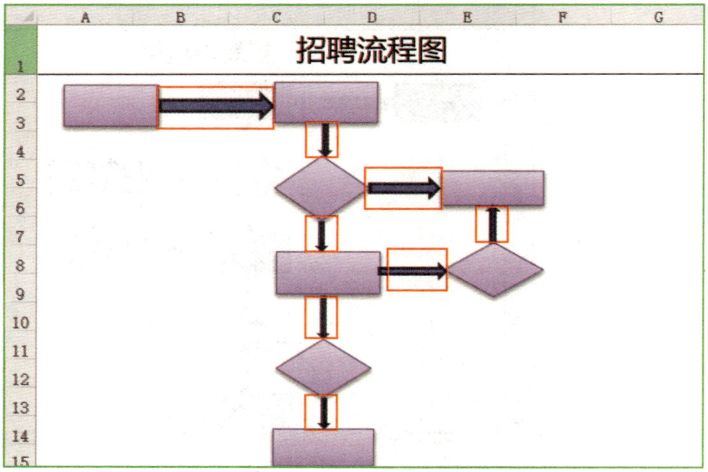

图 2-42　　图 2-43

19 先选中一个箭头，然后按【Ctrl】键，分别选中其他的箭头，单击【形状格式】选项卡下，【形状样式】选项组中的【快速样式】下拉按钮，出现下拉列表，选择【主题样式】下的【强烈效果 – 橄榄色，强调颜色 3】，效果如图 2–44 所示。

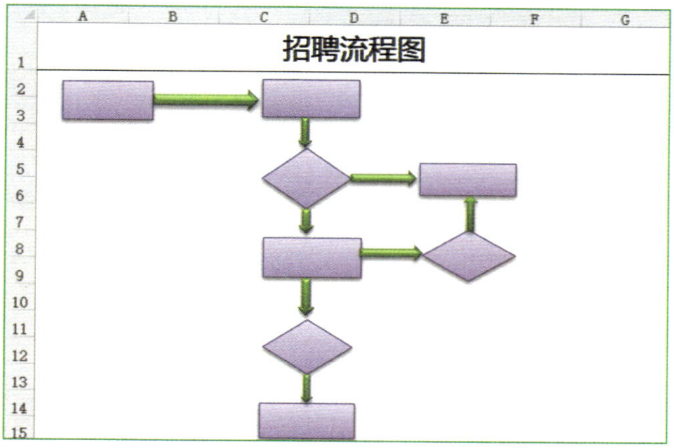

图 2–44

20 先选中一个形状，然后按【Ctrl】键，分别选中其他的形状（箭头除外），单击【形状格式】选项卡下，【艺术字样式】选项组中的【文本填充】下拉按钮，选择【深蓝】，如图 2–45 所示。

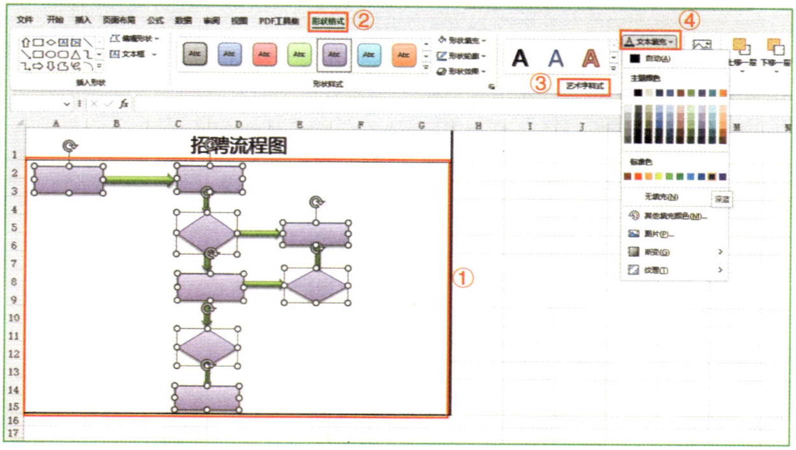

图 2–45

21 选中一个形状，单击鼠标右键，在弹出的快捷菜单中选择【编辑文字】命令，如图 2–46 所示。

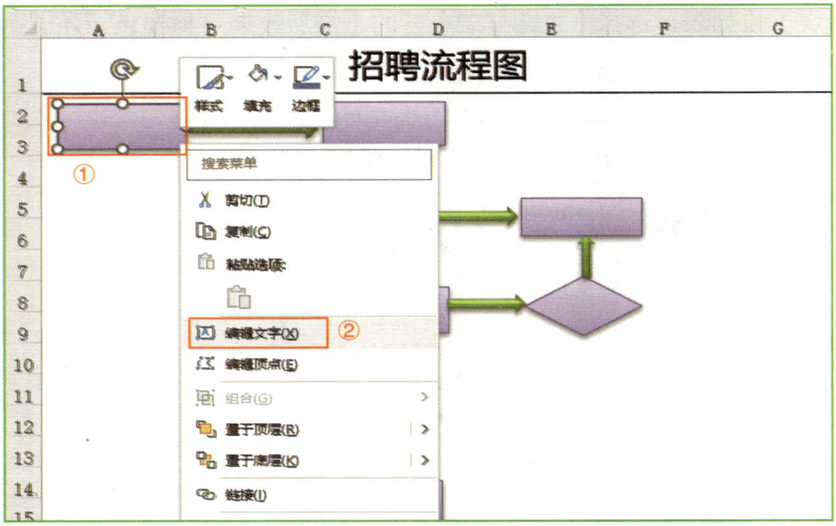

图 2–46

22 此时该形状处于编辑文字状态，在其中输入需要的文字信息，此处输入【人事部意见】，如图 2–47 所示。

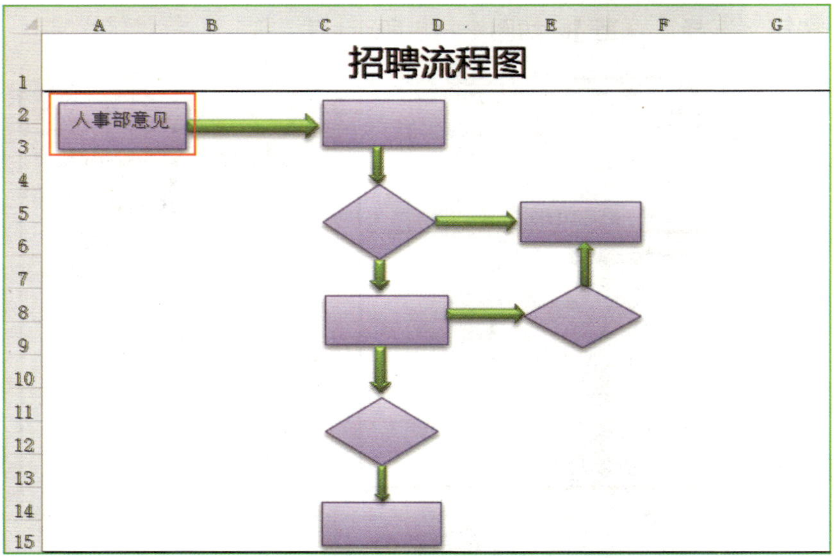

图 2–47

23 在工作表中的其他形状内分别进行文字添加，文字大小和格式调整后如图 2–48 所示。

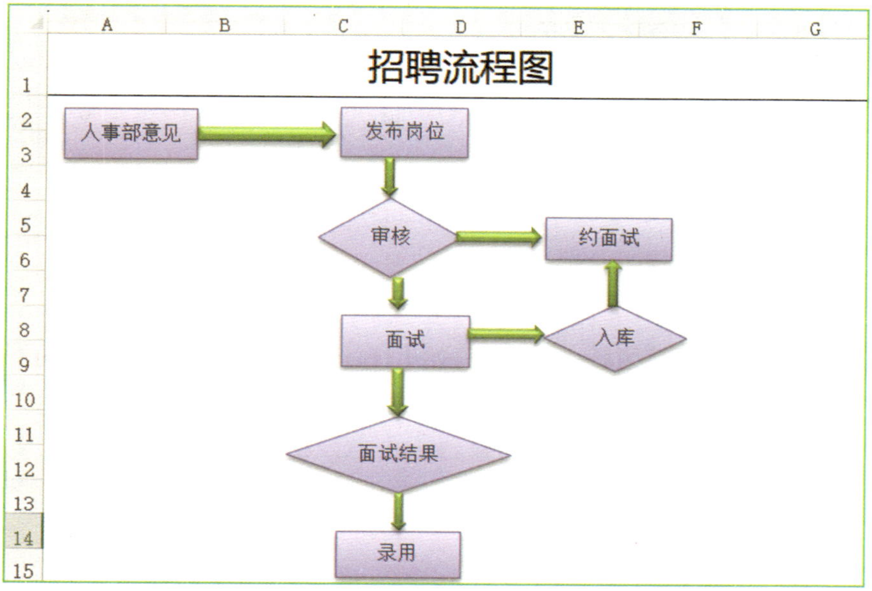

图 2-48

2.3.2 创建招聘计划表

创建“招聘计划表”的操作步骤如下：

1 新建一个空白工作簿，将其命名为“招聘计划表”，并且将“Sheet1”重命名为“招聘计划表”，将第 1 行行高设置为【35】，第 2~10 行行高设置为【18】，A~I 列列宽设置为【15】，效果如图 2-49 所示。

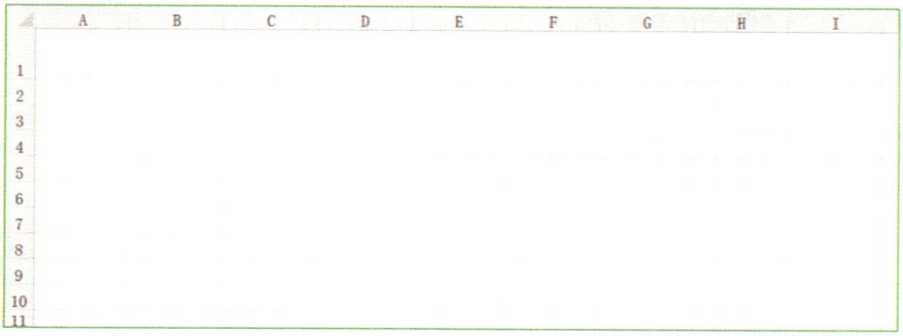

图 2-49

2 选择 A1:I1 单元格区域，将其合并后居中，并输入文字“招聘计划表”，字体设置为【华文仿体】，字号设置为【20】，效果如图 2-50 所示。

图 2–50

3 选中 A2:I10 单元格区域，单击【开始】选项卡下【字体】选项组中的【边框】下拉按钮，在其下拉列表中选择【所有框线】命令，效果如图 2–51 所示。

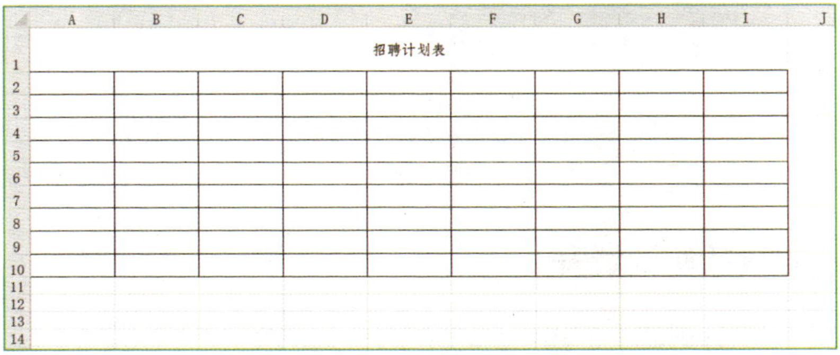

图 2–51

4 将 D2:E2、F2:I2、B10:I10 单元格区域合并后居中，效果如图 2–52 所示。

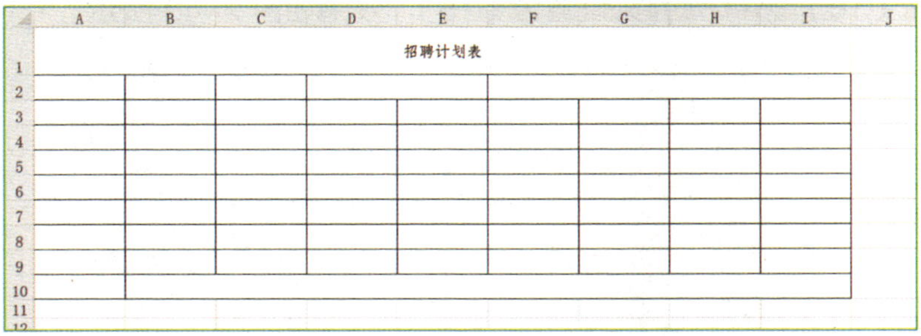

图 2–52

5 用户根据需要在工作表中填入合适的文字，并调整文字位置，如图 2–53 所示。

招聘计划表								
编号	招聘岗位	招聘人数	要求		招聘渠道			
1	行政	1	大专及以上	可无经验	58同城	boss直聘	内部	招聘会
2	销售	10	大专及以上	有经验	58同城	boss直聘	猎头	招聘会
3	技术	3	本科及以上	有经验	58同城	boss直聘	猎头	招聘会
4	发行	5	高中及以上	有经验	58同城	boss直聘	猎头	招聘会
5	保安	2	不限学历	可无经验	58同城	boss直聘	发传单	
6	保洁	2	不限学历	可无经验	58同城	boss直聘	发传单	
总计		23						
经理签字								

图 2–53

2.3.3 创建拓展招聘渠道计划表

创建“拓展招聘渠道计划表”的操作步骤如下：

1 创建一个空白工作簿，命名为“拓展招聘渠道计划表”，将“Sheet1”工作表命名为“拓展招聘渠道计划表”，第 1 行行高设置为【35】，第 2~10 行行高设置为【15】，A~E 列列宽设置为【10】，效果如图 2–54 所示。

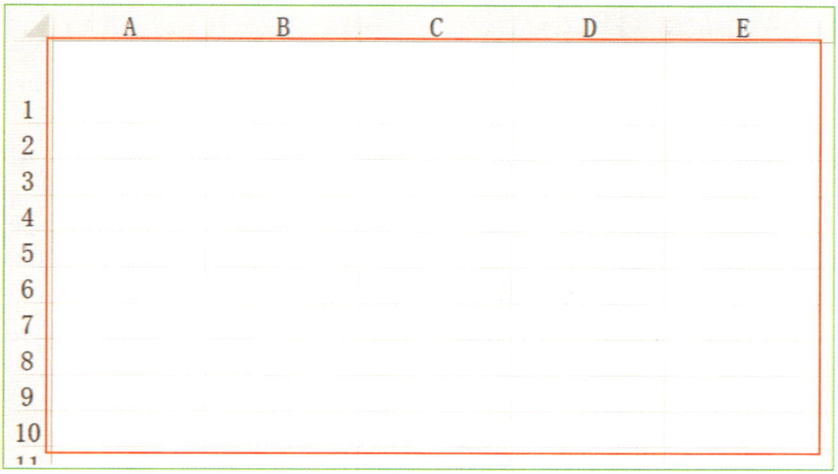

图 2–54

2 将 A1:E1 单元格合并后居中，并输入文字“拓展招聘渠道计划表”，该部分字体设置为【微软雅黑】，字号设置为【20】，如图 2–55 所示。

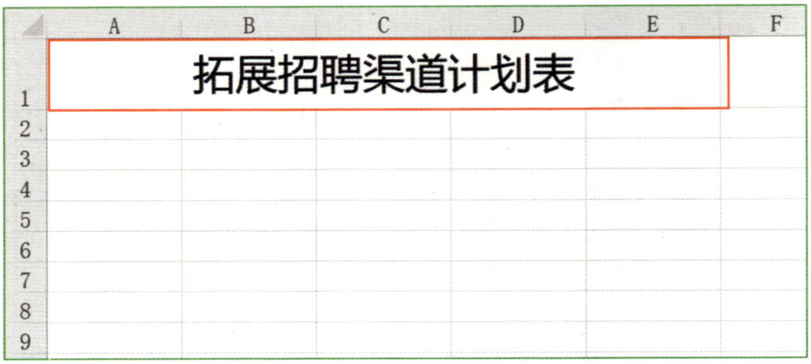

图 2–55

3 选中 A2:E10 单元格区域，单击【开始】选项卡下【字体】选项组中的【边框】下拉按钮，在其下拉列表中选择【所有框线】命令，效果如图 2–56 所示。

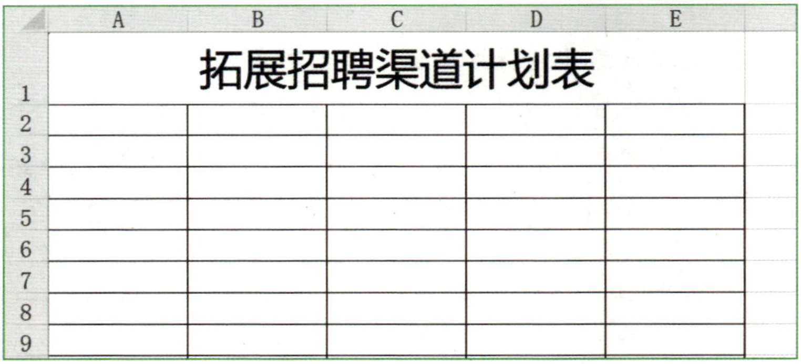

图 2–56

4 根据需要在工作表中填入合适的文字，如图 2–57 所示。

拓展招聘渠道计划表

编号	新渠道	适用部门	负责人	备注
1	boss直聘	行政、客服	刘强	
2	58同城	行政、客服	张倩	
3	校园招聘	行政、客服	赵毅	
4	猎头	总经理	刘红	
5	人才市场	财务总监	王虎	
6	媒体广告	技术人员	刘毅	
7	招聘会	客服、销售	张天	
8	报纸	销售	吴忠	

图 2–57

2.3.4 创建招聘人员增补申请表

在进行招聘工作时，人员增补表也是十分重要的表格，它既方便人力资源管理部门统计公司的招聘人数，也有利于为公司找到更加合适的人才。制作人员增补申请表主要是通过设置单元格的列高、行高，以及合并单元格等操作来实现的。人员增补表的制作通常都是在确定基础信息之后，所以制作难度较小，逻辑清楚即可，具体操作步骤如下：

1 创建一个空白工作簿，命名为“招聘人员增补申请表”，将“Sheet1”工作表重命名为“招聘人员增补申请表”，将第 2 行行高设置为【40】，第 3~11 行行高设置为【20】，B~G 列列宽设置为【15】，如图 2-58 所示。

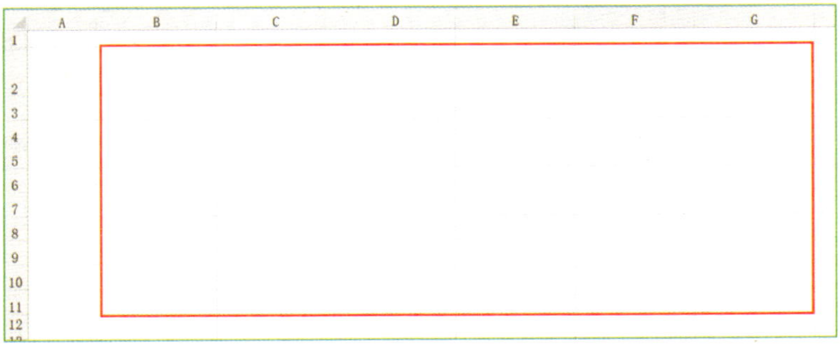

图 2-58

2 将 B2:G2 单元格区域合并后居中，输入文字“招聘人员增补申请表”，将字体设置为【华文仿宋】，字号设置为【20】，效果如图 2-59 所示。

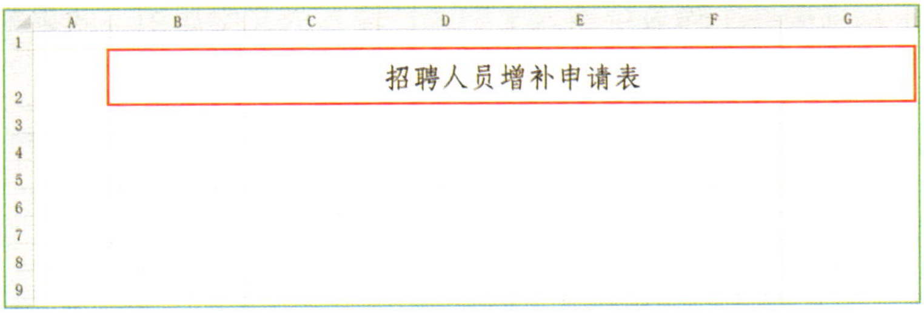

图 2-59

3 选中 B3:G11 单元格区域，单击鼠标右键，弹出快捷菜单，选择【设置单元格格式】命令，弹出【设置单元格格式】对话框，单击【边框】选项卡，在【样式】列表框中选择一种较细的线型，然后在【预置】选项组中选择【内部】;然后再在【样式】列表框中选择一种较粗的线型,然后在【预置】选项组中选择【外边框】,然后单击【确定】按钮,效果如图 2-60 所示。

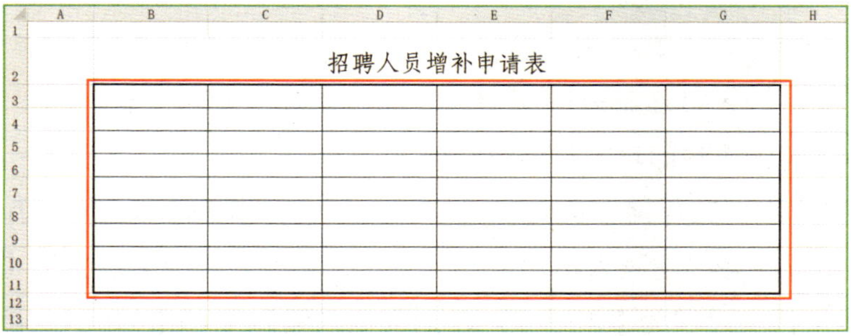

图 2-60

4 将 C3:D3、F3:G3、C4:G4、C5:D5、F5:G5、C6:G6 单元格区域合并后居中,效果如图 2-61 所示。

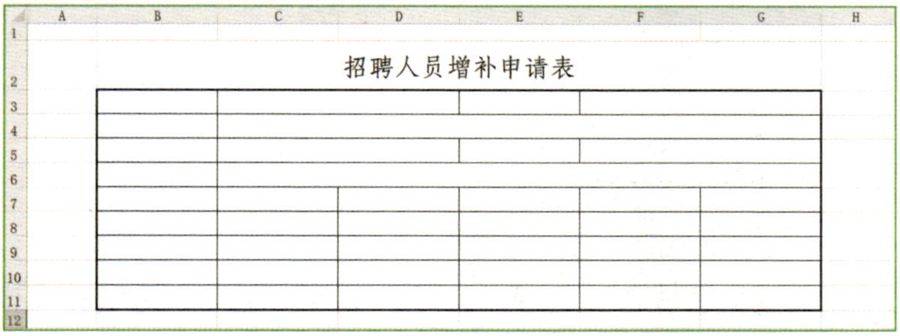

图 2-61

5 用户根据需要在工作表中输入文字,让输入的文字居中,效果如图 2-62 所示。

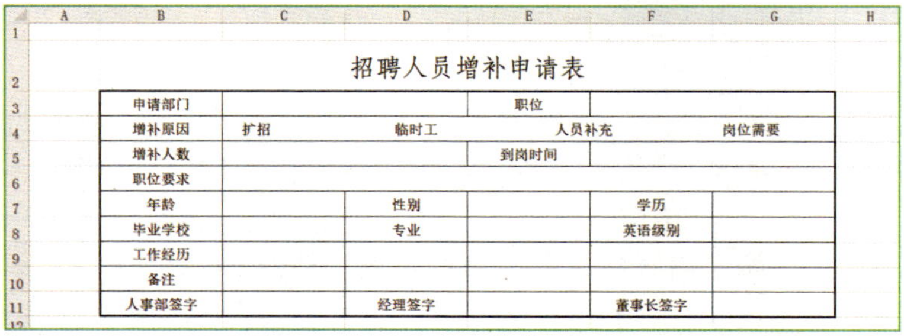

图 2-62

6 单击【视图】选项卡，找到【显示】选项组，取消勾选【网格线】复选框，如图 2-63 所示。

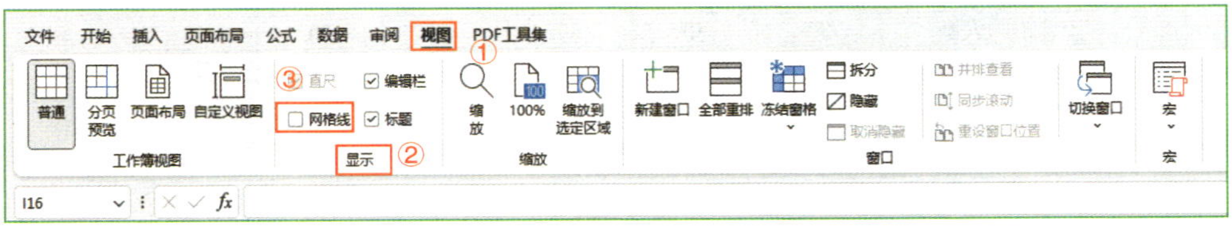

图 2-63

7 效果如图 2-64 所示。

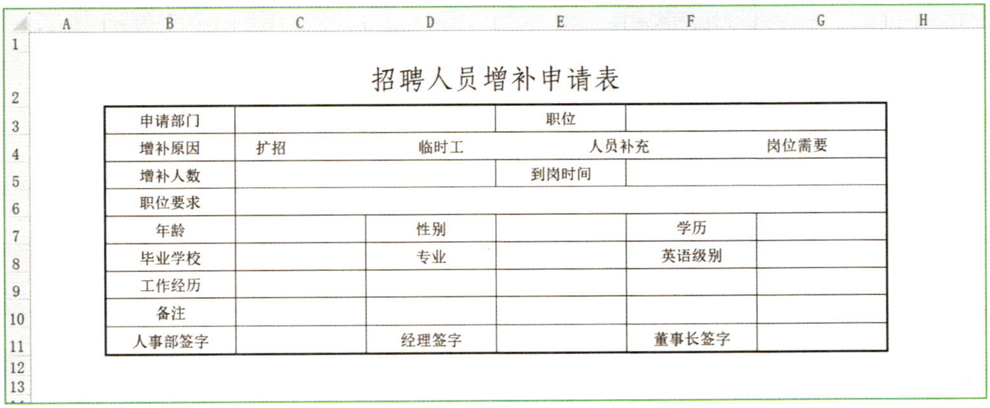

招聘人员增补申请表

申请部门			职位		
增补原因	扩招	临时工	人员补充	岗位需要	
增补人数			到岗时间		
职位要求					
年龄		性别		学历	
毕业学校		专业		英语级别	
工作经历					
备注					
人事部签字		经理签字		董事长签字	

图 2-64

实用贴士

HR 执行完单元格的合并后居中命令后，如果想取消该操作，将单元格还原，只需要再次单击【合并后居中】命令即可。

2.3.5 统计招聘计划完成率

“统计招聘计划完成率”的操作步骤如下：

1 打开“招聘计划完成率统计表”工作表，如图 2-65 所示。

招聘计划完成率统计表

	1月	2月	3月	4月	5月	6月
计划招聘人数	30	50	60	41	20	36
实际招聘人数	2	15	50	12	16	25
完成率（%）						

图 2-65

2 在 B5 单元格中输入公式“=B4/B3”，如图 2-66 所示。

招聘计划完成率分析表

	1月	2月	3月	4月	5月	6月
计划招聘人数	30	50	60	41	20	36
实际招聘人数	2	15	50	12	16	25
完成率（%）	=B4/B3					

图 2-66

3 按【Enter】键，出现结果，如图 2-67 所示。

招聘计划完成率分析表

	1月	2月	3月	4月	5月	6月
计划招聘人数	30	50	60	41	20	36
实际招聘人数	2	15	50	12	16	25
完成率（%）	0.066666667					

图 2-67

4 再次选中 B5 单元格，将光标移至单元格右下角，当指针变为【+】时，按住鼠标左键，拖动至 G5 单元格，如图 2-68 所示。

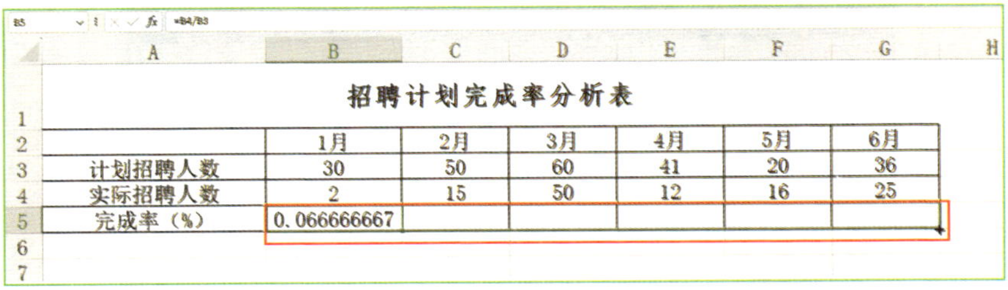

图 2-68

5 结果如图 2-69 所示。

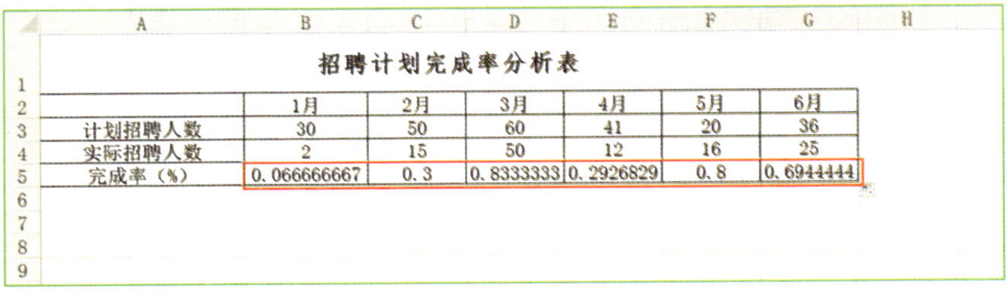

图 2-69

6 选中 B5:G5 单元格区域，单击鼠标右键，弹出快捷菜单，选中【设置单元格格式】命令，如图 2-70 所示。

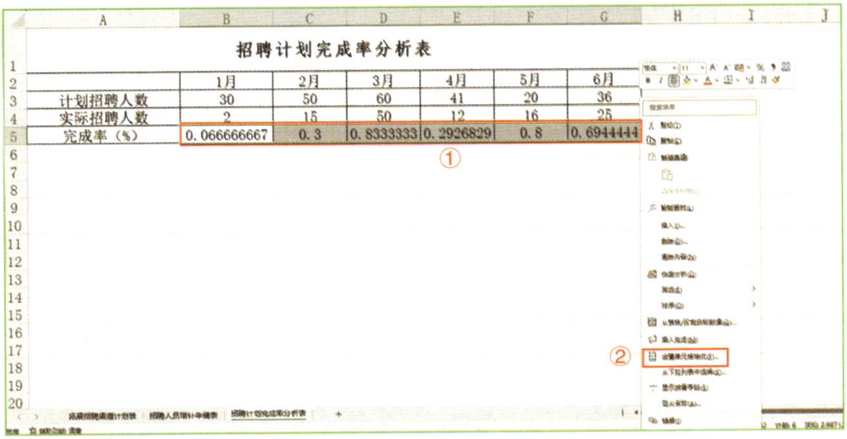

图 2-70

7 弹出【设置单元格格式】对话框，选中【数字】选项卡，单击【分类】列表框下的【百分比】，将【小数位数】改为【2】，最后单击【确定】按钮，如图 2-71 所示。

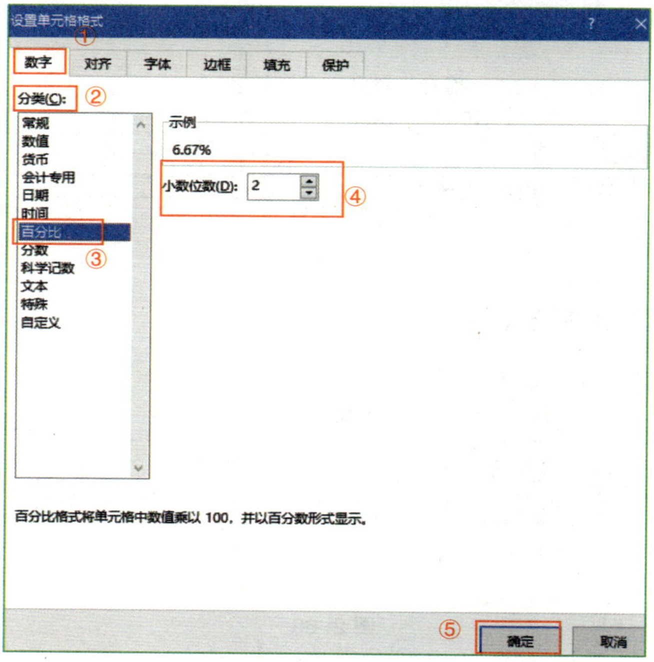

图 2–71

8 效果如图 2–72 所示。

	A	B	C	D	E	F	G
1	招聘计划完成率分析表						
2		1月	2月	3月	4月	5月	6月
3	计划招聘人数	30	50	60	41	20	36
4	实际招聘人数	2	15	50	12	16	25
5	完成率（%）	6.67%	30.00%	83.33%	29.27%	80.00%	69.44%
6							
7							

图 2–72

2.4 面试及录用

面试结束后，还需要通过面试人员评价表再次进行客观的评价，之后再根据评价的结果向各个部门进行人才推荐，本节将详细介绍该部门内容。

2.4.1 创建面试记录表

在面试过程中，HR 如果仅仅凭借着印象来进行人才筛选，无疑会疏漏很多有用的信息，而面试记录表正好可以解决这个问题。通过面试记录表，HR 能够对面试者的仪表、举止、礼貌、临场反应等做出合理的判断和客观的建议，帮助公司选出更优秀的人才。创建一张面试记录表，具体操作步骤如下：

1 创建一个空白工作簿，将“Sheet1”工作表命名为“面试记录表”，将第 1 行行高设置为【40】，第 2~8 行行高设置为【20】，B~G 列列宽设置为【10】，效果如图 2–73 所示。

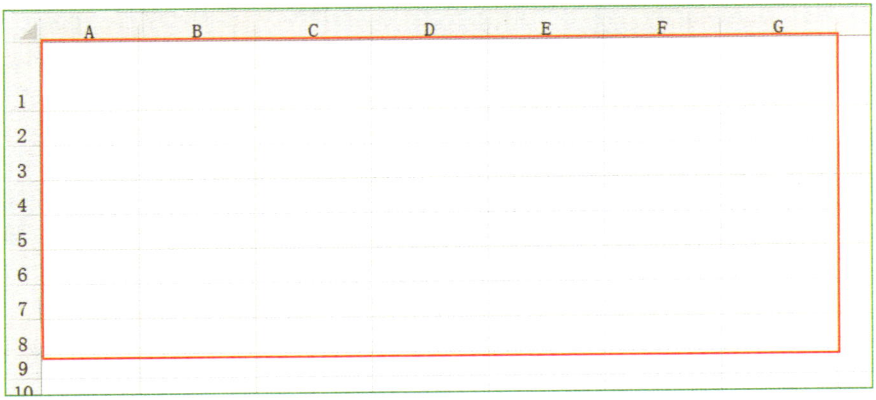

图 2–73

2 将 B1:G1 单元格区域合并后居中，并输入文字“面试记录表”，将字体设置为【华文仿宋】，字号设置为【20】，效果如图 2–74 所示。

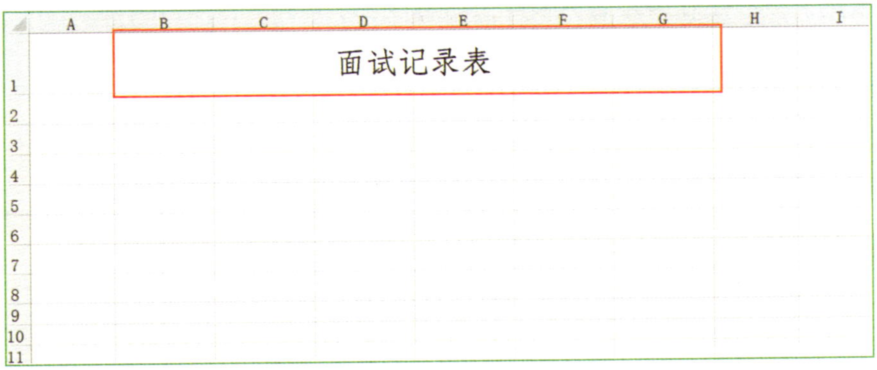

图 2–74

3 选中 B2:G8 单元格区域，单击鼠标右键，弹出快捷菜单，选择【设置单元格格式】命令，弹出【设置单元格格式】对话框，单击【边框】选项卡，在【样式】列表框中选择一种较细的线型，然后在【预置】选项组中选择【内部】；然后再在【样式】列表框中选择一种较粗的线型，然后在【预置】选项组中选择【外边框】，然后单击【确定】按钮，效果如图 2–75 所示。

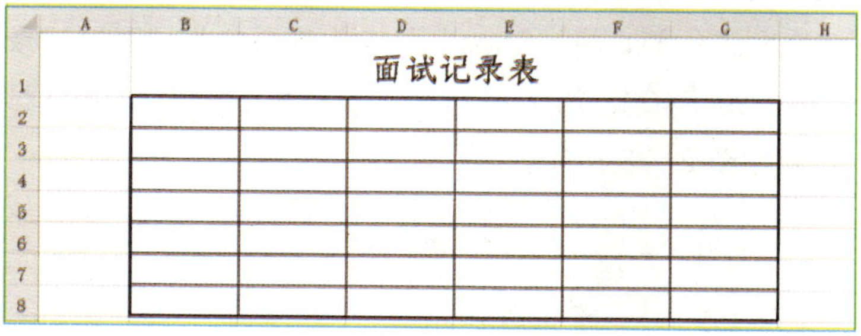

图 2–75

4 将 D2:G2 单元格区域合并后居中，效果如图 2–76 所示。

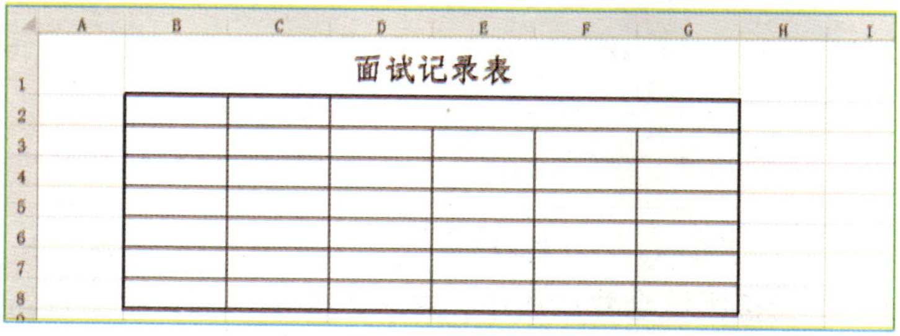

图 2–76

5 根据需要在工作表中输入文字，如图 2–77 所示。

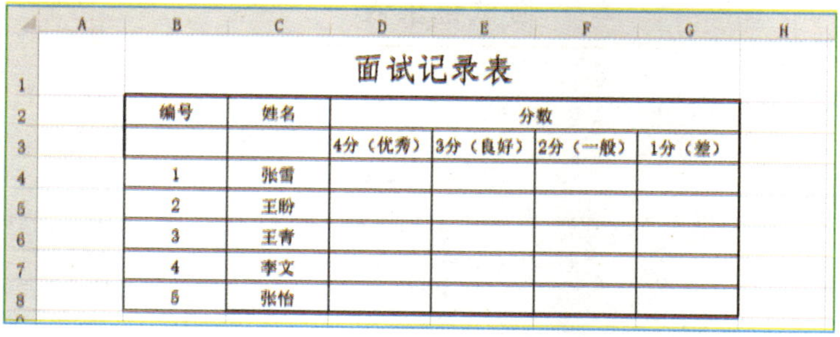

图 2–77

2.4.2 创建面试推荐表

创建“面试推荐表”的操作步骤如下：

1 创建一个空白工作簿，将“Sheet1”工作表命名为“面试推荐表”，将第 2 行行高设置为【40】，第 3~15 行行高设置为【20】，B~G 列列宽设置为【10】，效果如图 2-78 所示。

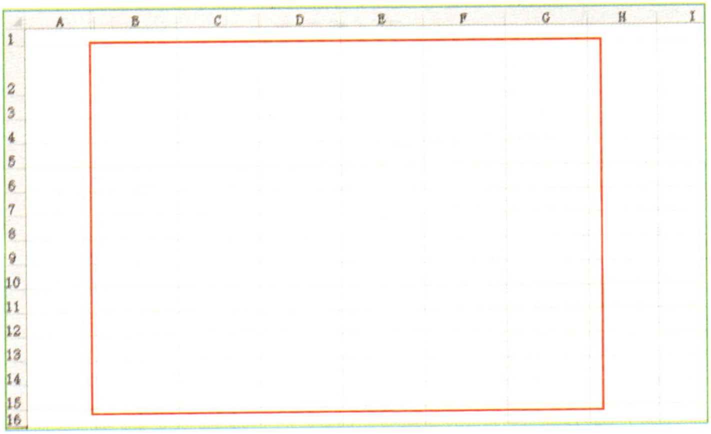

图 2-78

2 将 B2:G2 单元格合并后居中，并输入文字“面试推荐表”，将文字设置为【黑体】，字号设置为【20】，效果如图 2-79 所示。

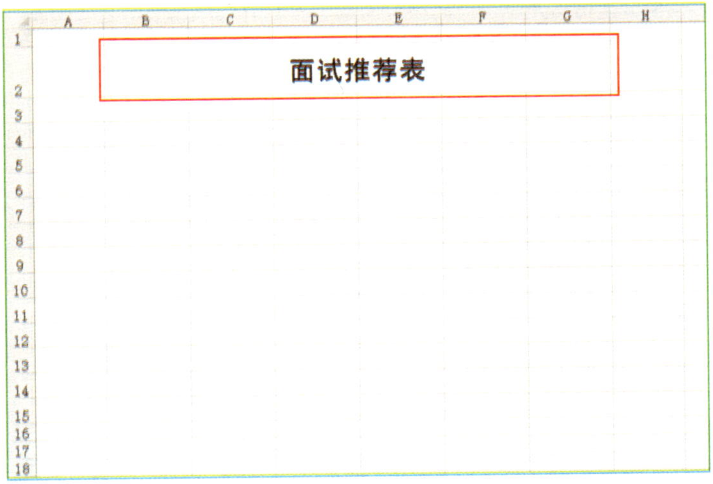

图 2-79

3 选中 B2:G15 单元格区域，单击鼠标右键，弹出快捷菜单，选择【设置单元格格式】命令，弹出【设置单元格格式】对话框，单击【边框】选项卡，在【样式】列表框中选择一种较细的线型，然后在【预置】选项组中选择【内部】；然后再在【样式】列表框中选择一种较粗的线型，然后在【预置】选项组中选择【外边框】，然后单击【确定】按钮，效果如图 2-80 所示。

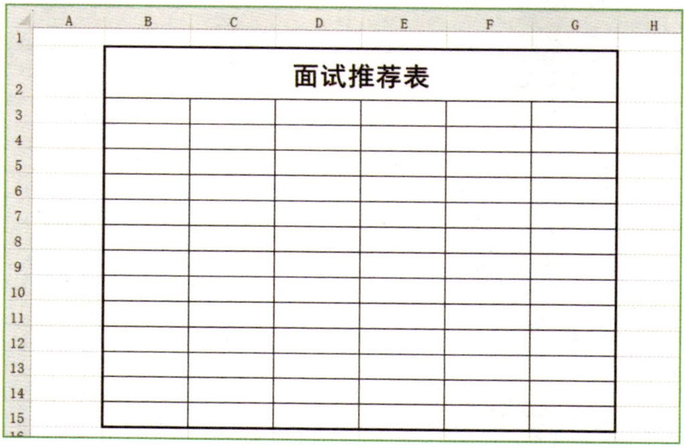

图 2-80

4 将 C3:D3、F3:G3、C4:D4、F4:G4、C5:G5、C6:G6、C7:G7、C8:G8、C9:G9、B10:G6、C11:D11、F11:G11、B12:B13、C12:G13、C14:G14、C15:G15 单元格区域合并后居中，效果如图 2-81 所示。

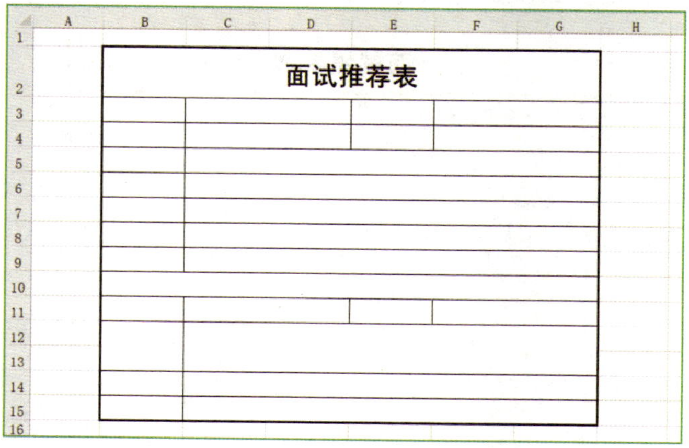

图 2-81

5 将需要的文字填入工作表中，如图 2–82 所示。

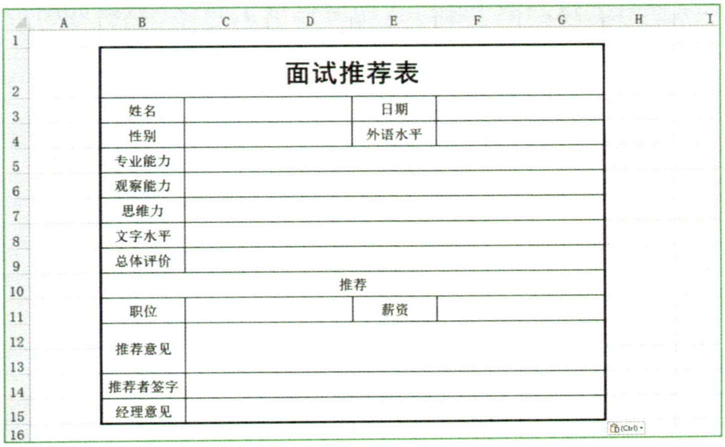

图 2–82

2.4.3 创建录用人员信息表

创建“录用人员信息表”的操作步骤如下：

1 创建一个空白工作簿，将新工作表命名为“录用人员信息表”，将第 1 行行高设置为【35】，第 2~15 行行高设置为【15】，A~E 列列宽设置为【15】，最终效果如图 2–83 所示。

2 将 A1:E1 单元格区域合并后居中，并输入文字“录用人员信息表”，将字体设置为【微软雅黑】，字号设置为【20】，最终效果如图 2–84 所示。

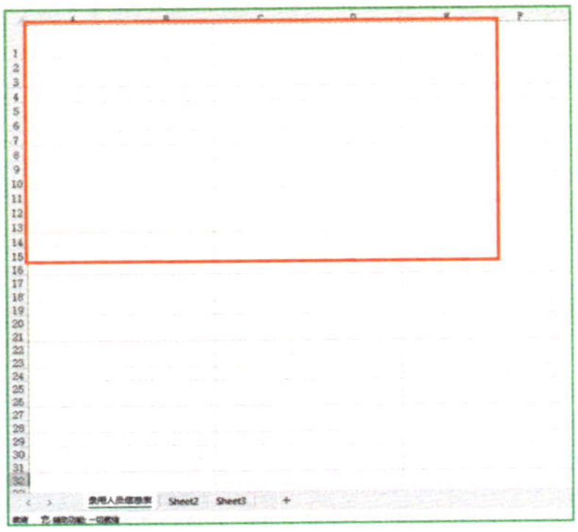

图 2–83

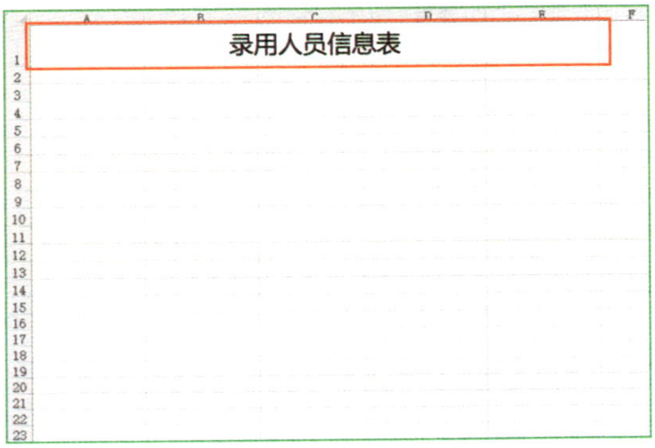

图 2–84

3 选中 A2:E15 单元格区域，单击【开始】选项卡下【字体】选项组中的【边框】下拉按钮，在其下拉列表中选择【所有框线】命令，效果如图 2-85 所示。

图 2-85

4 根据需要在工作表中填入合适的内容，如图 2-86 所示。

录用人员信息表

姓名	性别	录用岗位	入职日期	备注
张三	男	人事	2023/6/9	
李四	男	行政	2023/6/10	
弘一	男	销售	2023/7/8	
李红	女	销售	2023/7/9	
李瑶	女	销售	2023/7/8	
张天	男	技术	2023/7/9	
李天	男	技术	2023/7/10	
王凡	女	发行	2023/7/11	
张甜	女	发行	2023/7/12	
张茹	女	销售	2023/7/13	
张玲	女	人事	2023/7/14	
李凌	女	行政	2023/7/15	
安娜	女	行政	2023/7/16	

图 2-86

实用贴士

HR 有时需要对整个表格的字体进行设置，除了拖动使用鼠标选中，还可以使用组合键选中整个表格中的字体，即【Ctrl+A】。

Chapter

03

第 3 章

记录公司员工信息

导读 ▷

员工信息表可以让领导快速了解每位员工的基本情况，加强员工管理，利用Excel正确建立员工信息表是非常重要的，本章将详细介绍该部分内容。

学习要点：★从员工信息表中提取数据

★在表格中快速找到员工信息

★利用Excel统计员工过失和奖惩情况

3.1 从员工信息表中提取数据

员工信息表是人力资源管理工作中最常用的表格之一。员工是公司的主体之一，同时也是最大的主体。只有将员工信息梳理清楚，才能够全面掌握公司的实际情况。本节所讲述的重点就是如何简单快捷地制作员工信息表，以及如何从信息表中提取员工性别和生日。

3.1.1 创建员工信息表

创建“员工信息表”的操作步骤如下：

1 新建一个空白工作表，将“Sheet1”工作表命名为“员工信息表”，将第1行行高设置为【35】，第2~10行行高设置为【20】，A~H列列宽设置为【20】，如图3-1所示。

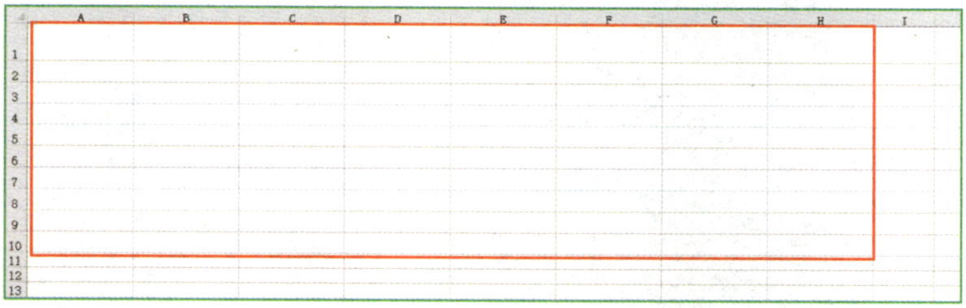

图3-1

2 将A1:H1单元格区域合并后居中，并输入文字“员工信息表”，将字体设置为【华文仿宋】，字号设置为【20】，效果如图3-2所示。

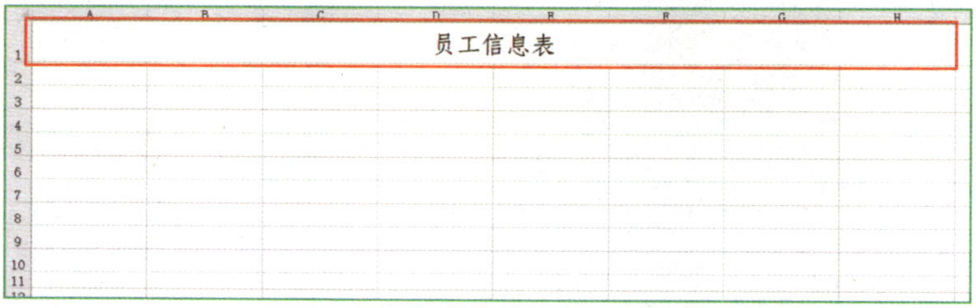

图3-2

3 选中 A2:H10 单元格区域，单击【开始】选项卡下【字体】选项组中的【边框】下拉按钮，在其下拉列表中选择【所有框线】命令，效果如图 3–3 所示。

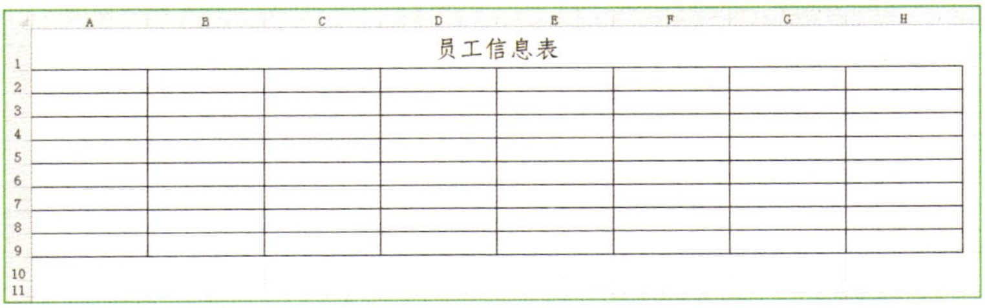

图 3–3

4 根据需要在工作表中输入合适的文字，如图 3–4 所示。

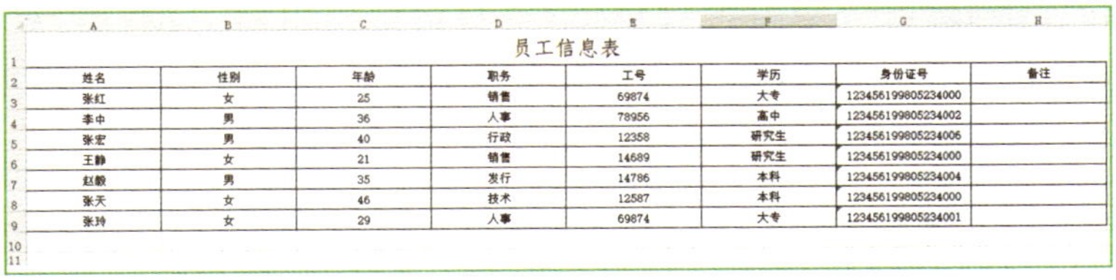

员工信息表

姓名	性别	年龄	职务	工号	学历	身份证号	备注
张红	女	25	销售	69874	大专	123456199805234000	
李中	男	36	人事	78956	高中	123456199805234002	
张宏	男	40	行政	12358	研究生	123456199805234006	
王静	女	21	销售	14689	研究生	123456199805234000	
赵毅	男	35	发行	14786	本科	123456199805234004	
张天	女	46	技术	12587	本科	123456199805234000	
张玲	女	29	人事	69874	大专	123456199805234001	

图 3–4

实用贴士

HR 要想在单元格中正确输入员工的身份证号，应该在输入身份证号之前在单元格中输入一个英文状态下的单引号“'”，这样能有效避免 Excel 在识别数据时员工以默认的科学计数法保存数据，造成无法输入身份证号。

3.1.2 从信息表中提取员工性别

从信息表中提取员工性别的操作步骤如下：

1 打开“员工信息表”工作表，在 B3 单元格中输入公式“=IF(MOD(RIGHT(LEFT(G3,17)),2),"男","女")”，如图 3–5 所示。

图 3-5

2 按【Enter】键，就能出现员工的性别，如图 3-6 所示。

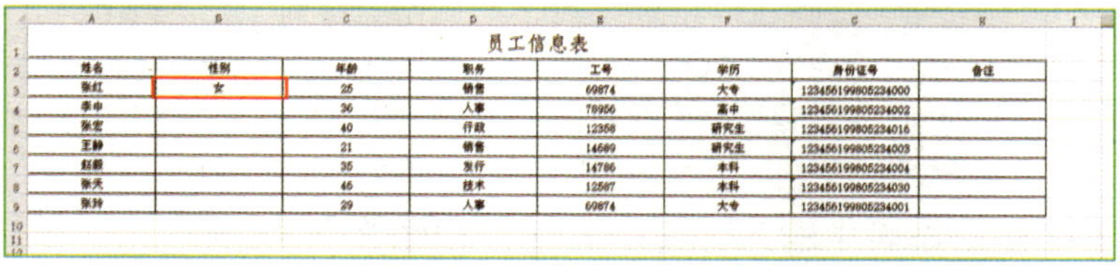

图 3-6

3 选中 B3 单元格，鼠标放在单元格的右下角，当鼠标指针变为【+】时，按住鼠标左键拖动至 B9 单元格，如图 3-7 所示。

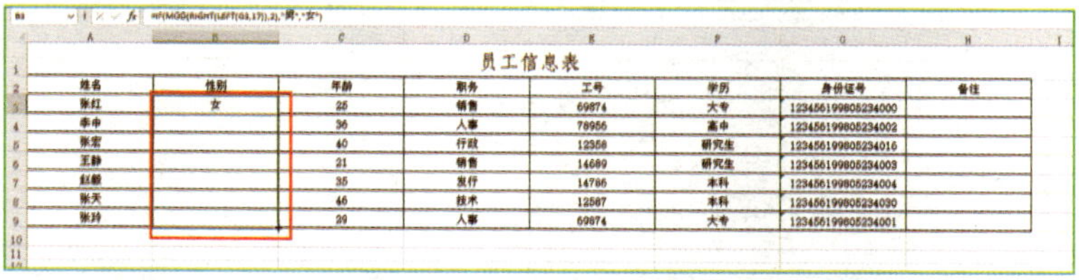

图 3-7

4 所有员工的性别就能根据信息表中身份号提取出来，如图 3-8 所示。

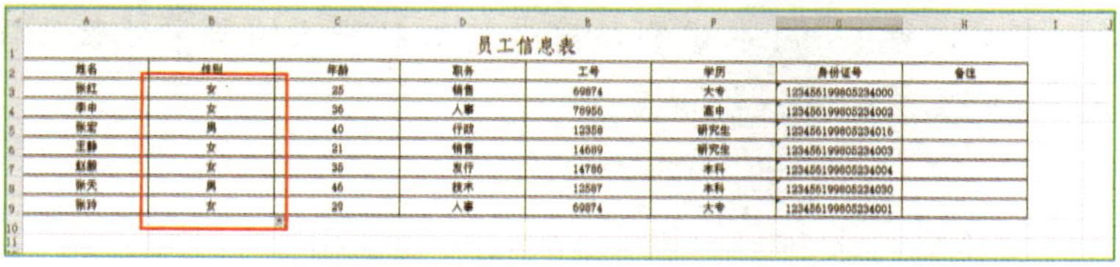

图 3-8

3.1.3 从信息表中提取员工生日

从信息表中提取员工生日的操作步骤如下：

1 打开“员工信息表”工作表，在 H3 单元格中输入公式“=TEXT(MID(G3,7,

6+(LEN(G3)=18)*2),″ #–00–00″)”，如图 3–9 所示。

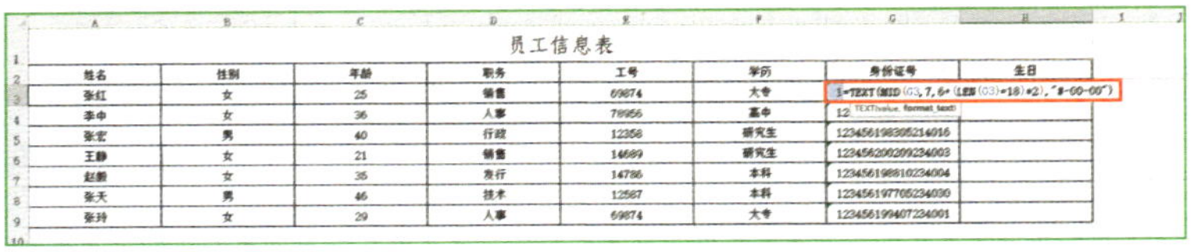

员工信息表

姓名	性别	年龄	职务	工号	学历	身份证号	生日
张红	女	25	销售	69874	大专	=TEXT(MID(G3,7,6+(LEN(G3)=18)*2),"#-00-00")	
李中	女	36	人事	78956	高中	12	
张宏	男	40	行政	12358	研究生	123456198305214016	
王静	女	21	销售	14689	研究生	123456200209234003	
赵颖	女	35	发行	14786	本科	123456198810234004	
张天	男	46	技术	12587	本科	123456197705234030	
张玲	女	29	人事	69874	大专	123456199407234001	

图 3–9

2 按【Enter】键，就能出现员工的出生年月，如图 3–10 所示。

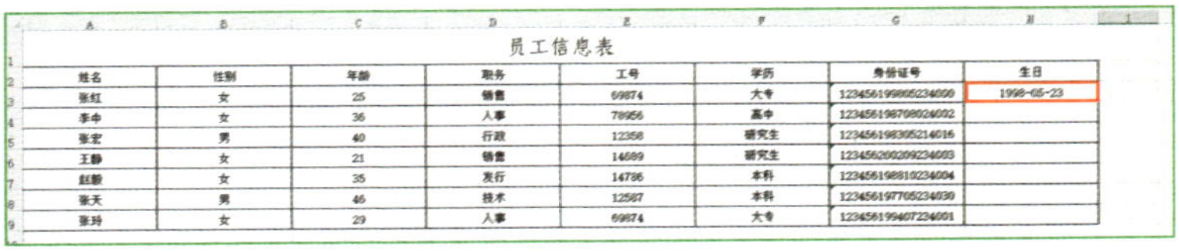

员工信息表

姓名	性别	年龄	职务	工号	学历	身份证号	生日
张红	女	25	销售	69874	大专	123456199805234000	1998-05-23
李中	女	36	人事	78956	高中	123456198708024002	
张宏	男	40	行政	12358	研究生	123456198305214016	
王静	女	21	销售	14689	研究生	123456200209234003	
赵颖	女	35	发行	14786	本科	123456198810234004	
张天	男	46	技术	12587	本科	123456197705234030	
张玲	女	29	人事	69874	大专	123456199407234001	

图 3–10

3 选中 H3 单元格，鼠标放在单元格的右下角，当鼠标指针变为【 + 】时，按住鼠标左键拖动至 H9 单元格，如图 3–11 所示。

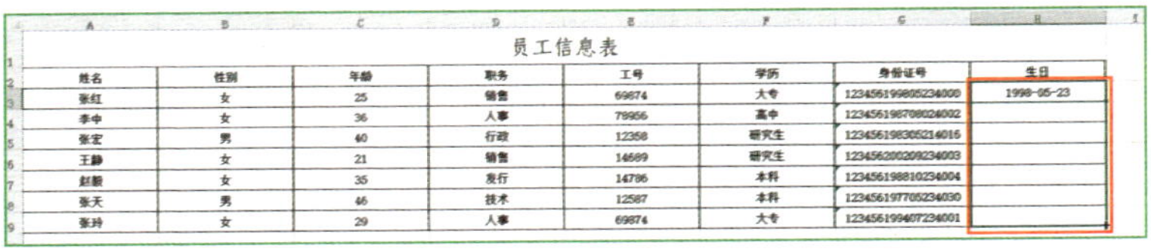

员工信息表

姓名	性别	年龄	职务	工号	学历	身份证号	生日
张红	女	25	销售	69874	大专	123456199805234000	1998-05-23
李中	女	36	人事	78956	高中	123456198708024002	
张宏	男	40	行政	12358	研究生	123456198305214016	
王静	女	21	销售	14689	研究生	123456200209234003	
赵颖	女	35	发行	14786	本科	123456198810234004	
张天	男	46	技术	12587	本科	123456197705234030	
张玲	女	29	人事	69874	大专	123456199407234001	

图 3–11

4 所有员工的生日就能根据信息表中身份号提取出来，如图 3–12 所示。

员工信息表

姓名	性别	年龄	职务	工号	学历	身份证号	生日
张红	女	25	销售	69874	大专	123456199805234000	1998-05-23
李中	女	36	人事	78956	高中	123456198708024002	1987-08-02
张宏	男	40	行政	12358	研究生	123456198305214016	1983-05-21
王静	女	21	销售	14689	研究生	123456200209234003	2002-09-23
赵颖	女	35	发行	14786	本科	123456198810234004	1988-10-23
张天	男	46	技术	12587	本科	123456197705234030	1977-05-23
张玲	女	29	人事	69874	大专	123456199407234001	1994-07-23

图 3–12

3.2 快速找到员工信息

HR 创建完员工信息表后，可快速找到员工的各种信息，本节将详细介绍这部分内容。

3.2.1 快速输入员工工号

快速输入员工工号的操作步骤如下：

1 打开“员工信息表”工作表，如果用户在 E3 单元格中输入工号“001”，如图 3-13 所示。

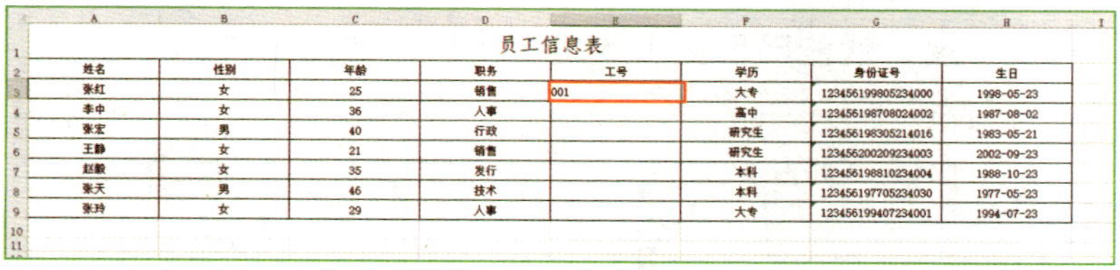

员工信息表

姓名	性别	年龄	职务	工号	学历	身份证号	生日
张红	女	25	销售	001	大专	123456199805234000	1998-05-23
李中	女	36	人事		高中	123456198708024002	1987-08-02
张宏	男	40	行政		研究生	123456198305214016	1983-05-21
王静	女	21	销售		研究生	123456200209234003	2002-09-23
赵毅	女	35	发行		本科	123456198810234004	1988-10-23
张天	男	46	技术		本科	123456197705234030	1977-05-23
张玲	女	29	人事		大专	123456199407234001	1994-07-23

图 3-13

2 按【Enter】键，系统会自动返回“1”，如图 3-14 所示。

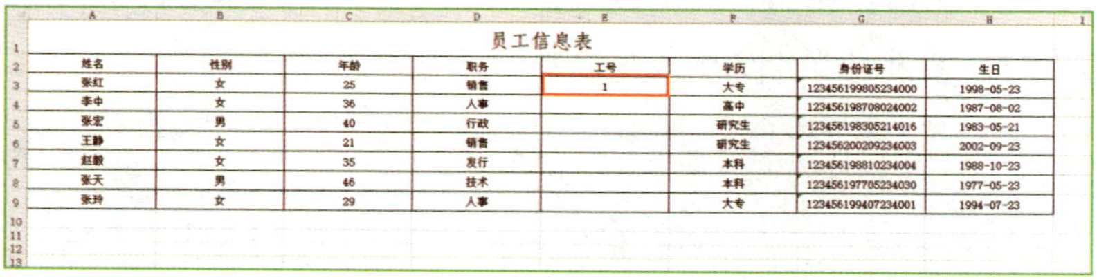

员工信息表

姓名	性别	年龄	职务	工号	学历	身份证号	生日
张红	女	25	销售	1	大专	123456199805234000	1998-05-23
李中	女	36	人事		高中	123456198708024002	1987-08-02
张宏	男	40	行政		研究生	123456198305214016	1983-05-21
王静	女	21	销售		研究生	123456200209234003	2002-09-23
赵毅	女	35	发行		本科	123456198810234004	1988-10-23
张天	男	46	技术		本科	123456197705234030	1977-05-23
张玲	女	29	人事		大专	123456199407234001	1994-07-23

图 3-14

3 删除之前在单元格中输入的员工工号，选中 E3:E9 单元格区域，单击鼠标右键，弹出快捷菜单，选择【设置单元格格式】命令，如图 3-15 所示。

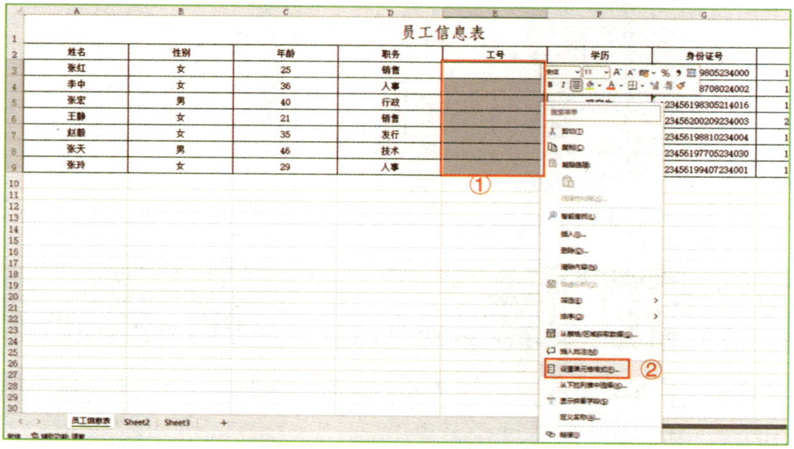

图 3-15

4 弹出【设置单元格格式】对话框，在【数字】选项卡下的【分类】列表框中选择【文本】选项，单击【确定】按钮，如图 3–16 所示。

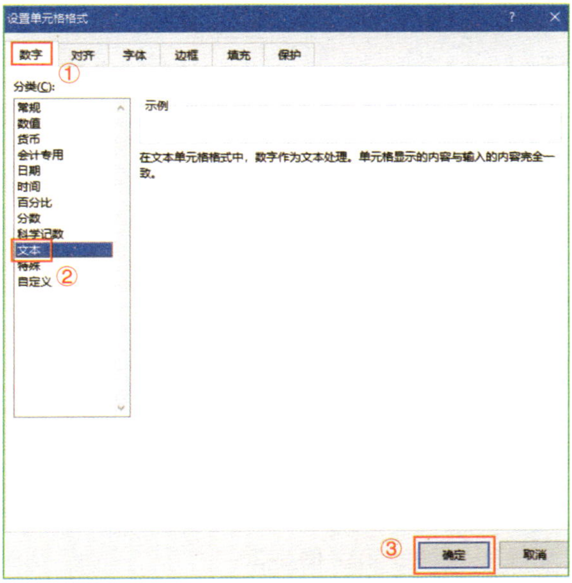

图 3–16

5 此时再次输入员工工号“001”，按下【Enter】键确认输入后返回结果仍为“001”，如图 3–17 所示。

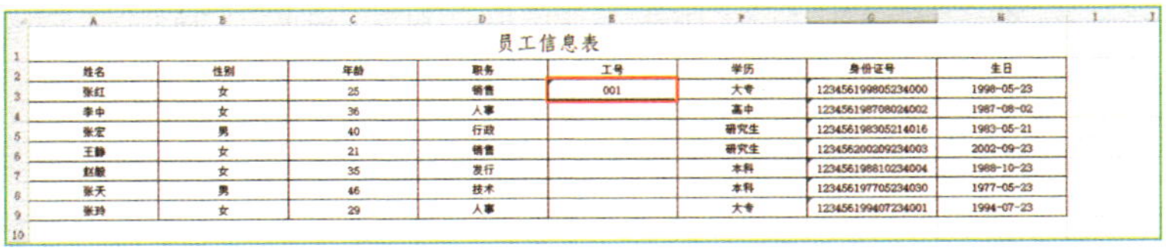

员工信息表

姓名	性别	年龄	职务	工号	学历	身份证号	生日
张红	女	25	销售	001	大专	123456199805234000	1998-05-23
李中	女	36	人事		高中	123456198708024002	1987-08-02
张宏	男	40	行政		研究生	123456198305214016	1983-05-21
王静	女	21	销售		研究生	123456200209234003	2002-09-23
赵毅	女	35	发行		本科	123456198810234004	1988-10-23
张天	男	46	技术		本科	123456197705234030	1977-05-23
张玲	女	29	人事		大专	123456199407234001	1994-07-23

图 3–17

6 在 E3 单元格左上角有一个感叹号的标识，它的意思是“此单元格中的数字为文本格式，或者是其前面有撇号”，如图 3–18 所示。

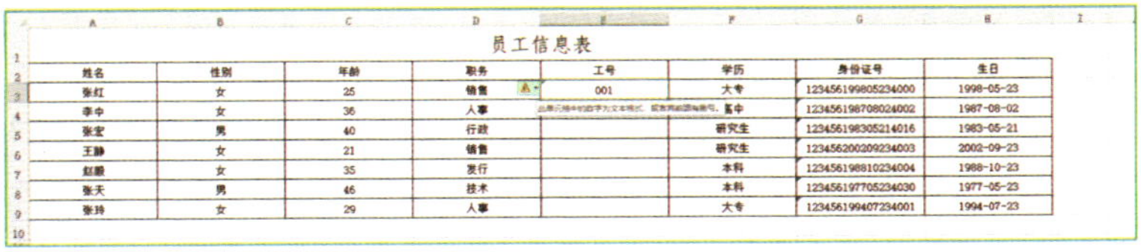

员工信息表

姓名	性别	年龄	职务	工号	学历	身份证号	生日
张红	女	25	销售	001	大专	123456199805234000	1998-05-23
李中	女	36	人事		高中	123456198708024002	1987-08-02
张宏	男	40	行政		研究生	123456198305214016	1983-05-21
王静	女	21	销售		研究生	123456200209234003	2002-09-23
赵毅	女	35	发行		本科	123456198810234004	1988-10-23
张天	男	46	技术		本科	123456197705234030	1977-05-23
张玲	女	29	人事		大专	123456199407234001	1994-07-23

图 3–18

7 选中 E3 单元格，将鼠标指针放在单元格右下角，当指针变为【＋】时，按住左键拖动至 E9，如图 3–19 所示。

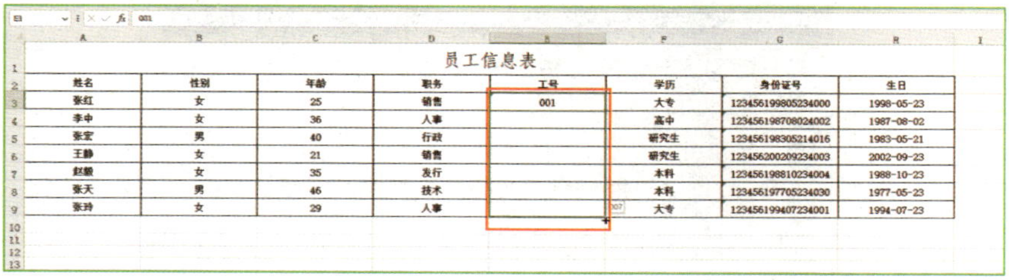

员工信息表

姓名	性别	年龄	职务	工号	学历	身份证号	生日
张红	女	25	销售	001	大专	123456199805234000	1998-05-23
李中	女	36	人事		高中	123456198708024002	1987-08-02
张宏	男	40	行政		研究生	123456198305214016	1983-05-21
王静	女	21	销售		研究生	123456200209234003	2002-09-23
赵毅	女	35	发行		本科	123456198810234004	1988-10-23
张天	男	46	技术		本科	123456197705234030	1977-05-23
张玲	女	29	人事		大专	123456199407234001	1994-07-23

图 3–19

8 就能得出有规律的工号，如图 3–20 所示。

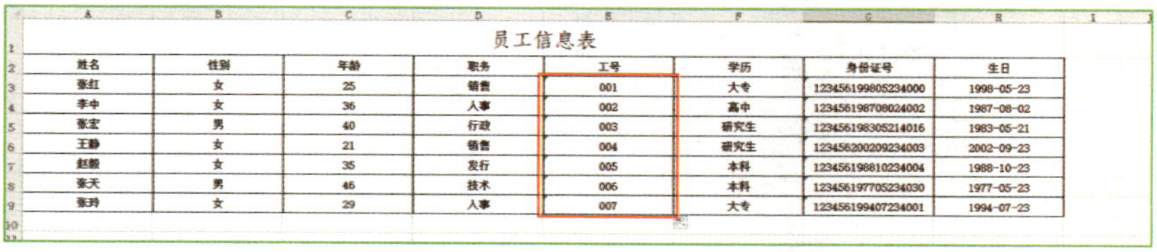

员工信息表

姓名	性别	年龄	职务	工号	学历	身份证号	生日
张红	女	25	销售	001	大专	123456199805234000	1998-05-23
李中	女	36	人事	002	高中	123456198708024002	1987-08-02
张宏	男	40	行政	003	研究生	123456198305214016	1983-05-21
王静	女	21	销售	004	研究生	123456200209234003	2002-09-23
赵毅	女	35	发行	005	本科	123456198810234004	1988-10-23
张天	男	46	技术	006	本科	123456197705234030	1977-05-23
张玲	女	29	人事	007	大专	123456199407234001	1994-07-23

图 3–20

实用贴士

如果 HR 需要对输入的信息进行修改，通常情况下，会选择双击该单元格进入编辑状态，或者将鼠标放在编辑栏中对单元格中的内容进行修改，除此之外，还有一种比较简便的方法，即选中单元格，按【F2】快捷键，直接进入编辑状态，修改单元格中的信息。

3.2.2 防止工号重复输入

防止工号重复输入的操作步骤如下：

1 打开“员工信息表”，选中 E3:E9 单元格区域，单击鼠标右键，弹出快捷菜单，选择【设置单元格格式】命令，弹出【设置单元格格式】对话框，在【数字】选项卡下的【分类】列表框中选择【文本】选项，单击【确定】按钮。

2 选中 E3:E9 单元格区域，单击【数据】选项卡下【数据工具】选项组中的【数据验证】下拉按钮，如图 3–21 所示。

3 在其下拉列表中选择【数据验证】命令，如图 3–22 所示。

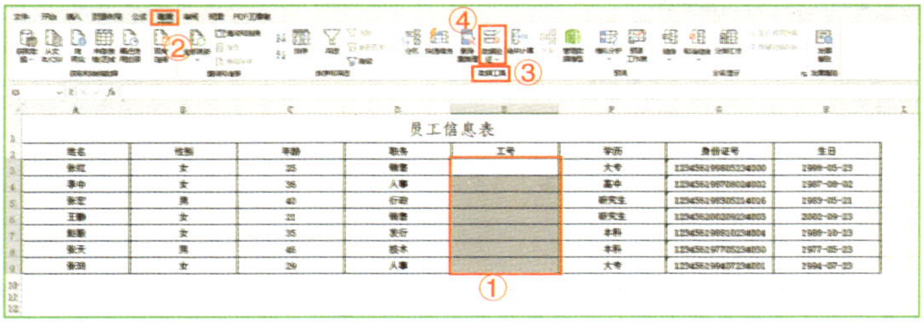

图 3–21

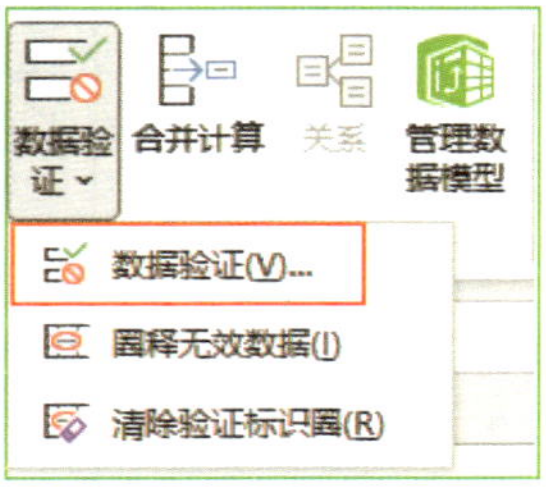

图 3–22

4 弹出【数据验证】对话框，在【设置】选项卡下，【允许】下拉列表中选择【自定义】选项，如图 3–23 所示。

5 接着在【公式】文本框中输入公式“=COUNTIF（$E$3:$E$9，E3）<=1”，如图 3–24 所示。

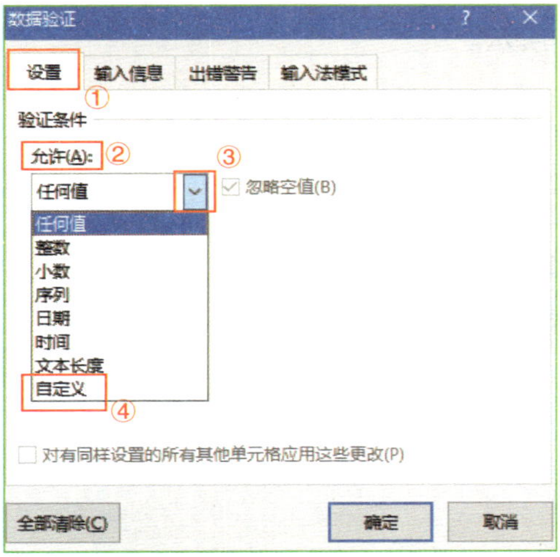

图 3–23

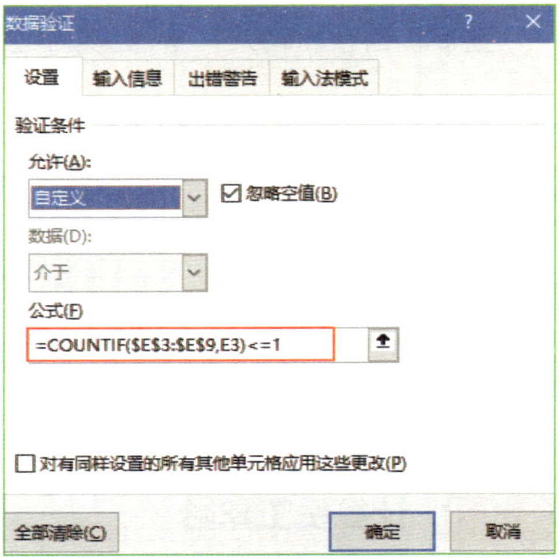

图 3–24

6 依然在【数据验证】对话框中，单击【出错警告】选项卡，在【样式】下拉列表中选择【停止】样式，接着在【标题】文本框中输入“工号重复”，在【错误信息】文本框中输入“输入工号重复，请重新输入！”，单击【确定】按钮，如图 3–25 所示。

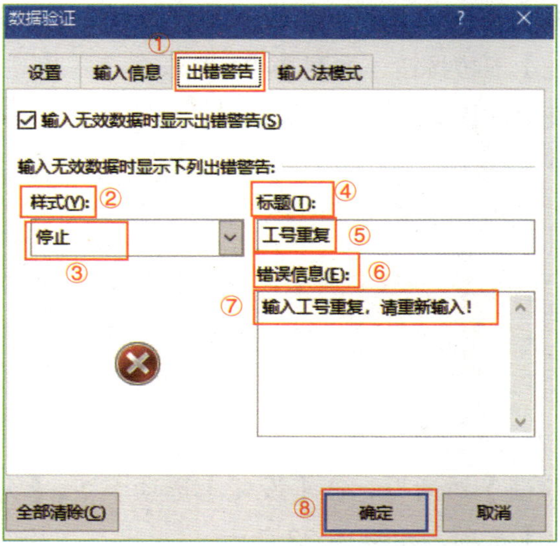

图 3–25

7 返回工作表，在 E3 和 E4 单元格中分别输入“001”和“002”，之后在 E5 单元格中输入“002”，会弹出【工号重复】提示框，提示【输入工号重复，请重新输入！】，如图 3–26 所示。

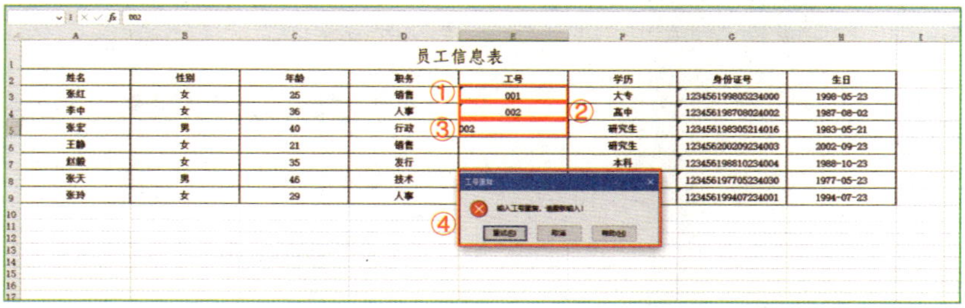

图 3–26

3.2.3 计算员工年龄

知道了员工的出生年月之后，便可以直接利用 DATEDIF 函数来计算员工年龄。DATEDIF 函数用于计算两个日期之间的天数、月数或者年数，使用起来十分便捷，具体操作步骤如下：

1 打开“员工信息表”选中 C3 单元格，在公式编辑栏输入“=DATEDIF(H3,"2023-7-1"," Y")”，如图 3–27 所示。

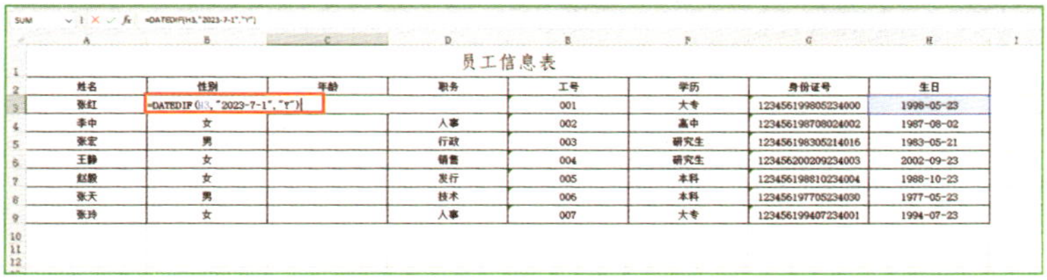

SUM | fx =DATEDIF(H3,"2023-7-1","Y")

员工信息表

姓名	性别	年龄	职务	工号	学历	身份证号	生日
张红	=DATEDIF(H3, "2023-7-1", "Y")			001	大专	123456199805234000	1998-05-23
李中	女		人事	002	高中	123456198708024002	1987-08-02
张宏	男		行政	003	研究生	123456198305214016	1983-05-21
王静	女		销售	004	研究生	123456200209234003	2002-09-23
赵毅	女		发行	005	本科	123456198810234004	1988-10-23
张天	男		技术	006	本科	123456197705234030	1977-05-23
张玲	女		人事	007	大专	123456199407234001	1994-07-23

图 3-27

2 按【Enter】键确认输入，效果如图 3-28 所示。

员工信息表

姓名	性别	年龄	职务	工号	学历	身份证号	生日
张红	女	25	销售	001	大专	123456199805234000	1998-05-23
李中	女		人事	002	高中	123456198708024002	1987-08-02
张宏	男		行政	003	研究生	123456198305214016	1983-05-21
王静	女		销售	004	研究生	123456200209234003	2002-09-23
赵毅	女		发行	005	本科	123456198810234004	1988-10-23
张天	男		技术	006	本科	123456197705234030	1977-05-23
张玲	女		人事	007	大专	123456199407234001	1994-07-23

图 3-28

3 选中 C3 单元格，将鼠标指针放在 C3 单元格的右下角，当指针变成【+】形填充柄时，向下拖动进行填充，效果如图 3-29 所示。

C3 | fx =DATEDIF(H3,"2023-7-1","Y")

员工信息表

姓名	性别	年龄	职务	工号	学历	身份证号	生日
张红	女	25	销售	001	大专	123456199805234000	1998-05-23
李中	女		人事	002	高中	123456198708024002	1987-08-02
张宏	男		行政	003	研究生	123456198305214016	1983-05-21
王静	女		销售	004	研究生	123456200209234003	2002-09-23
赵毅	女		发行	005	本科	123456198810234004	1988-10-23
张天	男		技术	006	本科	123456197705234030	1977-05-23
张玲	女		人事	007	大专	123456199407234001	1994-07-23

图 3-29

4 效果如图 3-30 所示。

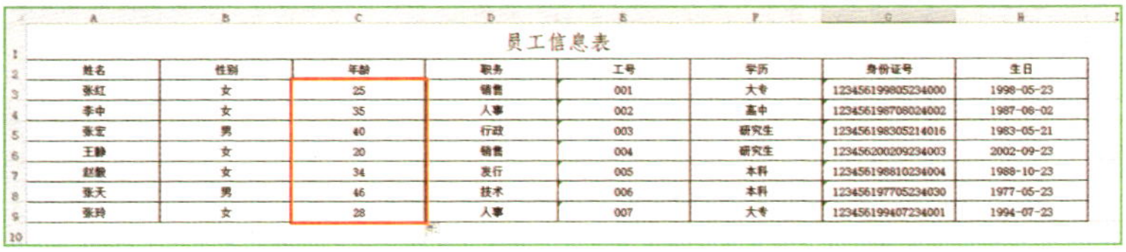

员工信息表

姓名	性别	年龄	职务	工号	学历	身份证号	生日
张红	女	25	销售	001	大专	123456199805234000	1998-05-23
李中	女	35	人事	002	高中	123456198708024002	1987-08-02
张宏	男	40	行政	003	研究生	123456198305214016	1983-05-21
王静	女	20	销售	004	研究生	123456200209234003	2002-09-23
赵毅	女	34	发行	005	本科	123456198810234004	1988-10-23
张天	男	46	技术	006	本科	123456197705234030	1977-05-23
张玲	女	28	人事	007	大专	123456199407234001	1994-07-23

图 3-30

3.2.4 创建员工生日信息表

通常，公司为了增加员工的归属感和凝聚力，一般会在员工生日的时候送上祝福。但每个员工过生日的时间不一样，这就需要统计出指定月份过生日的员工人数，也就是员工生日信息表。在这个表中，只需要将指定月份过生日的员工罗列出来即可，操作步骤如下：

1 打开“生日日期”工作表，选中 D2:D9 单元格区域，在【开始】选项卡下，单击【编辑】选项组中的【排序和筛选】下拉按钮，如图 3–31 所示。

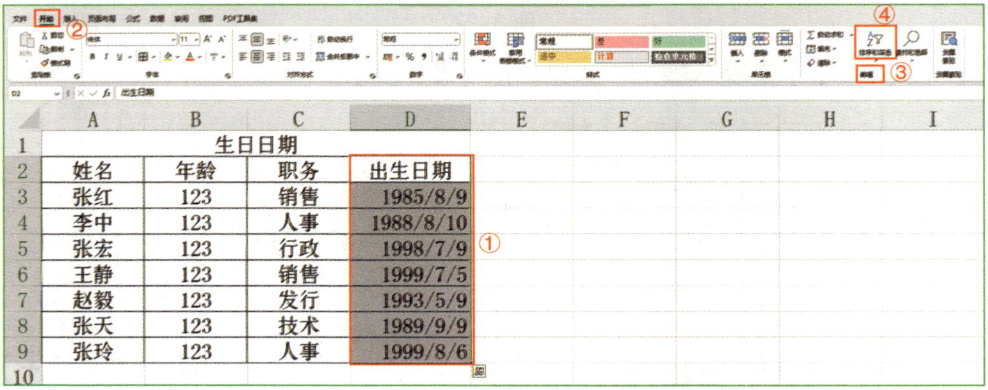

图 3–31

2 在其下拉列表中选择【筛选】选项，如图 3–32 所示。

3 返回工作表界面，单击【出生日期】右侧的下拉按钮，在弹出的下拉列表中选择【日期筛选】选项，在其子列表中选择【期间所有日期】选项，再选择【五月】选项，如图 3–33 所示。

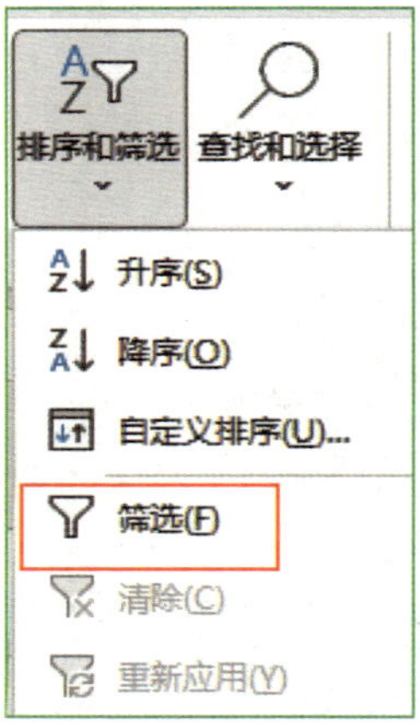

图 3–32

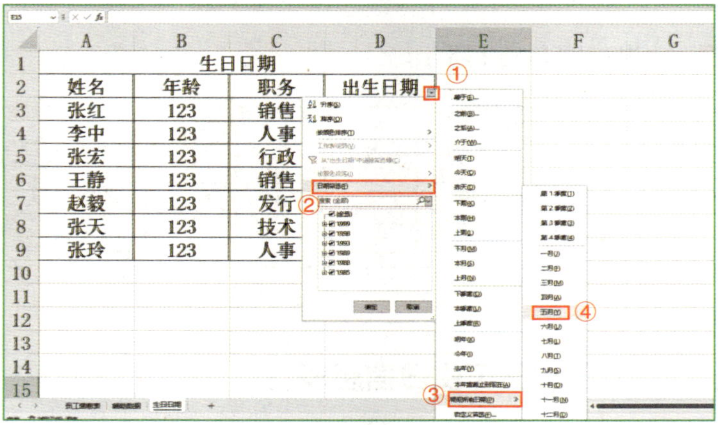

图 3–33

4 筛选结果如图 3–34 所示。

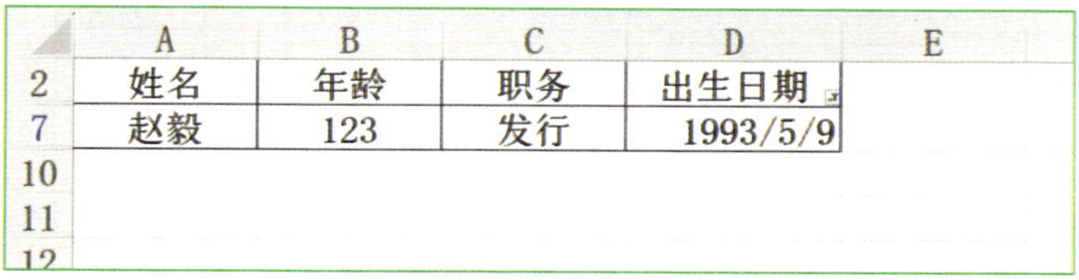

图 3-34

5 复制筛选结果到新工作表，将新工作表重命名为“5 月员工生日信息表”，如图 3-35 所示。

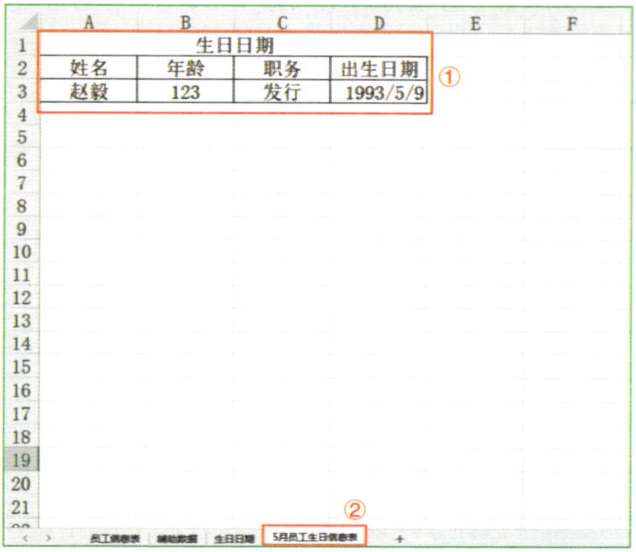

图 3-35

6 以同样的方式，将其他月份的生日筛选，然后单独放在一个工作表中。在后续的很多工作中还会继续使用“生日日期”工作表，所以在筛选复制结果后，要将“生日日期”工作表中的筛选取消。

3.2.5 创建员工岗位变动表

创建“员工岗位变动表”的操作步骤如下：

1 创建一个空白工作簿，将“Sheet1”工作表重命名为“员工岗位变动表”，将第 2 行行高设置为【40】，第 3 行行高设置为【10】，第 4~14 行行高设置为【20】，B~G 列列宽设置为【12】，效果如图 3-36 所示。

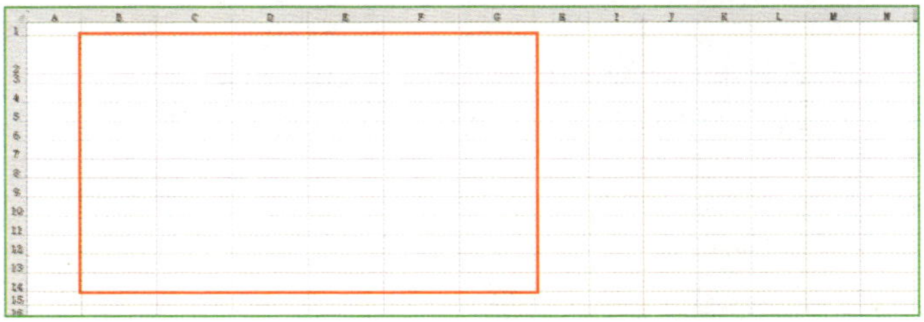

图 3–36

2 将 B2:G2 单元格区域合并后居中，并输入文字“员工岗位变动表”，字体设置为【华文仿宋】，字号设置为【20】，将 B3:G3 单元格区域合并后居中，配合空格键输入文字“填表日期：”，字体设置为【黑体】，字号设置为【6】，效果如图 3–37 所示。

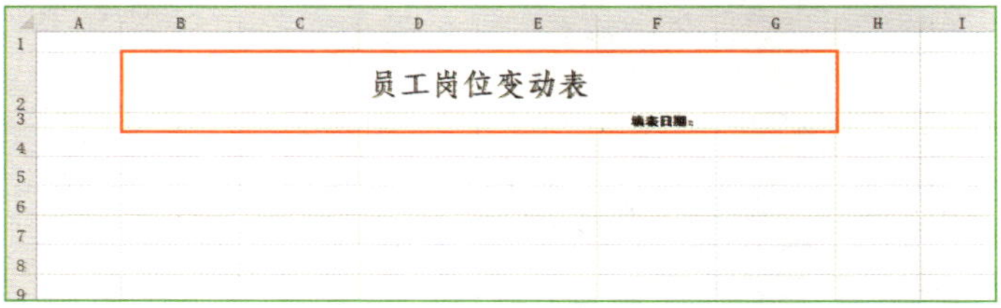

图 3–37

3 选中 B4:G14 单元格区域，单击鼠标右键，弹出快捷菜单，选择【设置单元格格式】命令，弹出【设置单元格格式】对话框，单击【边框】选项卡，在【样式】列表框中选择一种较细的线型，然后在【预置】选项组中选择【内部】；然后再在【样式】列表框中选择一种较粗的线型，然后在【预置】选项组中选择【外边框】，然后单击【确定】按钮，效果如图 3–38 所示。

图 3–38

4 将 C7:E7、C8:G8、C12:G12、C13:G13、C14:E14 单元格合并后居中，效果如图 3-39 所示。

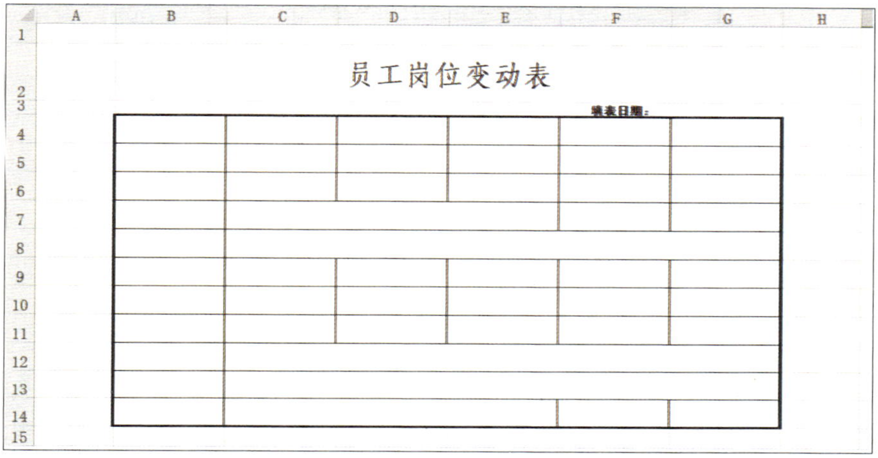

图 3-39

5 将第 8、12、13 行行高设置为【50】，如图 3-40 所示。

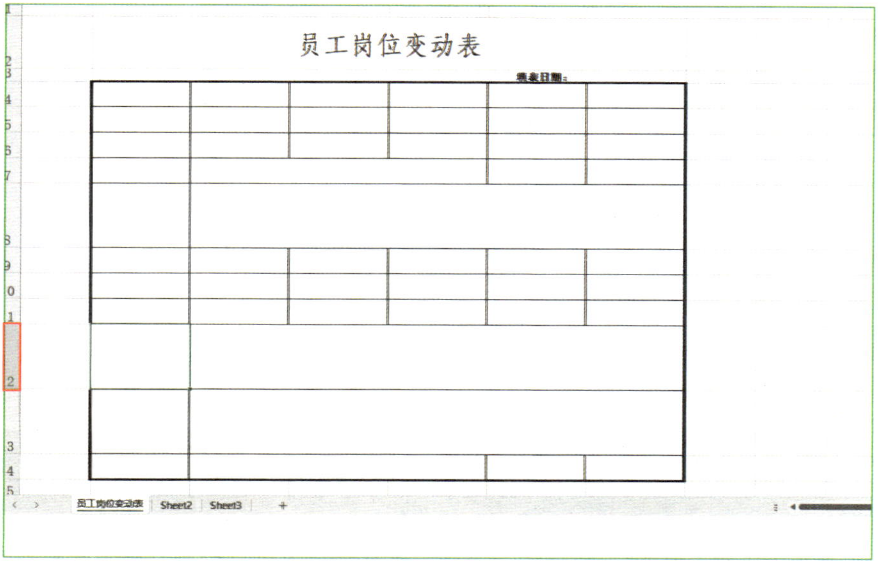

图 3-40

6 根据情况在制作好的工作表中填入合适的文字，此处所填内容如图 3-41 所示。

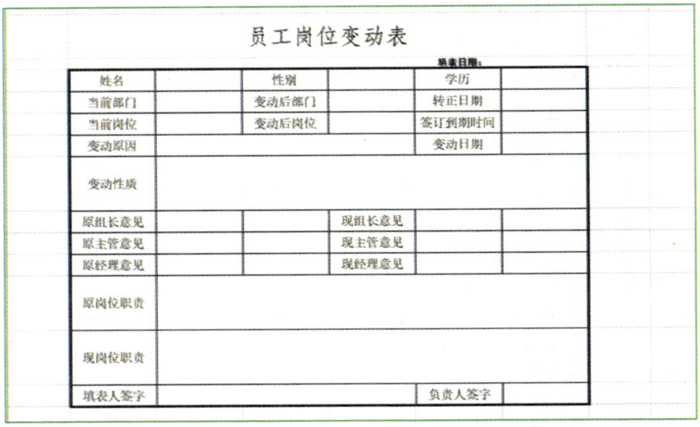

图 3-41

7 将 B2:G3 单元格区域填充【红色，个性色 2，淡色 40%】，B4:G14 单元格区域填充【水绿色，个性色 5，淡色 60%】，效果如图 3-42 所示。

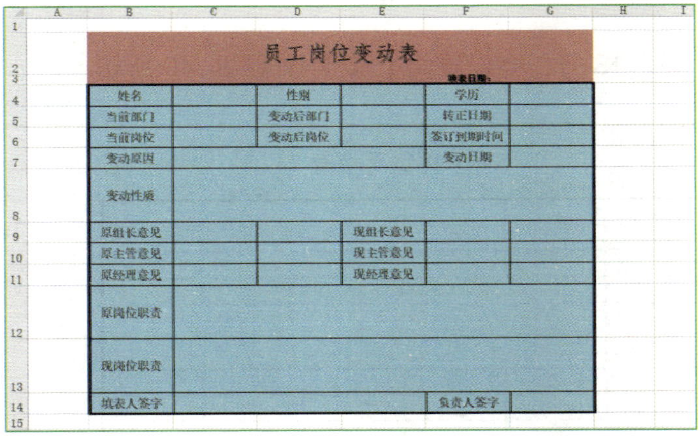

图 3-42

3.3 统计员工过失和奖惩情况

员工在工作过程中违反公司纪律和规定时就会受到惩罚，若为公司带来巨大贡献则会收到奖励，本节将详细介绍如何创建员工违纪过失记录表，以及统计员工的奖惩。

3.3.1 创建员工违纪过失记录表

创建“员工违纪过失记录表”的操作步骤如下：

1 创建一个空白工作簿，将“Sheet1”命名为“员工违纪记录表”，将第 1 行行高设置为【40】，第 2~10 行行高设置为【20】，A~G 列列宽设置为【14】，效果如图 3-43 所示。

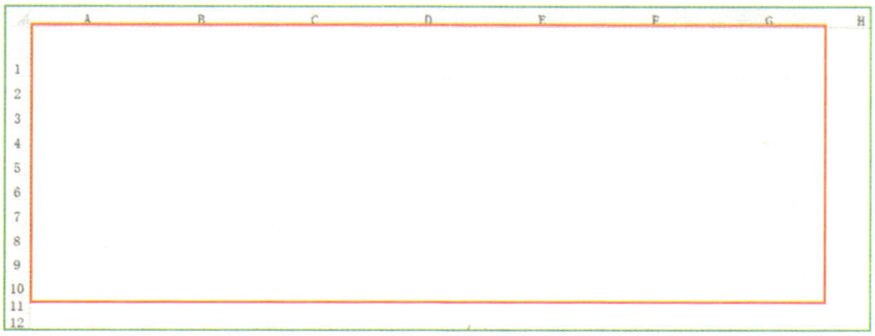

图 3-43

2 将 A1:G1 单元格合并后居中，并输入文字“员工违纪记录表”，将其字体设置为【黑体】，字号设置为【20】，效果如图 3-44 所示。

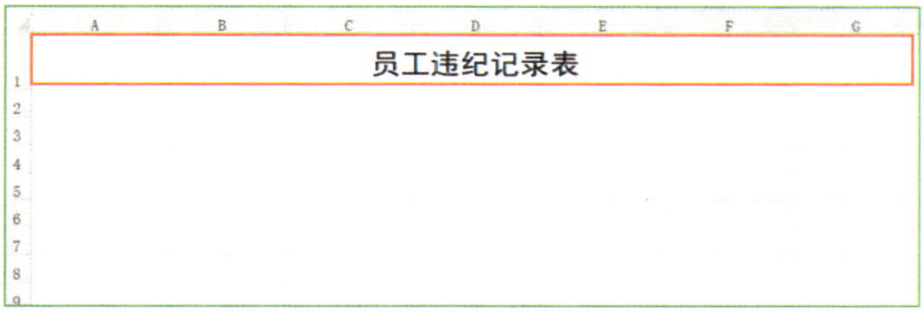

图 3-44

3 选中 A1:G10 单元格区域，单击【开始】选项卡下【字体】选项组中的【边框】下拉按钮，在其下拉列表中选择【所有框线】命令，效果如图 3-45 所示。

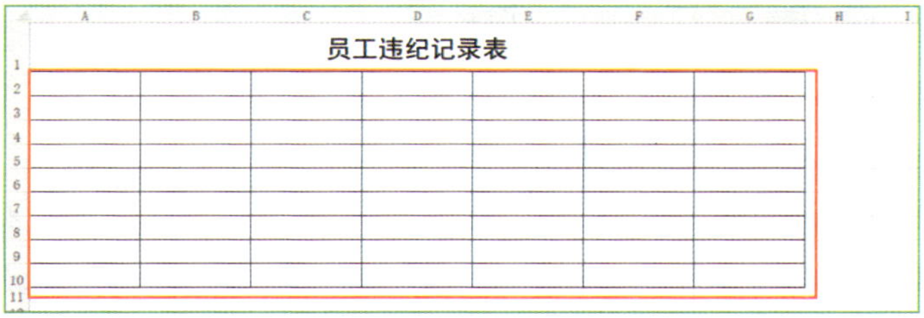

图 3-45

4 根据需要在工作表中填入合适的文字，此处所填文字如图 3–46 所示。

员工违纪记录表

序号	姓名	违纪次数	违纪类别	结果	本人签字	备注
1	张红	2	违反公司制度	警告		
2	丽丽	1	违反法律法规	开除		
3	张天	4	违反行为准则	谈话		
4	赵颖	1	违反法律法规	开除		
5	谢红	2	违反部门制度	警告		
6	何玲	3	违反行为准则	谈话		
7	李忠	4	违反部门制度	谈话		
8	张杰	5	违反公司制度	谈话		

图 3–46

3.3.2 统计违纪次数

统计员工违纪次数的操作步骤如下：

1 打开“员工违纪记录表”，选中 A2:G10 单元格区域，单击【数据】选项卡下【排序和筛选】选项组中的【排序】按钮，如图 3–47 所示。

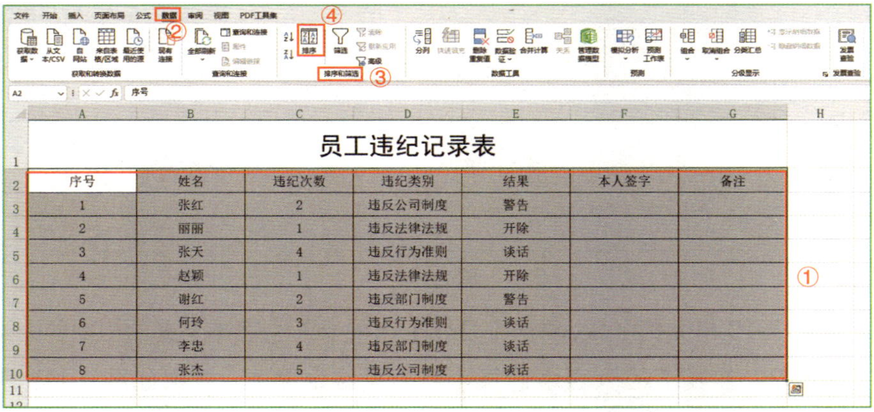

图 3–47

2 弹出【排序】对话框，在【排序依据】下拉按钮中选择【姓名】，其他选项不变，如图 3–48 所示。

3 效果如图 3–49 所示。

4 再次选中 A2:G10 单元格区域，单击【数据】选项卡下【分级显示】选项组中的【分类汇总】按钮，如图 3–50 所示。

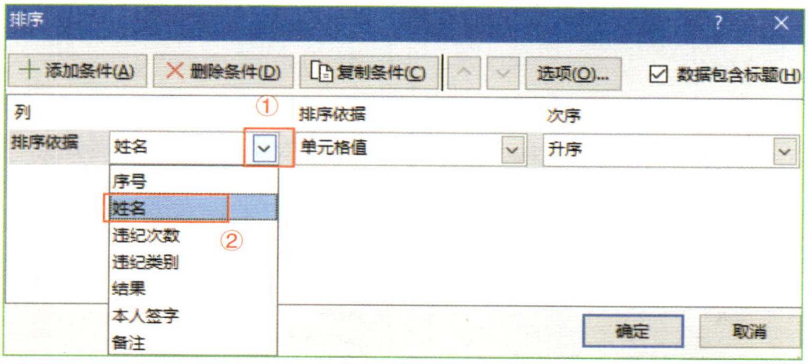

图 3–48

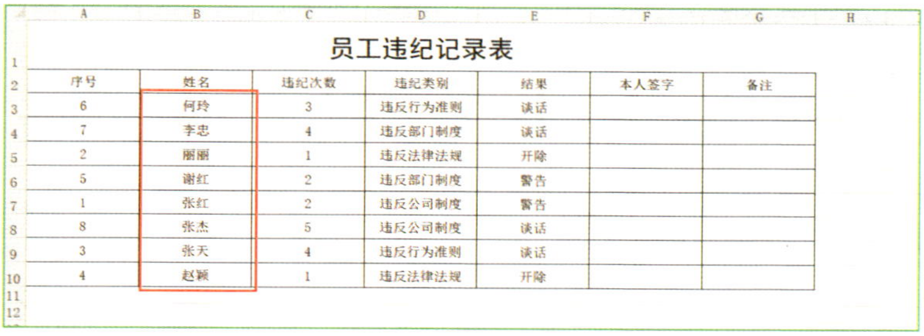

员工违纪记录表

序号	姓名	违纪次数	违纪类别	结果	本人签字	备注
6	何玲	3	违反行为准则	谈话		
7	李忠	4	违反部门制度	谈话		
2	丽丽	1	违反法律法规	开除		
5	谢红	2	违反部门制度	警告		
1	张红	2	违反公司制度	警告		
8	张杰	5	违反公司制度	谈话		
3	张天	4	违反行为准则	谈话		
4	赵颖	1	违反法律法规	开除		

图 3–49

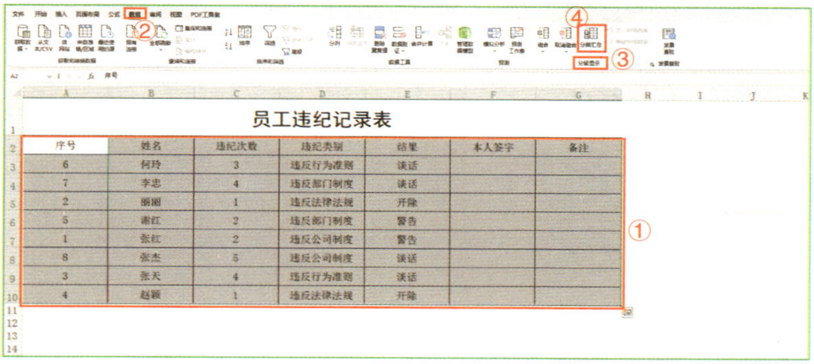

图 3–50

5 弹出【分类汇总】对话框，在【分类字段】下拉列表中选择【姓名】，如图 3–51 所示。

6 依然在【分类汇总】对话框，【汇总方式】依然为【求和】，【选定汇总项】选项下选中【违纪次数】复选框，其他不勾选，最后单击【确定】按钮，如图 3–52 所示。

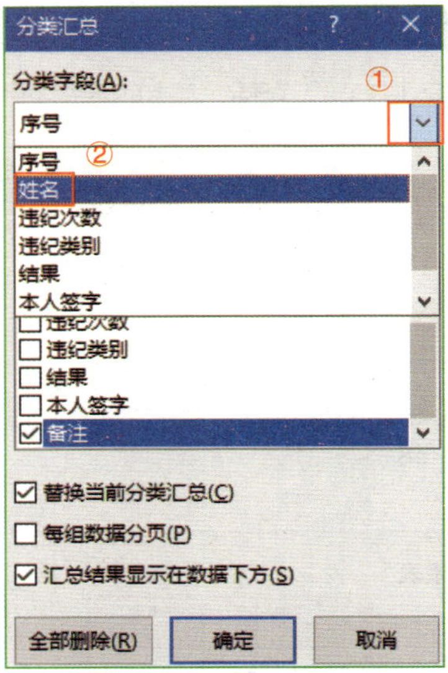

图 3–51

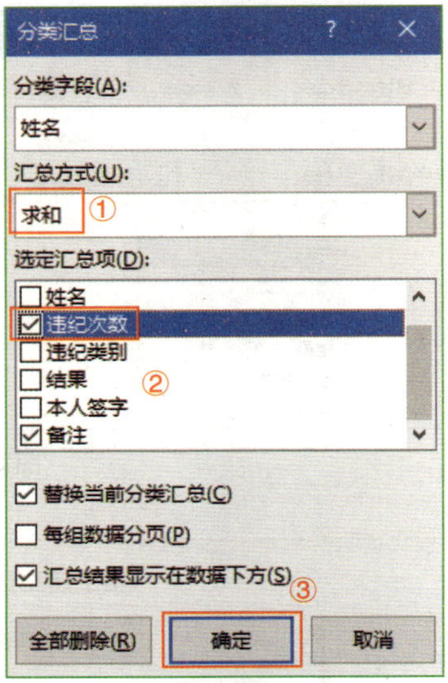

图 3–52

7 效果如图 3–53 所示。

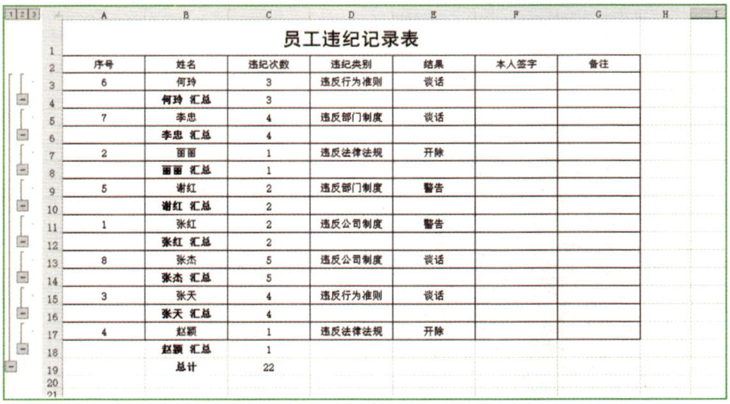

员工违纪记录表

序号	姓名	违纪次数	违纪类别	结果	本人签字	备注
6	何玲	3	违反行为准则	谈话		
	何玲 汇总	3				
7	李忠	4	违反部门制度	谈话		
	李忠 汇总	4				
2	丽丽	1	违反法律法规	开除		
	丽丽 汇总	1				
5	谢红	2	违反部门制度	警告		
	谢红 汇总	2				
1	张红	2	违反公司制度	警告		
	张红 汇总	2				
8	张杰	5	违反公司制度	谈话		
	张杰 汇总	5				
3	张天	4	违反行为准则	谈话		
	张天 汇总	4				
4	赵颖	1	违反法律法规	开除		
	赵颖 汇总	1				
	总计	22				

图 3–53

3.3.3 创建员工奖惩记录表

创建“员工奖惩记录表”的操作步骤如下：

1 创建一个空白工作簿，将“Sheet1”重命名为“员工奖惩记录表”，将第1行行高设置为【40】，第2~10行行高设置为【20】，A~G列列宽设置为【10】，效果如图3–54所示。

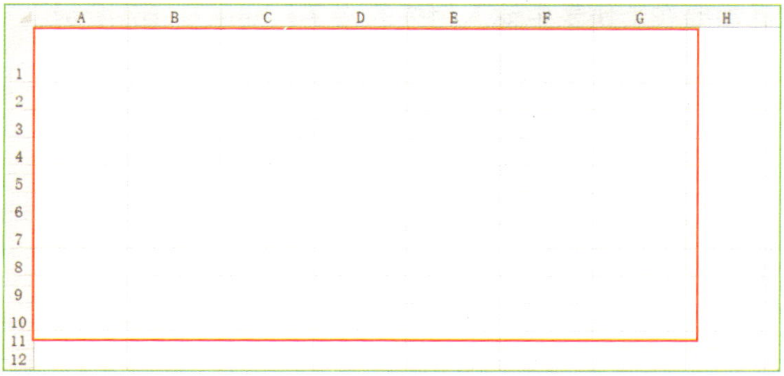

图 3-54

2 选中 A1:G1 单元格区域，将其合并后居中，并输入文字“员工奖惩记录表”，字体设置为【华文仿宋】，字号设置为【20】，效果如图 3-55 所示。

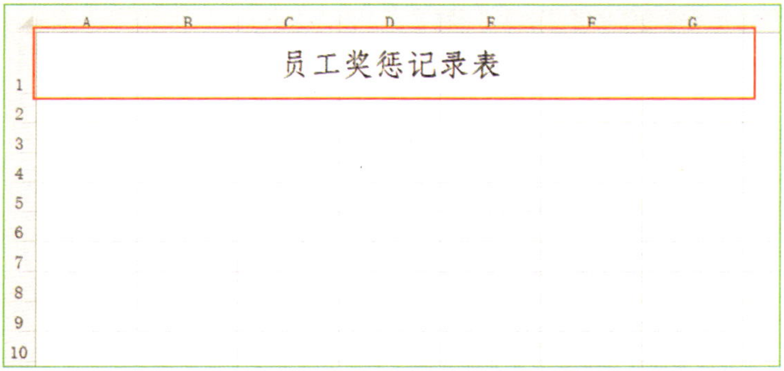

图 3-55

3 选中 A2:G10 单元格区域，单击【开始】选项卡下【字体】选项组中的【边框】下拉按钮，在其下拉列表中选择【所有框线】命令，效果如图 3-56 所示。

图 3-56

4 用户根据需要在工作表中输入相关的文字，如图 3–57 所示。

员工奖惩记录表

姓名	奖罚	奖罚原因	奖罚金额	奖罚人签字	时间	备注
张三	奖	业绩第一	500			
李四	罚	迟到4次	-200			
张红	罚	行为不规范	-100			
刘一	奖	完成目标	1000			
吴红	奖	晋升	2000			
吴凡	罚	早退3次以上	-300			
黄华	奖	组织员工	600			
李红	罚	工作失误3次	-300			

图 3–57

3.3.4 统计奖惩金额

统计奖惩金额的操作步骤如下：

1 打开“员工奖惩记录表”，在 I6:K7 单元格区域输入合适内容，如图 3–58 所示。

员工奖惩记录表

姓名	奖罚	奖罚原因	奖罚金额	奖罚人签字	时间	备注
张三	奖	业绩第一	500			
李四	罚	迟到4次	-200			
张红	罚	行为不规范	-100			
刘一	奖	完成目标	1000			
吴红	奖	晋升	2000			
吴凡	罚	早退3次以上	-300			
黄华	奖	组织员工	600			
李红	罚	工作失误3次	-300			

	奖励金额	惩罚金额
总计		

图 3–58

2 在 J7 单元格中输入函数“=SUMIF(员工奖惩记录表 ~D:D,">0")”，如图 3–59 所示。

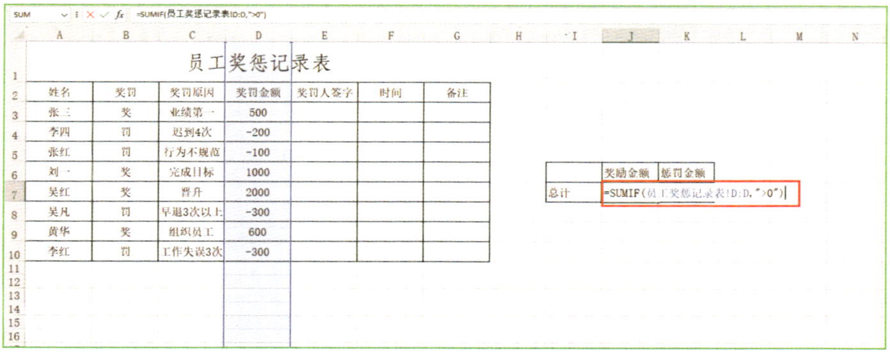
=SUMIF(员工奖惩记录表!D:D,">0")

员工奖惩记录表

姓名	奖罚	奖罚原因	奖罚金额	奖罚人签字	时间	备注
张三	奖	业绩第一	500			
李四	罚	迟到4次	-200			
张红	罚	行为不规范	-100			
刘一	奖	完成目标	1000			
吴红	奖	晋升	2000			
吴凡	罚	早退3次以上	-300			
黄华	奖	组织员工	600			
李红	罚	工作失误3次	-300			

	奖励金额	惩罚金额
总计	=SUMIF(员工奖惩记录表!D:D,">0")	

图 3–59

3 按【Enter】键，就能得出公司员工所获奖励的总金额，如图 3–60 所示。

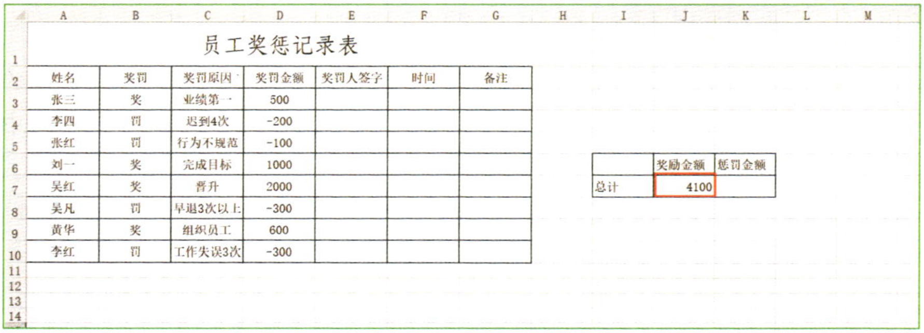
员工奖惩记录表

姓名	奖罚	奖罚原因	奖罚金额	奖罚人签字	时间	备注
张三	奖	业绩第一	500			
李四	罚	迟到4次	-200			
张红	罚	行为不规范	-100			
刘一	奖	完成目标	1000			
吴红	奖	晋升	2000			
吴凡	罚	早退3次以上	-300			
黄华	奖	组织员工	600			
李红	罚	工作失误3次	-300			

	奖励金额	惩罚金额
总计	4100	

图 3–60

4 在 K7 单元格中输入公式“=SUMIF(员工奖惩记录表 !D:D,″ <0″)”，如图 3–61 所示。

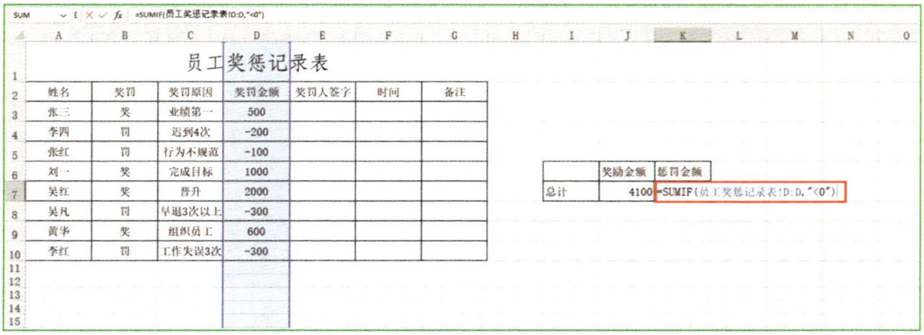
=SUMIF(员工奖惩记录表!D:D,"<0")

员工奖惩记录表

姓名	奖罚	奖罚原因	奖罚金额	奖罚人签字	时间	备注
张三	奖	业绩第一	500			
李四	罚	迟到4次	-200			
张红	罚	行为不规范	-100			
刘一	奖	完成目标	1000			
吴红	奖	晋升	2000			
吴凡	罚	早退3次以上	-300			
黄华	奖	组织员工	600			
李红	罚	工作失误3次	-300			

	奖励金额	惩罚金额
总计	4100	=SUMIF(员工奖惩记录表!D:D,"<0")

图 3–61

5 按【Enter】键，就能得出公司员工所罚的总金额，如图 3–62 所示。

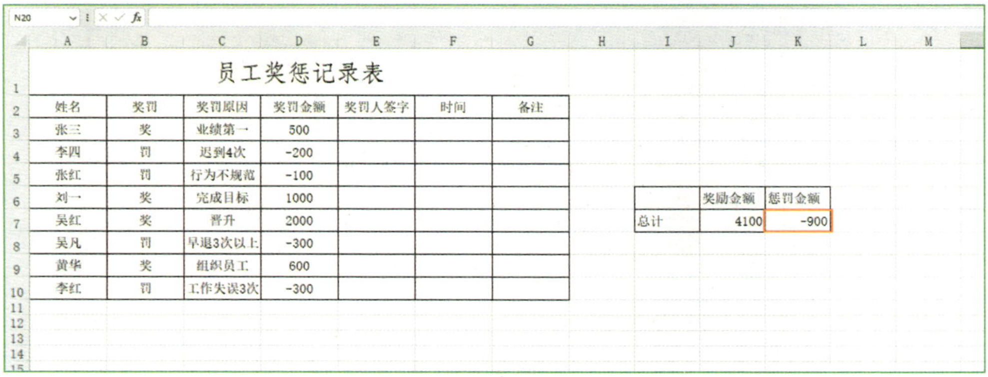

员工奖惩记录表

姓名	奖罚	奖罚原因	奖罚金额	奖罚人签字	时间	备注
张三	奖	业绩第一	500			
李四	罚	迟到4次	-200			
张红	罚	行为不规范	-100			
刘一	奖	完成目标	1000			
吴红	奖	晋升	2000			
吴凡	罚	早退3次以上	-300			
黄华	奖	组织员工	600			
李红	罚	工作失误3次	-300			

	奖励金额	惩罚金额
总计	4100	-900

图 3–62

实用贴士

Excel 工作表中默认的列宽是【8.38】，即每个工作表的列宽的调整之前都是【8.38】，用户也可以对该默认值就行调整，即选中任一列宽，单击【开始】选项卡下【单元格】选项组中的【格式】下拉按钮，然后单击【默认列宽】命令，弹出【标准列宽】对话框，就能根据需要设置列宽。

Chapter

04

第 4 章

员工的培训管理

导读

对员工进行培训是人力资源部门的一项重要职能，可以提高公司员工的素质、工作能力，本章介绍了HR利用Excel制作企业培训员工时会用到的多种表格，并对相应表格的制作方法和技巧进行讲解。

学习要点：★学会建立员工培训表

★学会利用Excel分析员工培训结果

★学会利用Excel管理培训费用

4.1 建立员工培训表

对员工进行培训之前，首先要考虑的肯定是培训内容，毕竟只有合理的符合公司员工实际情况的培训才会对公司起到好的作用。因此，需要制作培训需求调查表对员工先做一次调查，还要根据员工的时间创建培训时间表、计划表等。

4.1.1 创建员工培训意愿调查表

创建“员工培训意愿调查表”的操作步骤如下：

1 创建一个空白工作簿，将“Sheet1”重命名为“员工培训意愿调查表”，将第 1 行行高设置为【40】，第 2~15 行行高设置为【15】，A~H 列列宽设置为【2】，如图 4–1 所示。

2 将 A1:H1 单元格合并后居中，并输入文字“员工培训意愿调查表”，将字体设置为【黑体】，字号设置为【12】，效果如图 4–2 所示。

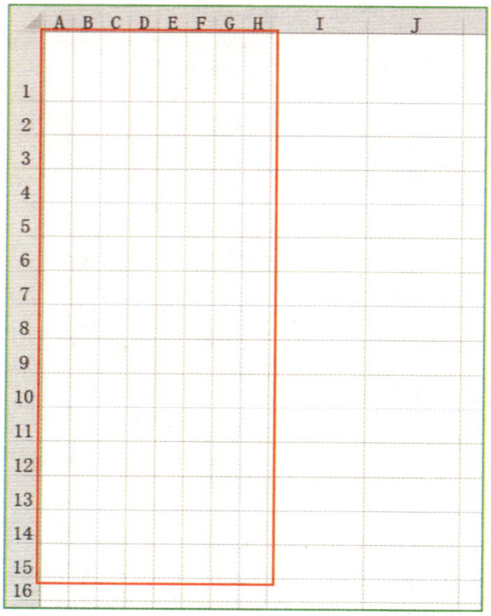

图 4–1

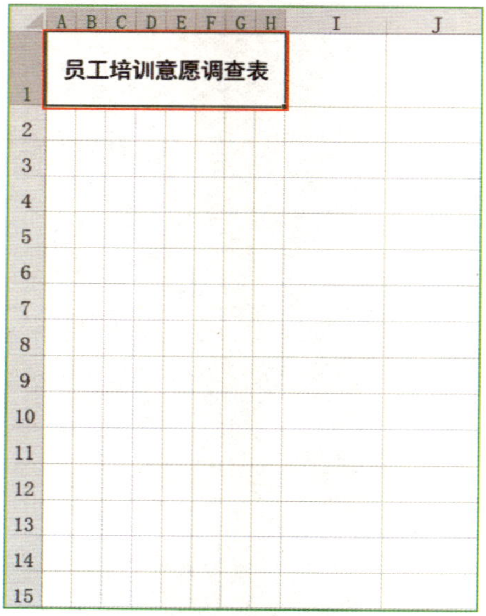

图 4–2

3 将分别将 A11:H11、A12:H12、A13:H13、A14:H14、A15:H15 单元格合并后居中，将第 12、14 行行高设置为【60】，A 列列宽设置为【60】，C、E、G、H 列的列宽设置为【20】，选中 A2:H15 单元格区域，单击【开始】选项卡下【字体】选项组中的【边框】下拉按钮，在其下拉列表中选择【所有框线】命令，效果如图 4–3 所示。

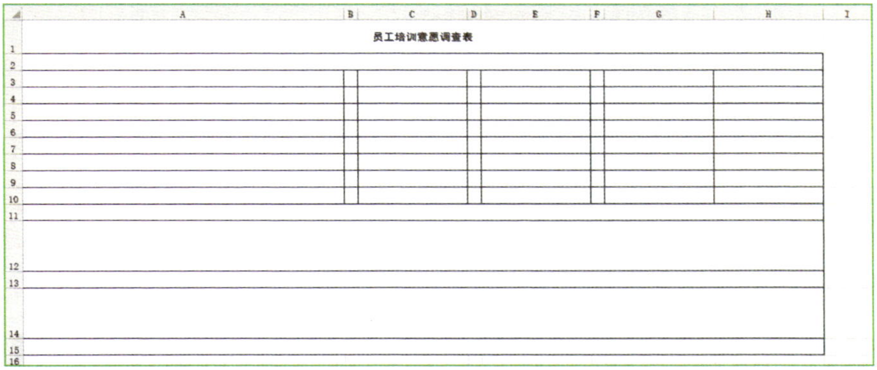

图 4–3

4 根据需要在工作表中填入合适的文字，如图 4–4 所示。

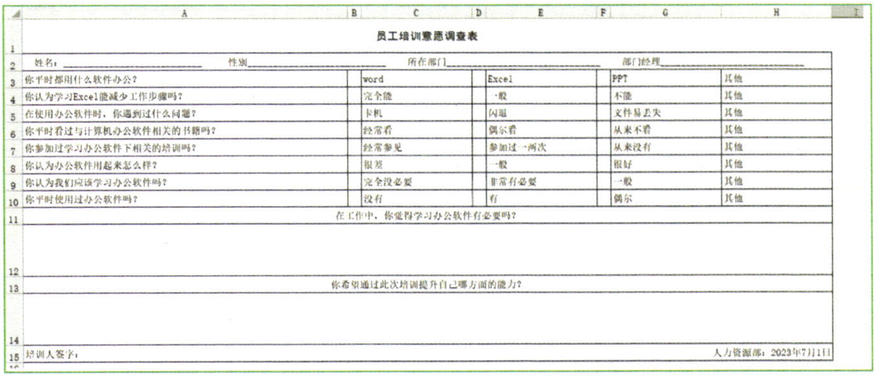

图 4–4

5 用鼠标双击 A3 单元格，将光标放在文字的最前端，单击【插入】选项卡下【符号】选项组中的【符号】按钮，如图 4–5 所示。

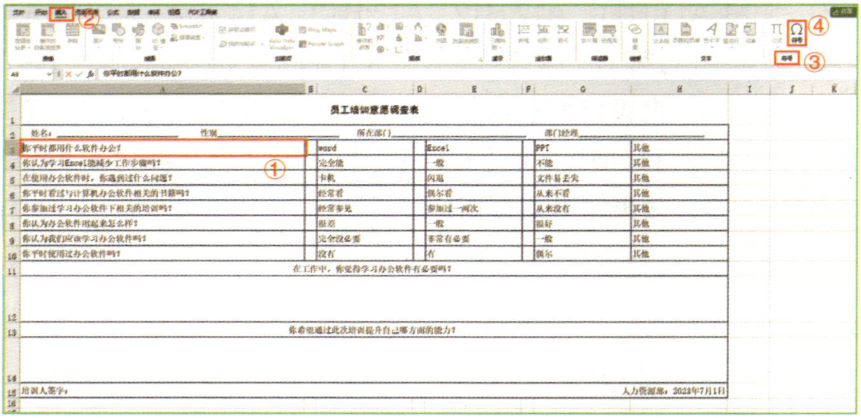

图 4-5

6 弹出【符号】对话框，在【符号】选项卡下，单击【子集】右侧的下拉按钮，在下拉列表中选择【带括号的字母数字】选项，如图 4-6 所示。

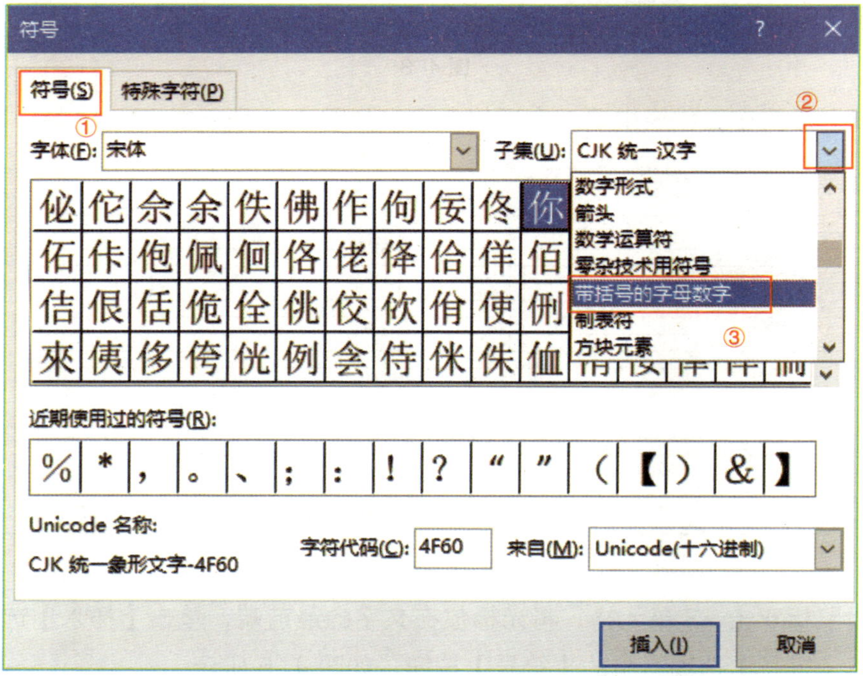

图 4-6

7 选中【①】符号，单击【插入】按钮，单击对话框右上角的【×】按钮，关闭对话框，如图 4-7 所示。

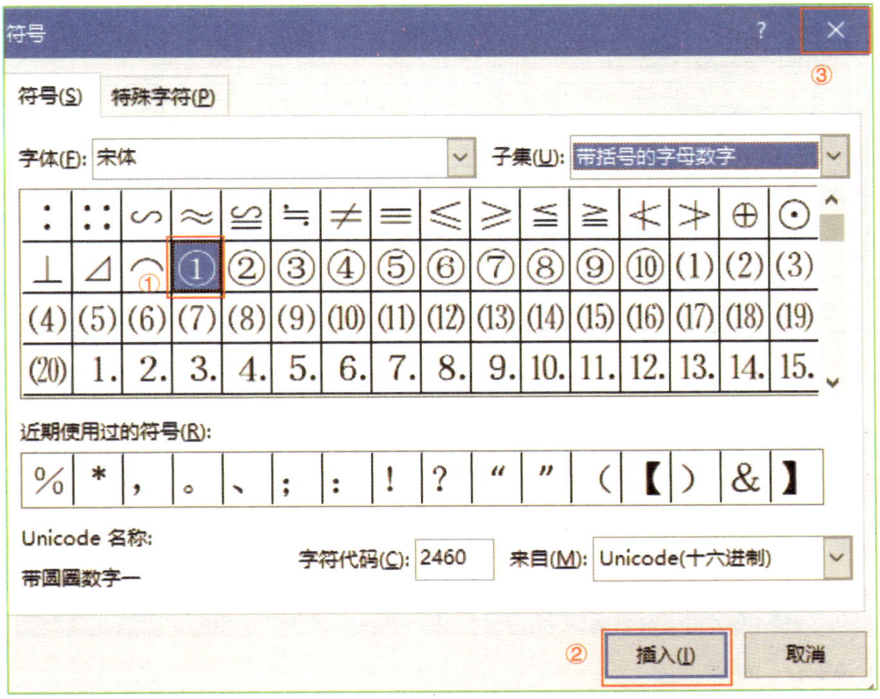

图 4-7

8 此时能看到 A3 单元格中文字的最左边出现了刚才选择的序号，如图 4-8 所示。

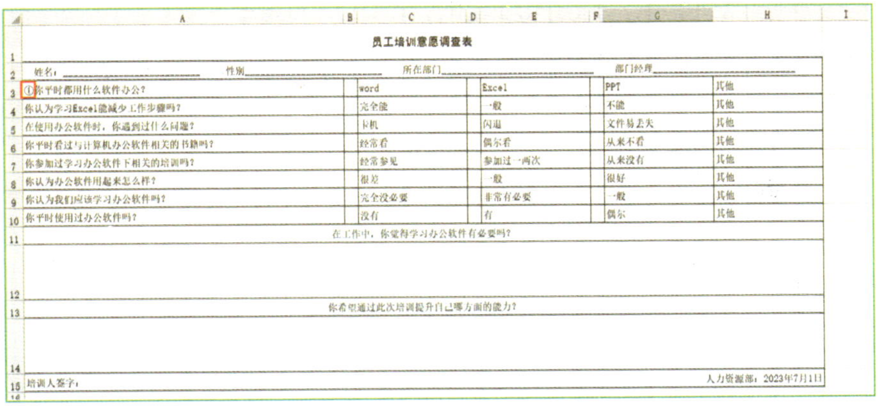

图 4-8

9 使用同样的方法，分别在 A4、A5、A6、A7、A8、A9、A10 单元格中文字的最前方，插入②③④⑤⑥⑦⑧，效果如图 4-9 所示。

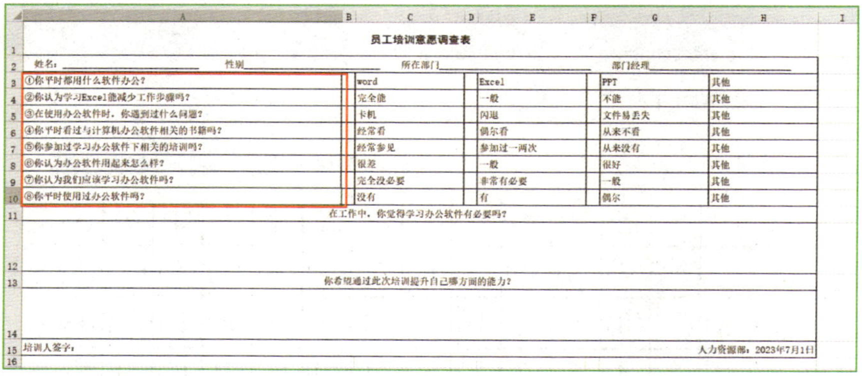

图 4–9

10 选中 B3 单元格,单击【插入】选项卡下【符号】选项组中的【符号】按钮,弹出【符号】对话框,在【符号】选项卡下,单击【子集】右侧的下拉按钮,在下拉列表中选择【几何图形符】选项,如图 4–10 所示。

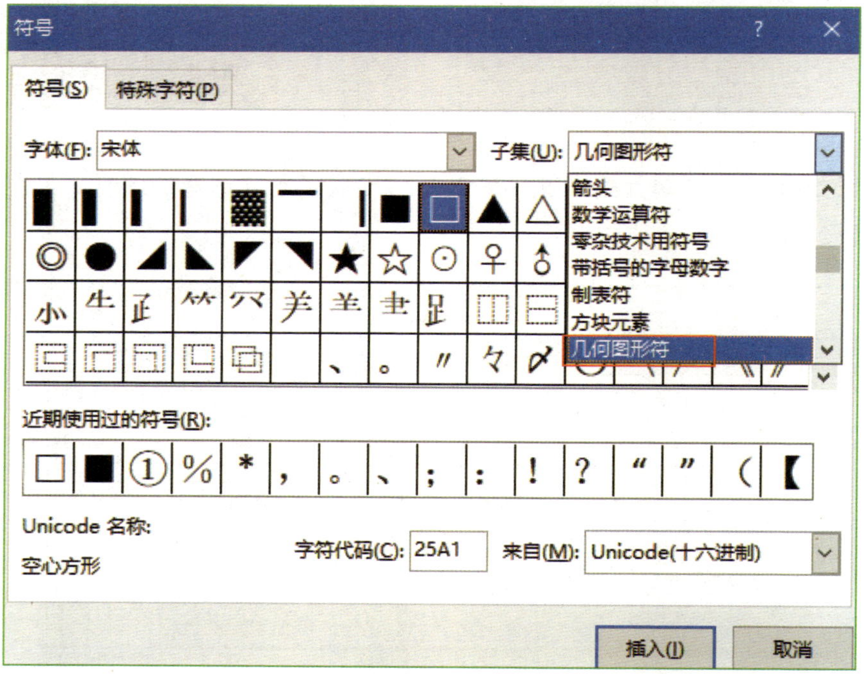

图 4–10

11 选择下方的【□】符号,单击【插入】按钮,单击对话框右上角的【×】按钮,关闭对话框,如图 4–11 所示。

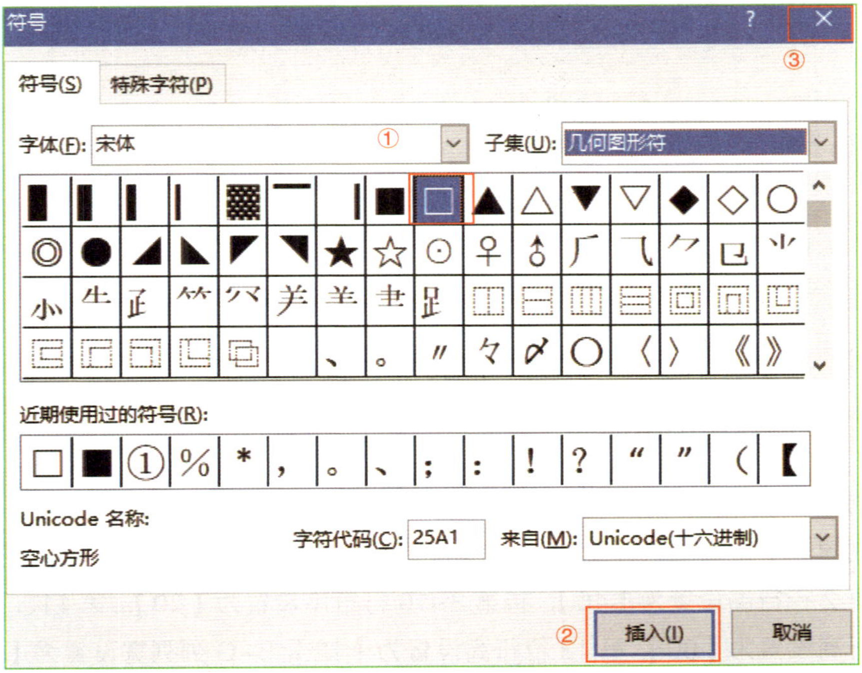

图 4-11

12 效果如图 4-12 所示。

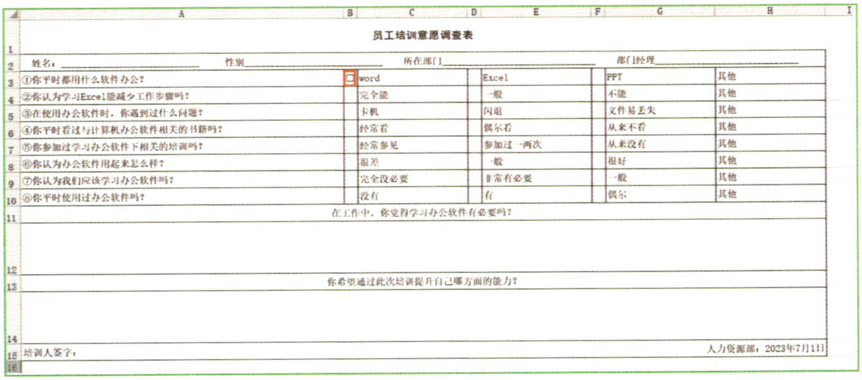

图 4-12

13 使用【Ctrl+C】组合键，复制 B3 单元格中的【□】符号，再使用【Ctrl+V】组合键将【□】符号粘贴在 B4、B5、B6、B7、B8、B9、B10、D3、D4、D5、D6、D7、D8、D9、D10、F3、F4、F5、F6、F7、F8、F9、F10 单元格中，效果如图 4-13 所示。

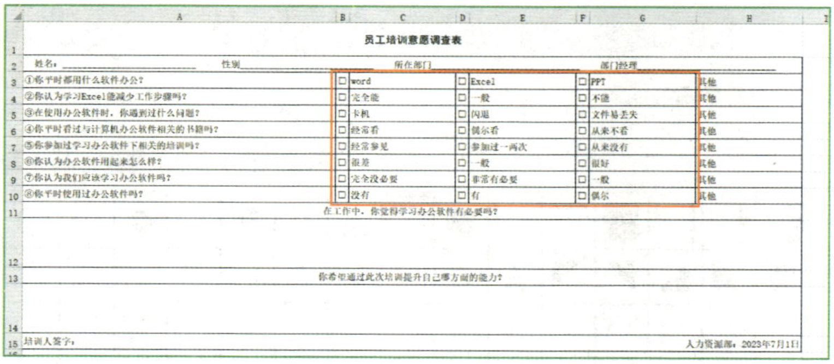

图 4–13

4.1.2 创建培训申请表

创建“培训申请表”的操作步骤如下：

1 创建一个空白工作簿，将“Sheet1”工作表重命名为“培训申请表”，将第 2 行行高设置为【40】，将第 3~10 行行高设置为【20】，第 11、12 行行高设置为【60】，第 13 行行高设置为【12】，B~G 列列宽设置为【10】，效果如图 4–14 所示。

图 4–14

2 将 B2:G2 单元格合并后居中，并输入文字“培训申请表”，将文字设置为【黑体】，字号设置为【20】，效果如图 4–15 所示。

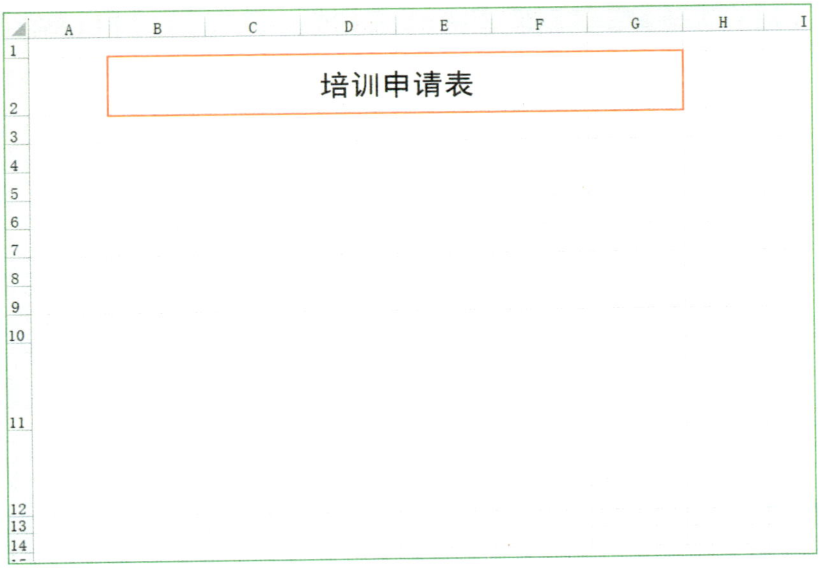

图 4–15

3 选中 B2:G13 单元格区域，单击【开始】选项卡下【字体】选项组中的【边框】下拉按钮，在其下拉列表中选择【所有框线】命令，效果如图 4–16 所示。

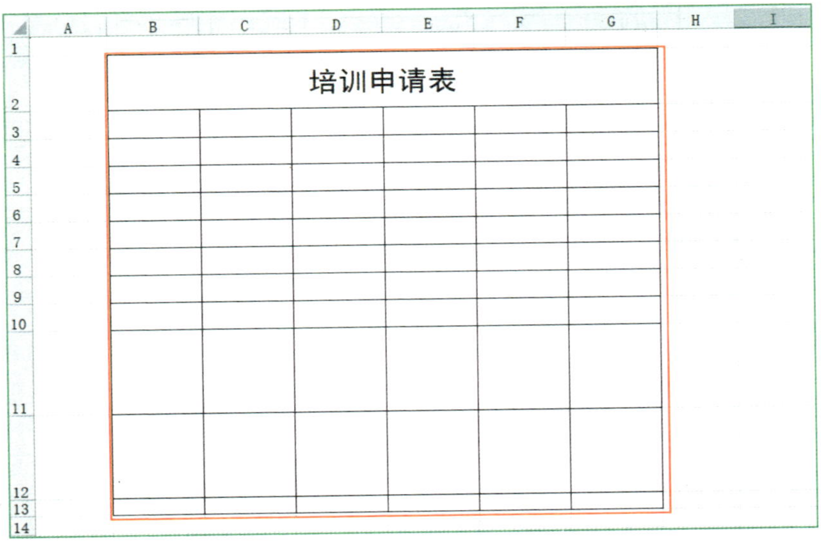

图 4–16

4 将 C4:G4、C6:G6、C7:G7、C8:G8、C9:G9、B10:G10、B12:G12 单元格合并后居中，效果如图 4–17 所示。

图 4–17

5 根据需要在工作表中填入相应的文字，如图 4–18 所示。

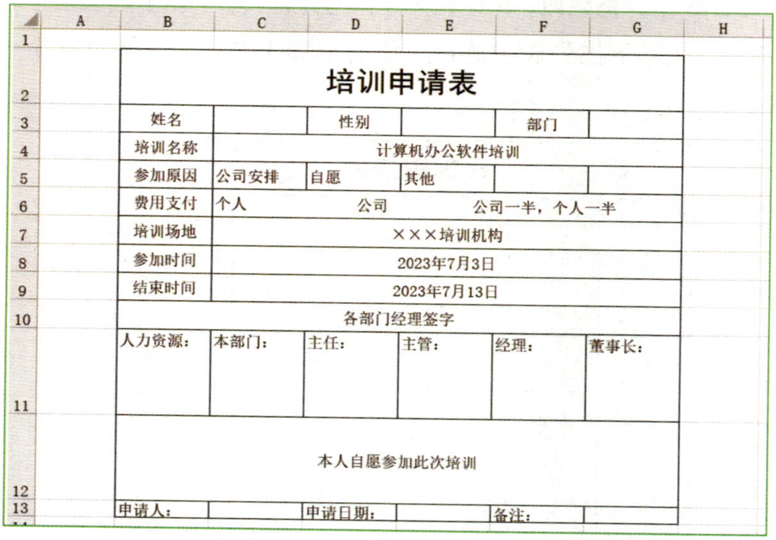

图 4–18

6 选中 C5 单元格，单击【插入】选项卡下【符号】选项组中的【符号】按钮，弹出【符号】对话框，在【符号】选项卡下，单击【子集】右侧的下拉按钮，在下拉列表中单击【几何图形符】选项，选择下方的【□】符号，单击【插入】按钮，单击对话框右上角的【×】按钮，关闭对话框，效果如图 4–19 所示。

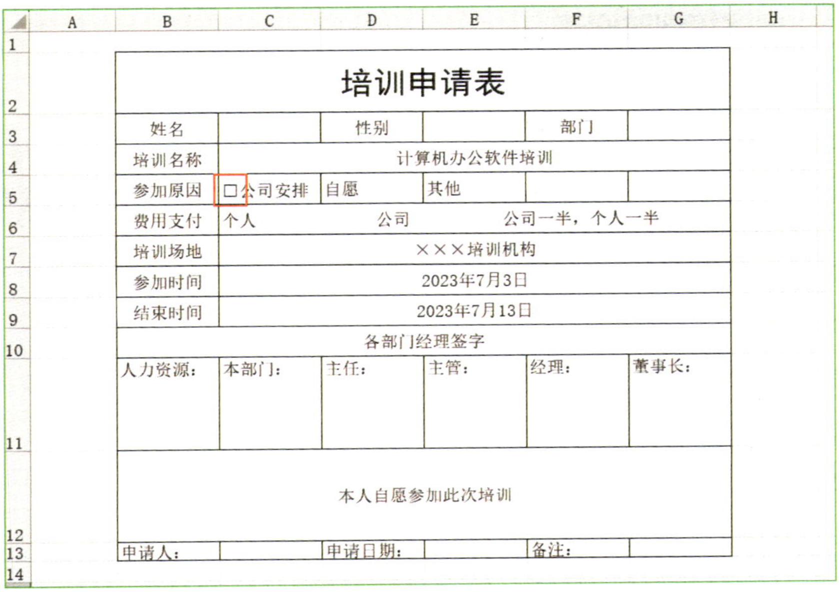

培训申请表					
姓名		性别		部门	
培训名称	计算机办公软件培训				
参加原因	□公司安排	自愿	其他		
费用支付	个人	公司		公司一半，个人一半	
培训场地	×××培训机构				
参加时间	2023年7月3日				
结束时间	2023年7月13日				
各部门经理签字					
人力资源:	本部门:	主任:	主管:	经理:	董事长:
本人自愿参加此次培训					
申请人:		申请日期:		备注:	

图 4-19

7 使用【Ctrl+C】组合键，复制 B3 单元格中的【□】符号，再使用【Ctrl+V】组合键将【□】符号粘贴在 D5、E5 单元格以及 C6:G6 单元格区域中文字最前方，效果如图 4-20 所示。

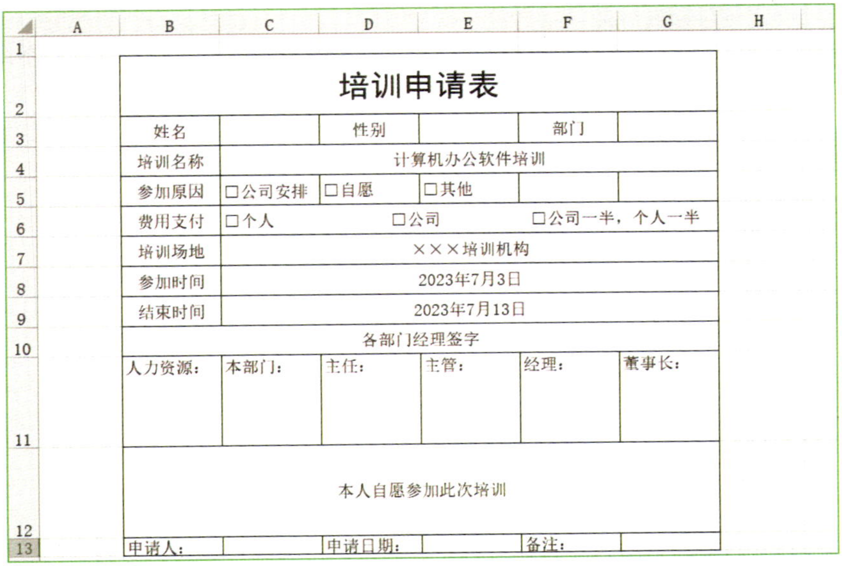

培训申请表					
姓名		性别		部门	
培训名称	计算机办公软件培训				
参加原因	□公司安排	□自愿	□其他		
费用支付	□个人	□公司		□公司一半，个人一半	
培训场地	×××培训机构				
参加时间	2023年7月3日				
结束时间	2023年7月13日				
各部门经理签字					
人力资源:	本部门:	主任:	主管:	经理:	董事长:
本人自愿参加此次培训					
申请人:		申请日期:		备注:	

图 4-20

4.1.3 创建培训时间表

创建“培训时间表”的操作步骤如下：

1 新建一个空白工作簿，将“Sheet1”工作表重命名为“培训时间表”，将第 1 行行高设置为【40】，第 2~8 行行高设置为【20】，A~E 列列宽设置为【10】，效果如图 4–21 所示。

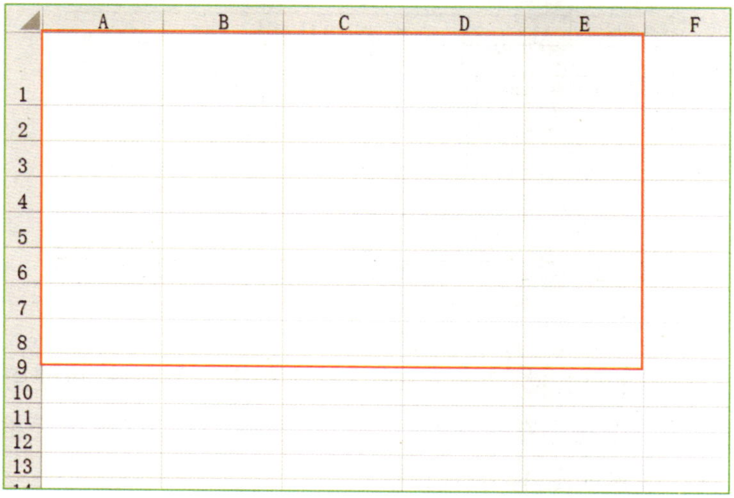

图 4–21

2 将 A1:E1 单元格合并后居中，并输入文字“培训时间表”，将字体设置为【华文仿宋】，字号设置为【20】，效果如图 4–22 所示。

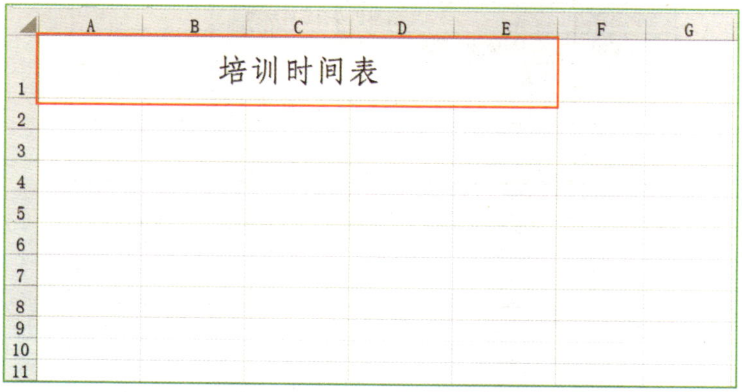

图 4–22

3 选中 A2:E8 单元格区域，单击【开始】选项卡下【字体】选项组中的【边框】

下拉按钮，在其下拉列表中选择【所有框线】命令，效果如图 4-23 所示。

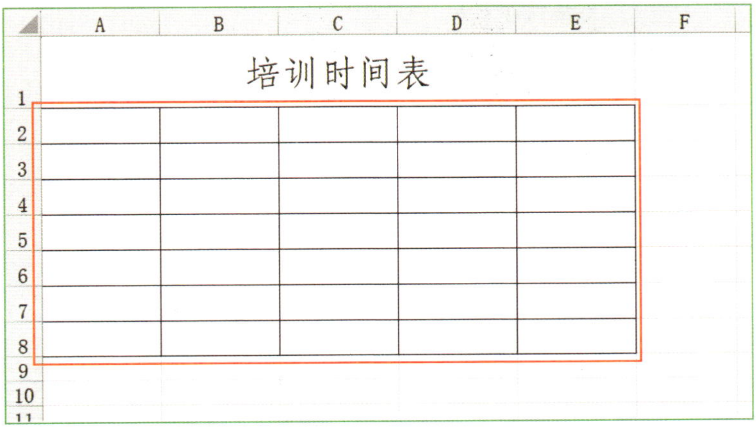

图 4-23

4 根据公司设置的培训时间，在表格中填入相应的文字，如图 4-24 所示。

培训时间表

序号	培训内容	培训方式	培训老师	培训时间
1	Word	内部培训	刘青	2023/7/9
2	Excel	内部培训	张红	2023/8/5
3	PPT	内部培训	张倩	2023/8/7
4	五笔打字	外聘	孙平	2023/8/10
5	PDF	外聘	孙天	2023/8/14
6	图像处理	外聘	张玲	2023/8/15

图 4-24

4.1.4 创建培训计划表

创建“培训计划表”的操作步骤如下：

1 打开“培训计划表”，选中 G3 单元格并输入公式“=IF(AND(E3<>″″,F3<>″″),″″,″是″)”，如图 4-25 所示。

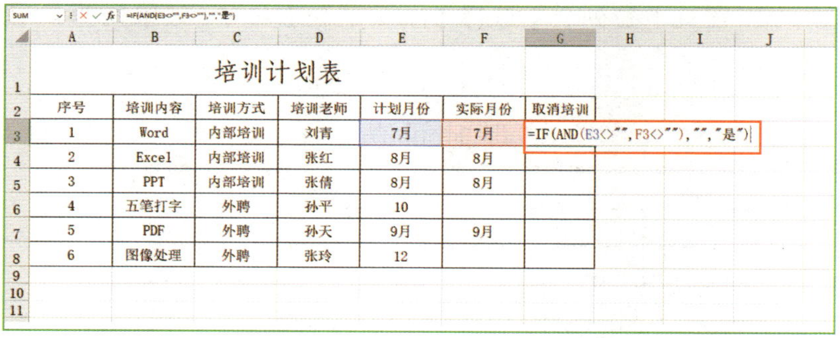

=IF(AND(E3<>"",F3<>""),"","是")

序号	培训内容	培训方式	培训老师	计划月份	实际月份	取消培训
培训计划表						
1	Word	内部培训	刘青	7月	7月	=IF(AND(E3<>"",F3<>""),"","是")
2	Excel	内部培训	张红	8月	8月	
3	PPT	内部培训	张倩	8月	8月	
4	五笔打字	外聘	孙平	10		
5	PDF	外聘	孙天	9月	9月	
6	图像处理	外聘	张玲	12		

图 4–25

2 按【Enter】键，效果如图 4–26 所示。

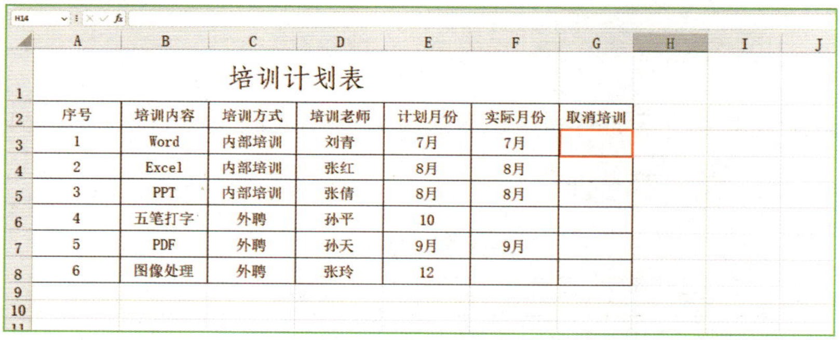

序号	培训内容	培训方式	培训老师	计划月份	实际月份	取消培训
培训计划表						
1	Word	内部培训	刘青	7月	7月	
2	Excel	内部培训	张红	8月	8月	
3	PPT	内部培训	张倩	8月	8月	
4	五笔打字	外聘	孙平	10		
5	PDF	外聘	孙天	9月	9月	
6	图像处理	外聘	张玲	12		

图 4–26

3 选中 G3 单元格，将鼠标指针移至单元格右下角，当指针变成【+】时，向下拖动鼠标至 E6 单元格进行自动填充，效如图 4–27 所示。

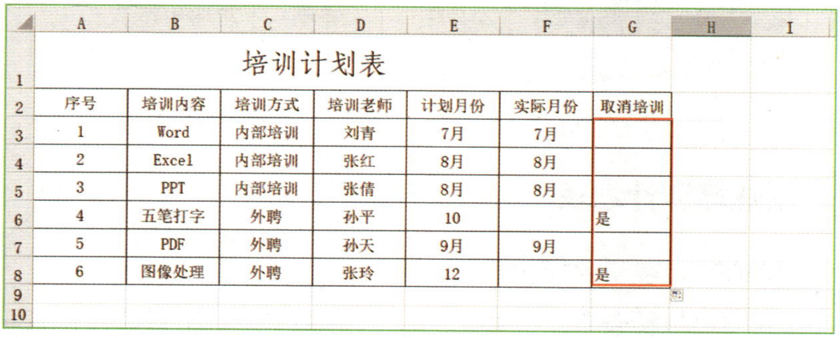

序号	培训内容	培训方式	培训老师	计划月份	实际月份	取消培训
培训计划表						
1	Word	内部培训	刘青	7月	7月	
2	Excel	内部培训	张红	8月	8月	
3	PPT	内部培训	张倩	8月	8月	
4	五笔打字	外聘	孙平	10		是
5	PDF	外聘	孙天	9月	9月	
6	图像处理	外聘	张玲	12		是

图 4–27

4 单击【开始】选项卡下【样式】选项组中的【条件格式】下拉按钮，在其下拉列表中选择【新建规则】选项，如图 4–28 所示。

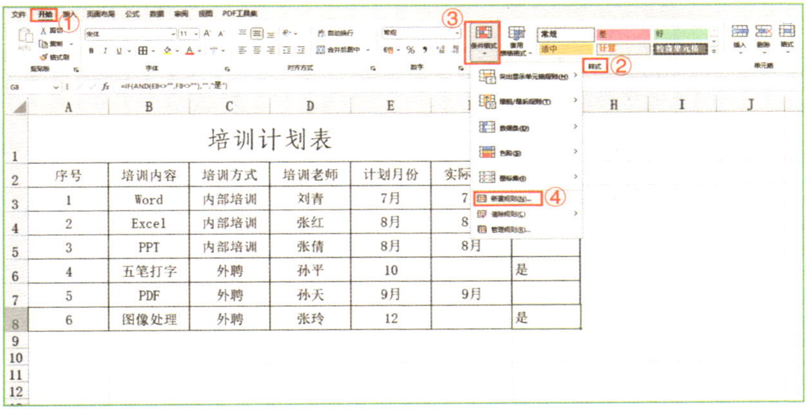

图 4–28

5 弹出【新建格式规则】对话框，在【选择规则类型】列表框中选择【使用公式确定要设置格式的单元格】选项，在【为符合此公式的值设置格式】文本框中输入“=$E3<>$F3”，单击【确定】按钮，如图 4–29 所示。

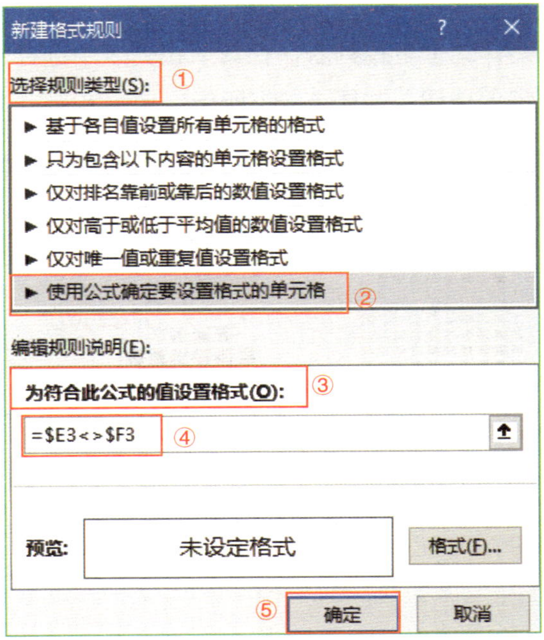

图 4–29

6 弹出【设置单元格格式】对话框中，单击【填充】选项卡，单击【图案颜色】下拉按钮，在其下拉列表中选择【黄色】，如图 4–30 所示。

图 4–30

7 然后单击【图案样式】下拉列表，在其下拉列表中选择【细水平剖面线】，之后单击【确定】按钮，如图 4–31 所示。

图 4–31

8 系统自动返回【新建格式规则】对话框，单击【确定】按钮，如图 4–32 所示。

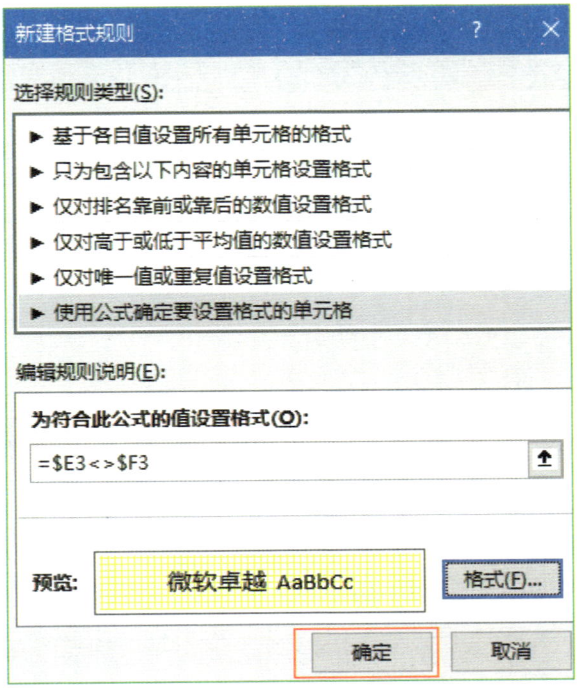

图 4–32

9 单击【开始】选项卡下【样式】选项组中的【条件格式】下拉按钮，在其下拉列表中选择【管理规则】选项，如图 4–33 所示。

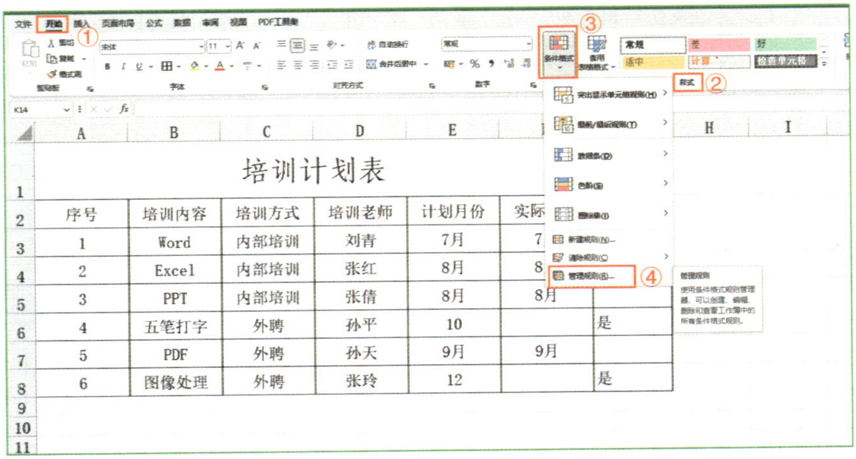

图 4–33

10 弹出【条件格式规则管理器】对话框，将条件格式应用范围设置为“=$A$3:$G$8”，单击【确定】按钮，如图 4–34 所示。

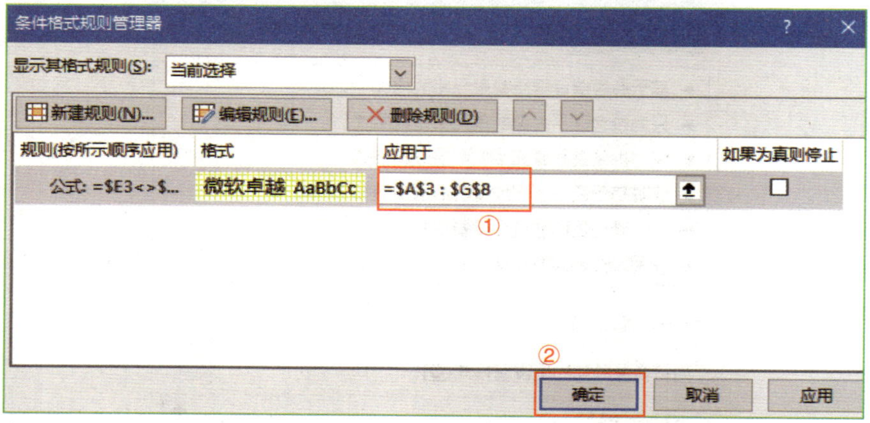

图 4–34

11 返回工作表界面，即可按照设置的条件格式突出显示实际月份与计划月份不同的行，如图 4–35 所示。

培训计划表

序号	培训内容	培训方式	培训老师	计划月份	实际月份	取消培训
1	Word	内部培训	刘青	7月	7月	
2	Excel	内部培训	张红	8月	8月	
3	PPT	内部培训	张倩	8月	8月	
4	五笔打字	外聘	孙平	10		是
5	PDF	外聘	孙天	9月	9月	
6	图像处理	外聘	张玲	12		是

图 4–35

实用贴士

在突出显示相关内容时，除了使用【条件格式】，还可以在【开始】选项卡下【字体】选项组中，根据需要填充颜色，这样比较方便、快捷。

4.2 统计员工培训结果

员工参加培训后，公司还要对员工培训结果进行统计，以便找出下次培训的重点，本节将详细介绍该部分内容。

4.2.1 培训成绩表

创建“培训成绩表”的操作步骤如下：

1 创建一个空白工作簿，将“Sheet1”工作表命名为“培训成绩表”，将第1行行高设置为【40】，第2~10行行高设置为【20】，B~J列列宽设置为【10】，效果如图4-36所示。

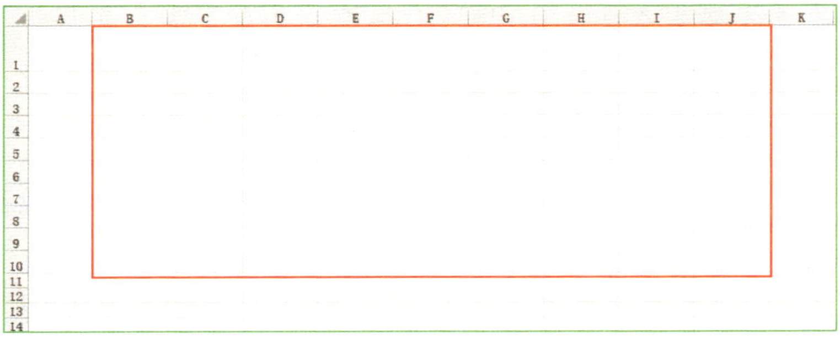

图 4-36

2 将B1:J1单元格合并后居中，并输入文字“培训成绩表”，字体设置为【黑体】，字号设置为【20】，效果如图4-37所示。

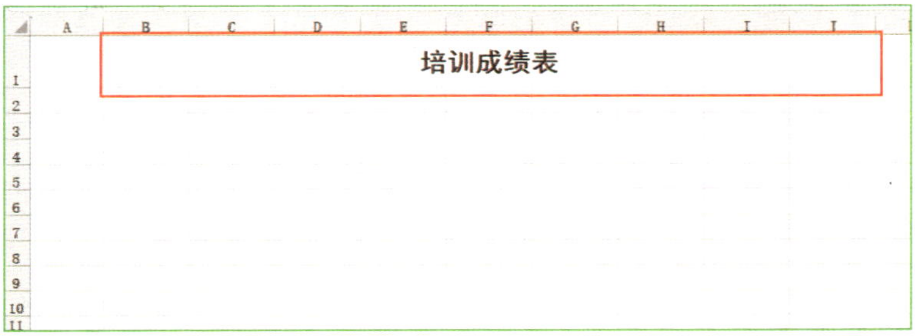

图 4-37

3 选中 B2:J10 单元格区域，单击【开始】选项卡下【字体】选项组中的【边框】下拉按钮，在其下拉列表中选择【所有框线】命令，效果如图 4–38 所示。

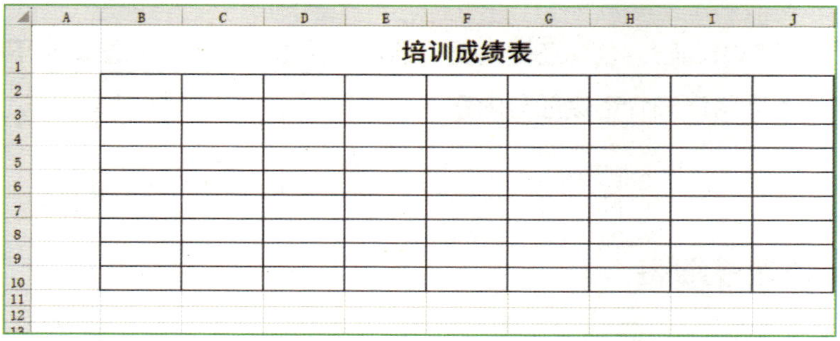

图 4–38

4 根据需要在工作表中填入合适的文字，此处所填文字如图 4–39 所示。

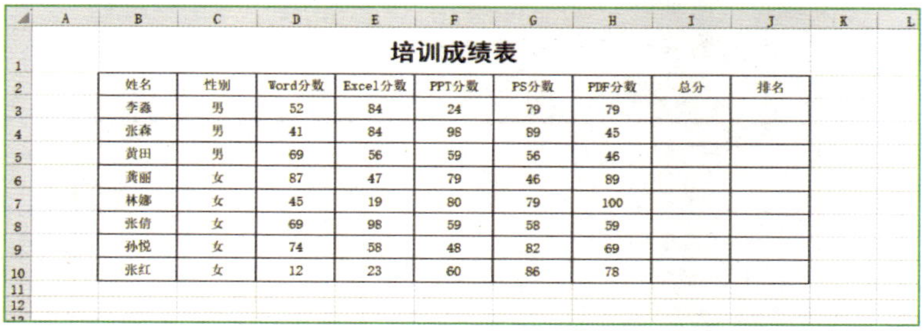
培训成绩表

姓名	性别	Word分数	Excel分数	PPT分数	PS分数	PDF分数	总分	排名
李淼	男	52	84	24	79	79		
张森	男	41	84	98	89	45		
黄田	男	69	56	59	56	46		
龚丽	女	87	47	79	46	89		
林娜	女	45	19	80	79	100		
张倩	女	69	98	59	58	59		
孙悦	女	74	58	48	82	69		
张红	女	12	23	60	86	78		

图 4–39

5 选中 D3:H3 单元格，单击【公式】选项卡下【函数库】选项组中的【自动求和】按钮，如图 4–40 所示。

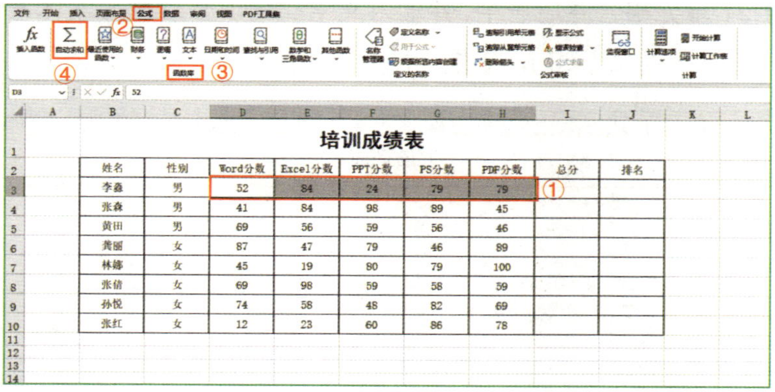
培训成绩表

姓名	性别	Word分数	Excel分数	PPT分数	PS分数	PDF分数	总分	排名
李淼	男	52	84	24	79	79		
张森	男	41	84	98	89	45		
黄田	男	69	56	59	56	46		
龚丽	女	87	47	79	46	89		
林娜	女	45	19	80	79	100		
张倩	女	69	98	59	58	59		
孙悦	女	74	58	48	82	69		
张红	女	12	23	60	86	78		

图 4–40

6 按【Enter】键，效果如图 4–41 所示。

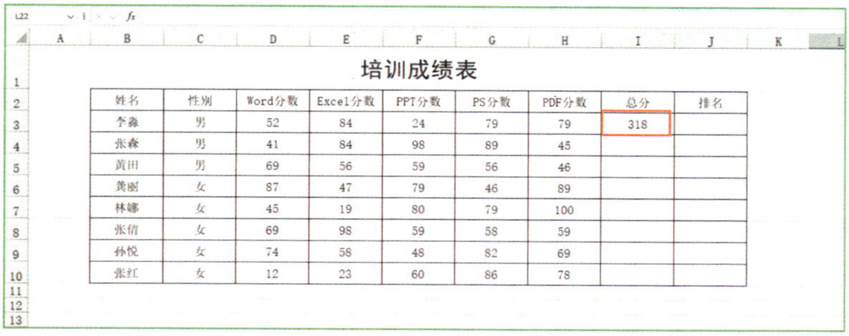

培训成绩表

姓名	性别	Word分数	Excel分数	PPT分数	PS分数	PDF分数	总分	排名
李淼	男	52	84	24	79	79	318	
张森	男	41	84	98	89	45		
黄田	男	69	56	59	56	46		
龚丽	女	87	47	79	46	89		
林娜	女	45	19	80	79	100		
张倩	女	69	98	59	58	59		
孙悦	女	74	58	48	82	69		
张红	女	12	23	60	86	78		

图 4–41

7 选中 I3 单元格，将鼠标指针放在该单元格的右下角，当鼠标指针变为【+】时，拖动鼠标至 I10 单元格进行填充，可得到如图 4–42 所示的结果。

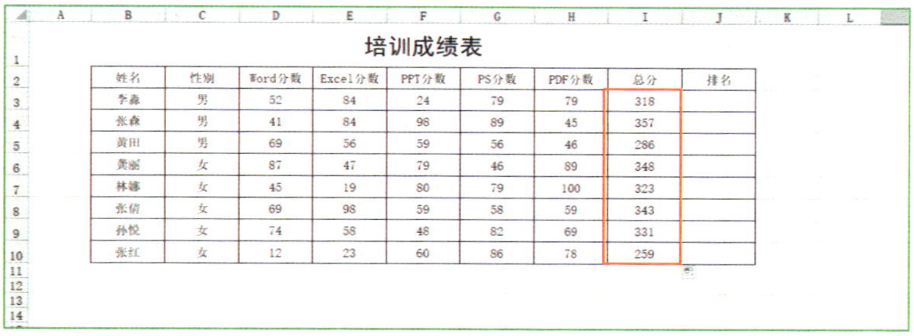

培训成绩表

姓名	性别	Word分数	Excel分数	PPT分数	PS分数	PDF分数	总分	排名
李淼	男	52	84	24	79	79	318	
张森	男	41	84	98	89	45	357	
黄田	男	69	56	59	56	46	286	
龚丽	女	87	47	79	46	89	348	
林娜	女	45	19	80	79	100	323	
张倩	女	69	98	59	58	59	343	
孙悦	女	74	58	48	82	69	331	
张红	女	12	23	60	86	78	259	

图 4–42

8 双击 J3 单元格，在单元格内输入公式“=RANK.EQ（I3,$I$3:$I$10）”如图 4–43 所示。

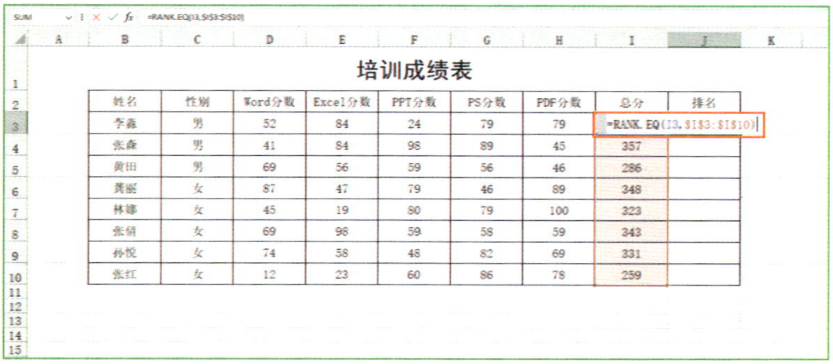

培训成绩表

姓名	性别	Word分数	Excel分数	PPT分数	PS分数	PDF分数	总分	排名
李淼	男	52	84	24	79	79	=RANK.EQ(I3,$I$3:$I$10)	
张森	男	41	84	98	89	45	357	
黄田	男	69	56	59	56	46	286	
龚丽	女	87	47	79	46	89	348	
林娜	女	45	19	80	79	100	323	
张倩	女	69	98	59	58	59	343	
孙悦	女	74	58	48	82	69	331	
张红	女	12	23	60	86	78	259	

图 4–43

9 按【Enter】键确认输入，就能得出该员工的排名，如图 4–44 所示。

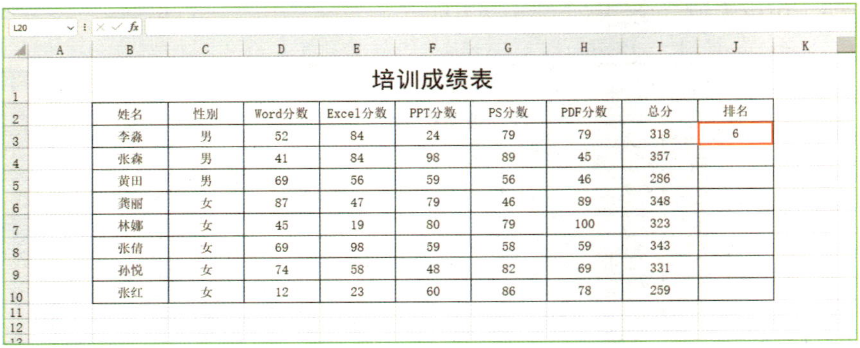

培训成绩表

姓名	性别	Word分数	Excel分数	PPT分数	PS分数	PDF分数	总分	排名
李淼	男	52	84	24	79	79	318	6
张森	男	41	84	98	89	45	357	
黄田	男	69	56	59	56	46	286	
龚丽	女	87	47	79	46	89	348	
林娜	女	45	19	80	79	100	323	
张倩	女	69	98	59	58	59	343	
孙悦	女	74	58	48	82	69	331	
张红	女	12	23	60	86	78	259	

图 4–44

10 选中 J3 单元格，将鼠标指针放在该单元格的右下角，当鼠标指针变为【＋】时，拖动鼠标至 J10 单元格进行填充，可得到如图 4–45 所示的结果。

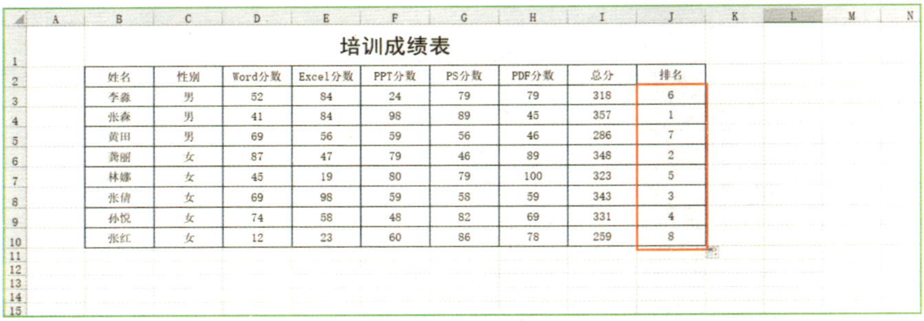

培训成绩表

姓名	性别	Word分数	Excel分数	PPT分数	PS分数	PDF分数	总分	排名
李淼	男	52	84	24	79	79	318	6
张森	男	41	84	98	89	45	357	1
黄田	男	69	56	59	56	46	286	7
龚丽	女	87	47	79	46	89	348	2
林娜	女	45	19	80	79	100	323	5
张倩	女	69	98	59	58	59	343	3
孙悦	女	74	58	48	82	69	331	4
张红	女	12	23	60	86	78	259	8

图 4–45

11 将 B1:J1 单元格区域填充【橙色，个性色 6，深色 25%】，该单元格内字体颜色填充为【白色，背景色 1】，B3:J3、B5:J5、B7:J7、B9:J9 单元格区域填充【绿色】，最终效果如图 4–46 所示。

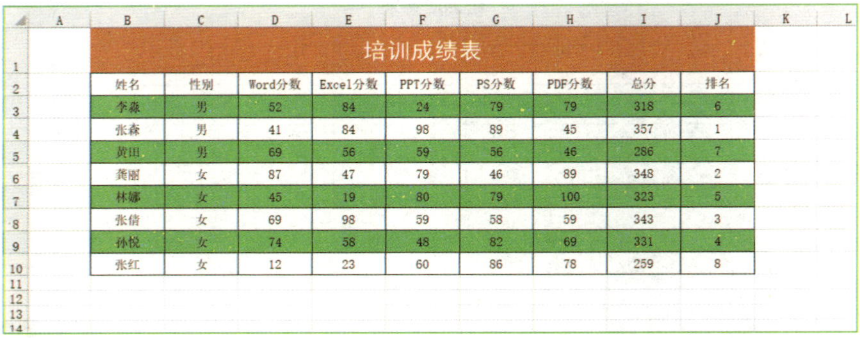

培训成绩表

姓名	性别	Word分数	Excel分数	PPT分数	PS分数	PDF分数	总分	排名
李淼	男	52	84	24	79	79	318	6
张森	男	41	84	98	89	45	357	1
黄田	男	69	56	59	56	46	286	7
龚丽	女	87	47	79	46	89	348	2
林娜	女	45	19	80	79	100	323	5
张倩	女	69	98	59	58	59	343	3
孙悦	女	74	58	48	82	69	331	4
张红	女	12	23	60	86	78	259	8

图 4–46

4.2.2 创建成绩查询表

创建“成绩查询表”的操作步骤如下：

1 创建一张空白的工作簿，将“Sheet1”工作表重命名为“成绩查询表”，将第 1 行行高设置为【40】，第 2~7 行行高设置为【20】，A~C 列列宽设置为【10】，效果如图 4-47 所示。

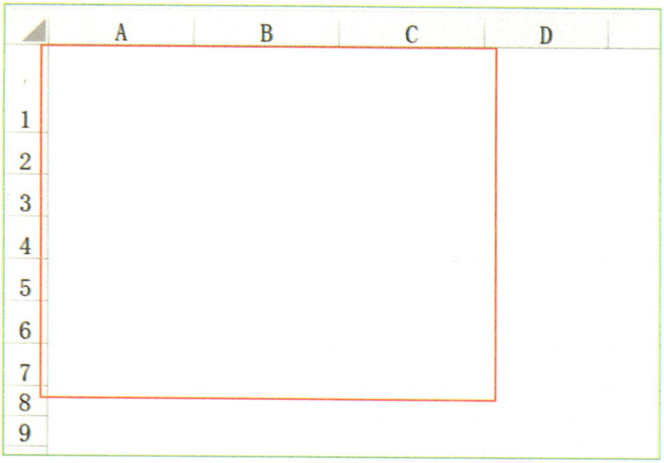

图 4-47

2 将 A1:C1 单元格区域合并后居中，并输入文字“成绩查询表”，字体设置为【黑体】，字号设置为【20】，效果如图 4-48 所示。

3 选中 A2:C7 单元格区域，单击【开始】选项卡下【字体】选项组中的【边框】下拉按钮，在其下拉列表中选择【所有框线】命令，效果如图 4-49 所示。

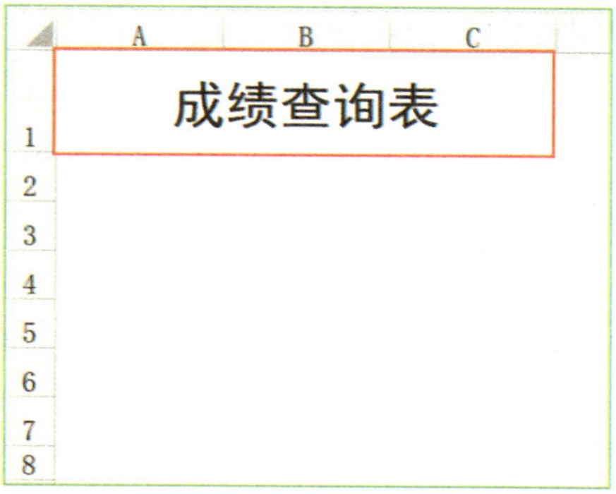

图 4-48

图 4-49

4 分别将 B3:C3、B4:C4、B5:C5、B6:C6、B7:C7 单元格区域合并后居中，效果如图 4–50 所示。

5 根据需要在工作表表中填入合适的文字，如图 4–51 所示。

	A	B	C	D
1	成绩查询表			
2				
3				
4				
5				
6				
7				
8				

图 4–50

	A	B	C	D
1	成绩查询表			
2		姓名	张红	
3	Word	100		
4	Excel	89		
5	PPT	80		
6	PS	69		
7	总分	338		
8				

图 4–51

4.2.3 培训成绩是否达标

统计成绩是否达标的步骤如下所示：

1 打开“培训成绩表”，在 K3 单元格中输入函数“=IF（I3>=320, 达标”, ″不达标″）”，如图 4–52 所示。

培训成绩表

姓名	性别	Word分数	Excel分数	PPT分数	PS分数	PDF分数	总分	排名	是否达标
李森	男	52	84	24	79	79	318	6	=IF(I3>=320,"达标","不达标")
张森	男	41	84	98	89	45	357	1	
黄田	男	69	56	59	56	46	286	7	
龚丽	女	87	47	79	46	89	348	2	
林娜	女	45	19	80	79	100	323	5	
张倩	女	69	98	59	58	59	343	3	
孙悦	女	74	58	48	82	69	331	4	
张红	女	12	23	60	86	78	259	8	

图 4–52

2 按【Enter】键得出结果，如图 4–53 所示。

培训成绩表

姓名	性别	Word分数	Excel分数	PPT分数	PS分数	PDF分数	总分	排名	是否达标
李森	男	52	84	24	79	79	318	6	不达标
张森	男	41	84	98	89	45	357	1	
黄田	男	69	56	59	56	46	286	7	
龚丽	女	87	47	79	46	89	348	2	
林娜	女	45	19	80	79	100	323	5	
张倩	女	69	98	59	58	59	343	3	
孙悦	女	74	58	48	82	69	331	4	
张红	女	12	23	60	86	78	259	8	

图 4–53

3 选中 K3 单元格，将鼠标指针放在该单元格的右下角，当鼠标指针变为【+】时，拖动鼠标至 K10 单元格进行填充，效果如图 4–54 所示。

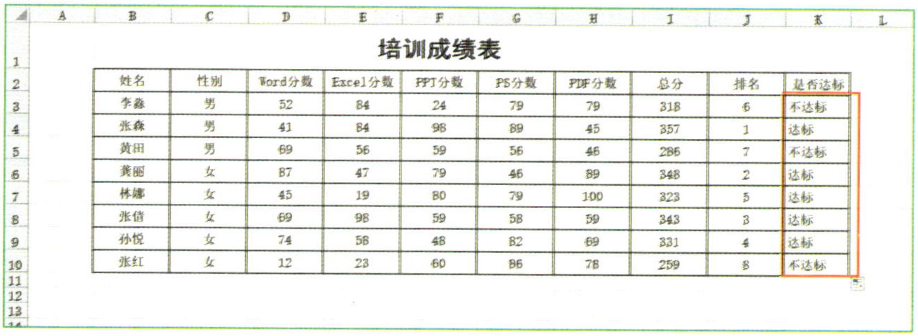
培训成绩表

姓名	性别	Word分数	Excel分数	PPT分数	PS分数	PDF分数	总分	排名	是否达标
李鑫	男	52	84	24	79	79	318	6	不达标
张森	男	41	84	98	89	45	357	1	达标
黄田	男	69	56	59	56	46	286	7	不达标
龚丽	女	87	47	79	46	89	348	2	达标
林娜	女	45	19	80	79	100	323	5	达标
张倩	女	69	98	59	58	59	343	3	达标
孙悦	女	74	58	48	82	69	331	4	达标
张红	女	12	23	60	86	78	259	8	不达标

图 4–54

4.2.4 创建培训反馈表

创建“培训反馈表”的操作步骤如下：

1 创建一个空白工作簿，并将“Sheet1”重命名为“培训反馈表”，将第 2 行行高设置为【40】，第 3~9 行行高设置为【20】，第 10 行行高设置为【80】，第 11 行行高设置为【20】，B~E 列列宽设置为【20】，效果如图 4–55 所示。

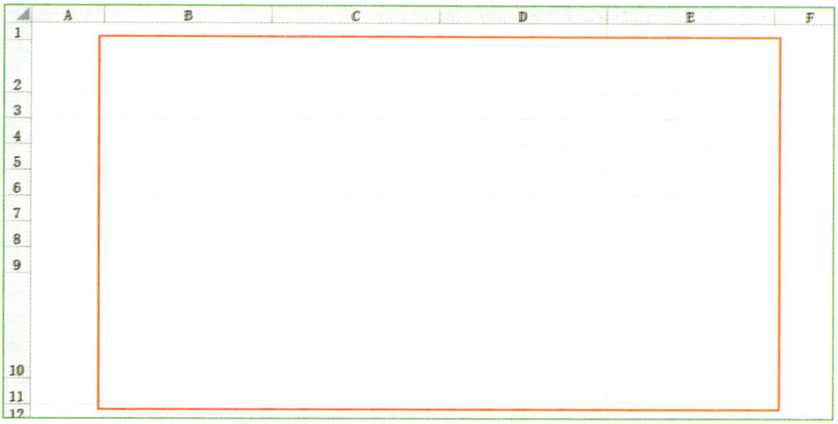

图 4–55

2 将 B2:E2 单元格合并后居中，并输入文字“培训反馈表”，字体设置为【黑体】，字号设置为【20】，效果如图 4–56 所示。

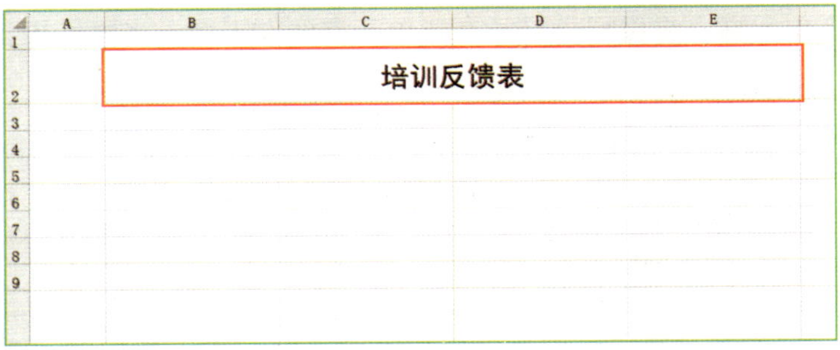

图 4–56

3 选中 B3:E11 单元格区域，单击【开始】选项卡下【字体】选项组中的【边框】下拉按钮，在其下拉列表中选择【所有框线】命令，效果如图 4–57 所示。

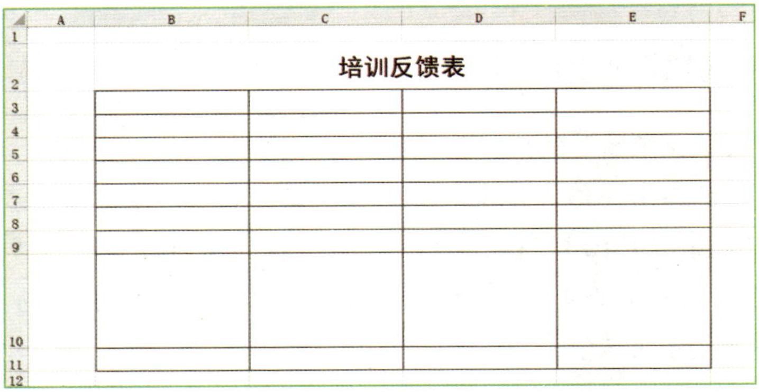

图 4–57

4 分别将 B5:B9、C5:E5、C6:E6、C7:E7、C8:E8、C9:E9、C10:E10、B11:C11、D11:E11 单元格合并后居中，效果如图 4–58 所示。

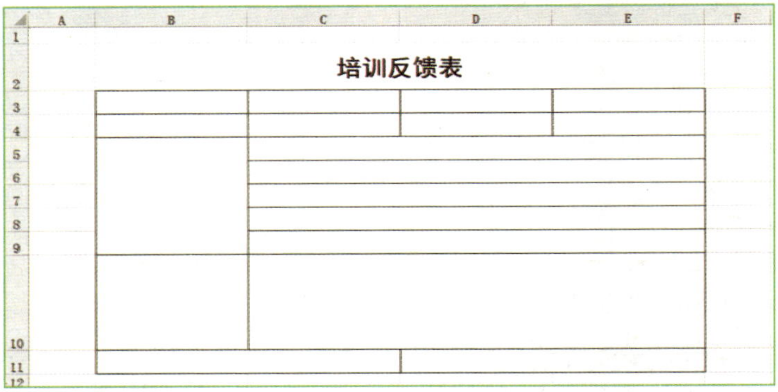

图 4–58

5 用户根据需要在工作表中填入合适的文字，效果如图 4-59 所示。

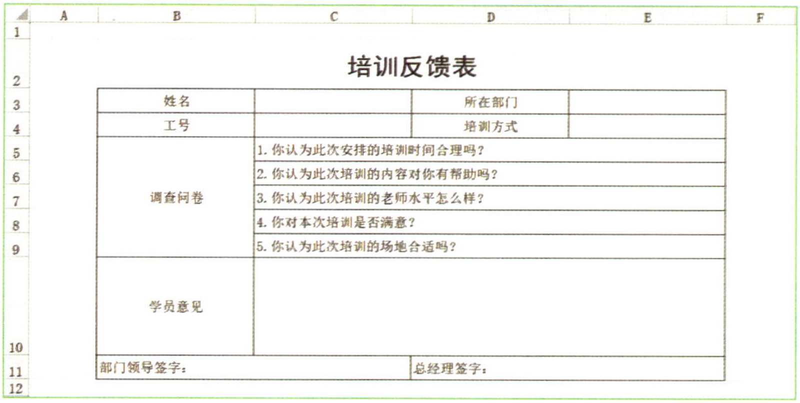

图 4-59

实用贴士

如果 Excel 表格特别长，我们可以使用组合键回到当前工作表的左上角（A1），即【Ctrl+Home】，如果想跳到含有数据的工作表的右下角，也可以使用组合键，即【Ctrl+End】。

4.3 管理培训费用

对企业来说，培训工作是一种长期的投资，需要花费大量的费用，本节将详细介绍如何利用表格统计企业在培训时花费的费用，及如何对这些费用进行分析。

4.3.1 创建培训费用明细表

创建“培训费用明细表”的操作步骤如下：

1 创建一个空白工作簿，将“Sheet1”重命名为“培训费用明细表”，将第 1 行行高设置为【40】，第 2~10 行行高设置为【20】，A~F 列列宽设置为【10】，效果如图 4–60 所示。

2 将 A1:F1 单元格合并后居中，并输入文字“培训费用明细表”，字体设置为【黑体】，字号设置为【20】，效果如图 4–61 所示。

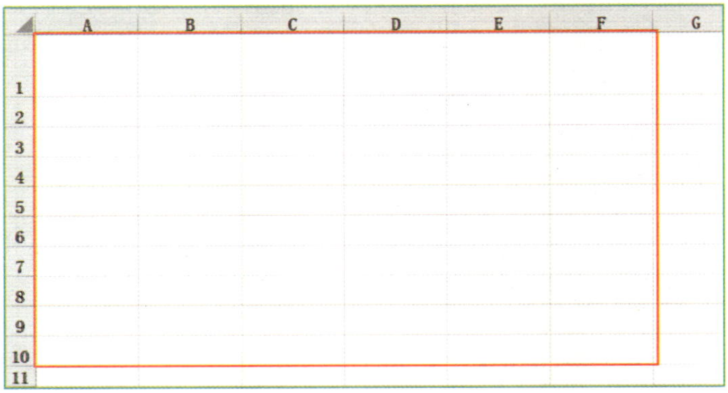

图 4–60

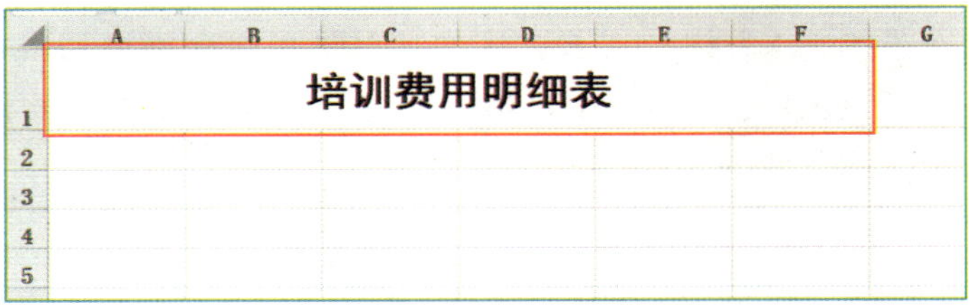

图 4–61

3 选中 A2:F10 单元格区域，单击【开始】选项卡下【字体】选项组中的【边框】下拉按钮，在其下拉列表中选择【所有框线】命令，效果如图 4–62 所示。

图 4–62

4 根据需要在工作表中填入合适的文字，效果如图 4–63 所示。

培训费用明细表

花费项目	第一季度	第二季度	第三季度	第四季度	合计
讲师费	8000	9000	8000	7896	
场地租赁费	5000	4563	3565	4567	
课件费	1000	2000	1236	900	
设备费	2000	1000	1520	1369	
打印费	456	1000	500	894	
饮食费	5930	5000	5600	6321	
住宿费	6870	6000	4563	5891	
合计					

图 4–63

5 选中 F3 单元格，在单元格中输入公式 “=SUM(B3:E3)”，如图 4–64 所示。

培训费用明细表

花费项目	第一季度	第二季度	第三季度	第四季度	合计
讲师费	8000	9000	8000	7896	=SUM(B3:E3)
场地租赁费	5000	4563	3565	4567	
课件费	1000	2000	1236	900	
设备费	2000	1000	1520	1369	
打印费	456	1000	500	894	
饮食费	5930	5000	5600	6321	
住宿费	6870	6000	4563	5891	
合计					

图 4–64

6 按【Enter】键计算结果，然后再次单击 F3 单元格，光标放至该单元格的右下方，当鼠标指针变为【+】时，拖动鼠标至 F9 单元格进行填充，效果如图 4–65 所示。

7 在单元格 B10 中输入公式 “=SUM(B3:B9)”，如图 4–66 所示。

8 按【Enter】键计算结果，然后再次单击 B10 单元格，光标放至该单元格的右下方，当鼠标指针变为【+】时，拖动鼠标至 F10 单元格进行填充，效果如图 4–67 所示。

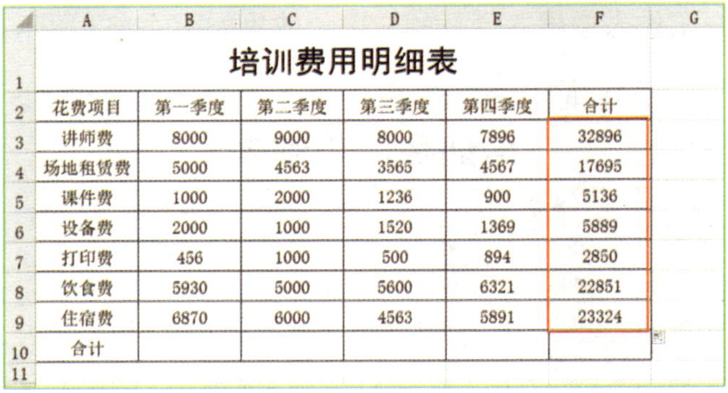

	A	B	C	D	E	F	G
1	培训费用明细表						
2	花费项目	第一季度	第二季度	第三季度	第四季度	合计	
3	讲师费	8000	9000	8000	7896	32896	
4	场地租赁费	5000	4563	3565	4567	17695	
5	课件费	1000	2000	1236	900	5136	
6	设备费	2000	1000	1520	1369	5889	
7	打印费	456	1000	500	894	2850	
8	饮食费	5930	5000	5600	6321	22851	
9	住宿费	6870	6000	4563	5891	23324	
10	合计						
11							

图 4–65

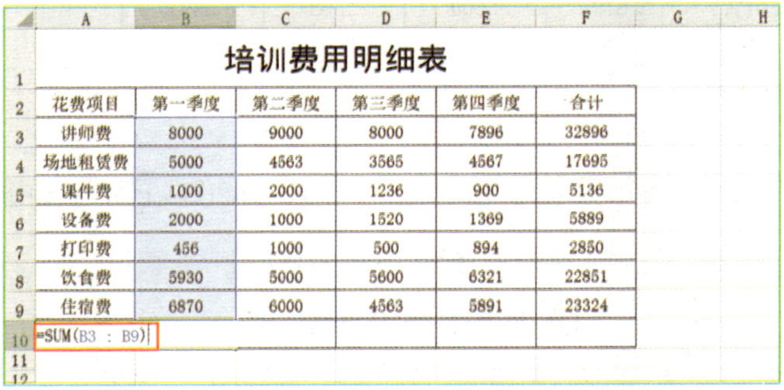

	A	B	C	D	E	F	G	H
1	培训费用明细表							
2	花费项目	第一季度	第二季度	第三季度	第四季度	合计		
3	讲师费	8000	9000	8000	7896	32896		
4	场地租赁费	5000	4563	3565	4567	17695		
5	课件费	1000	2000	1236	900	5136		
6	设备费	2000	1000	1520	1369	5889		
7	打印费	456	1000	500	894	2850		
8	饮食费	5930	5000	5600	6321	22851		
9	住宿费	6870	6000	4563	5891	23324		
10	=SUM(B3 : B9)							
11								
12								

图 4–66

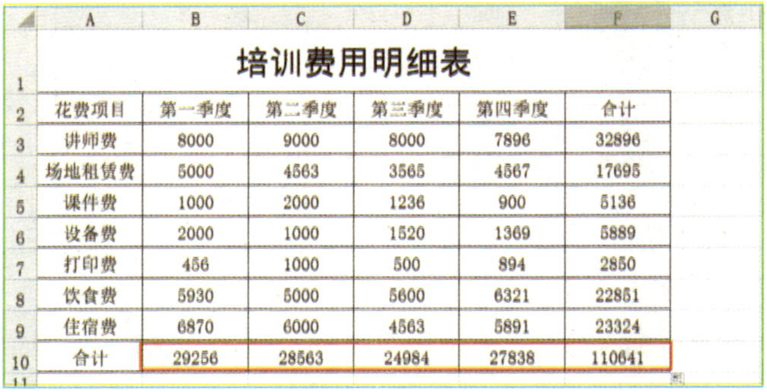

	A	B	C	D	E	F	G
1	培训费用明细表						
2	花费项目	第一季度	第二季度	第三季度	第四季度	合计	
3	讲师费	8000	9000	8000	7896	32896	
4	场地租赁费	5000	4563	3565	4567	17695	
5	课件费	1000	2000	1236	900	5136	
6	设备费	2000	1000	1520	1369	5889	
7	打印费	456	1000	500	894	2850	
8	饮食费	5930	5000	5600	6321	22851	
9	住宿费	6870	6000	4563	5891	23324	
10	合计	29256	28563	24984	27838	110641	

图 4–67

4.3.2 统计员工培训课时和金额

统计员工培训课时和金额的操作步骤如下：

1 打开“员工培训明细”工作表，单击【插入】选项卡下【图表】选项组中的【数据透视图】下拉按钮，在下拉列表中选择【数据透视图和数据透视表】选项，如图 4–68 所示。

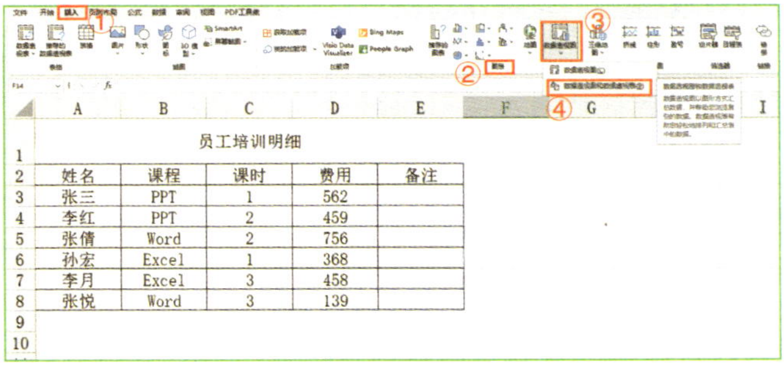

图 4–68

2 弹出【创建数据透视表】对话框，在【表 / 区域】文本框中显示了整个表格数据，在【选择放置数据透视表的位置】栏中选中【新工作表】单选按钮，单击【确定】按钮，如图 4–69 所示。

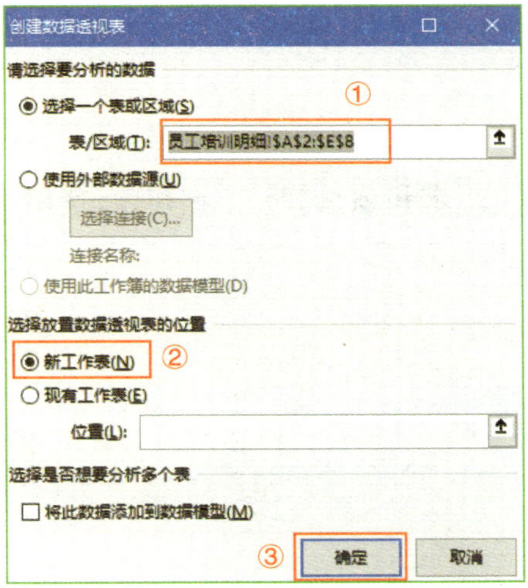

图 4–69

3 便可以在新工作表中创建一个名为“数据透视表 1”的数据透视表和一个数据透视图，此处只需看数据透视表，并将新工作表命名为“培训费用统计”，如图 4–70 所示。

4 在右侧【数据透视表字段】任务窗格中勾选【姓名】【课时】【费用】复选框，如图 4–71 所示。

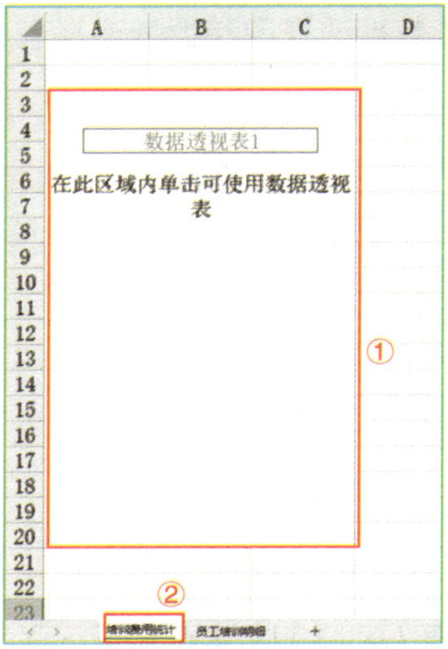

图 4–70

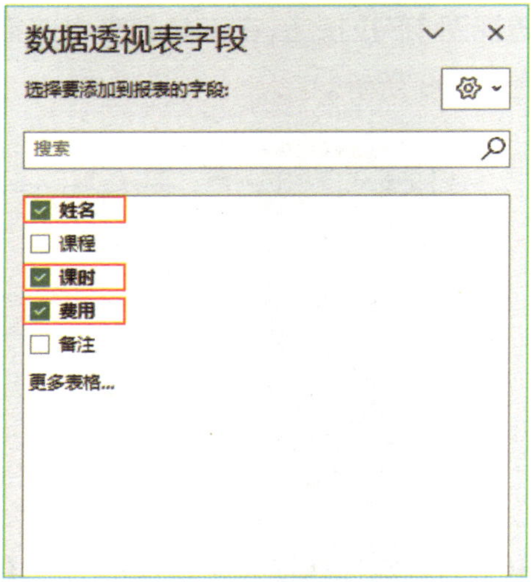

图 4–71

5 上面的操作步骤完成后，就可以在数据透视表区域显示出 3 个字段的分析结果，如图 4–72 所示。

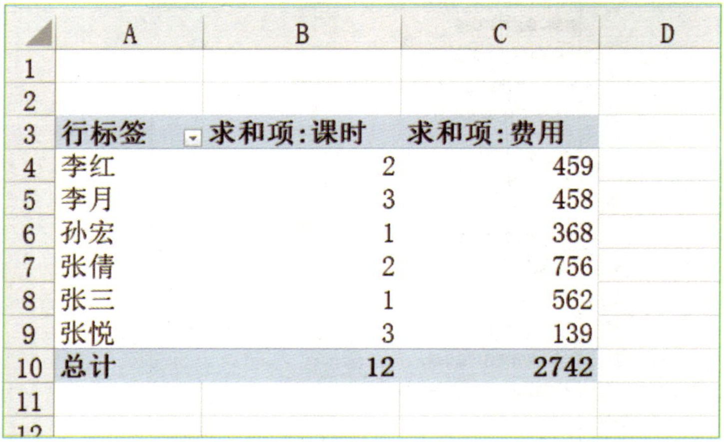

行标签	求和项:课时	求和项:费用
李红	2	459
李月	3	458
孙宏	1	368
张倩	2	756
张三	1	562
张悦	3	139
总计	12	2742

图 4–72

实用贴士

复制公式时，不能直接在单元格中复制，HR 需要在编辑栏中复制选中公式然后进行复制。如果直接选中单元格进行复制，那么就会连同单元格的格式一起复制，容易出现错误。

Chapter

05

第 5 章

员工的出勤、绩效

导读 ▷

员工的出勤和绩效是工资构成的重要组成部分，本章将详细介绍HR如何利用Excel制作与出勤和绩效相关的各种表格。

学习要点：★利用Excel统计员工出勤情况
★利用Excel统计员工加班、请假情况
★利用Excel统计员工休假情况
★利用Excel统计员工绩效管理

5.1 员工出勤情况

统计员工出勤情况是为了保证员工的出勤率，提高工作效率，保证员工工资，人力资源部门也可以根据员工的出勤情况做出相应的处罚或奖赏，本节将详细介绍该部分内容。

5.1.1 创建员工出勤表

创建“员工出勤表”的操作步骤如下：

1 打开“2023 年 7 月员工出勤表”，如图 5-1 所示。

图 5-1

2 选中 D3:D4 单元格区域，单击【插入】选项卡下单击【插图】选项组中的【形状】下拉按钮，如图 5-2 所示。

图 5-2

3 在其下拉列表中选择【直线】选项，如图 5-3 所示。

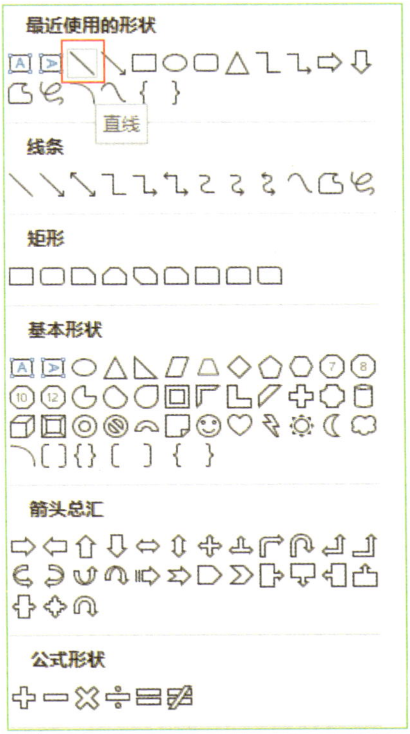

图 5–3

4 在 D3:D4 单元格内绘制直线，绘制直线后，会出现【形状格式】选项卡，在【形状样式】选项组中可更换直线的颜色，此处更换为【细线 – 深色 1】，如图 5–4 所示。

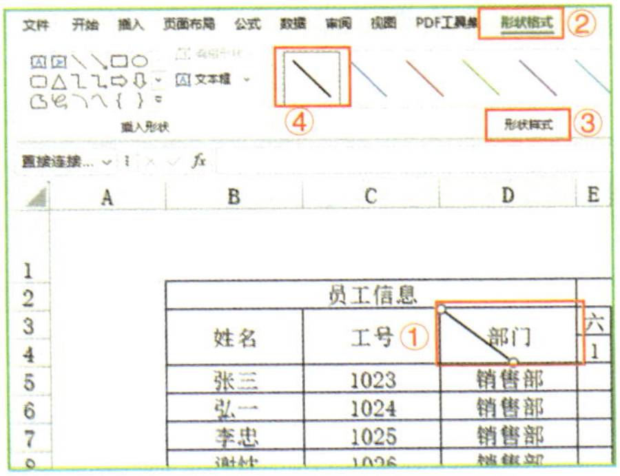

图 5–4

5 根据同样的方法在 D3 : D4 单元格区域内再绘制一条直线，最终效果如图 5–5 所示。

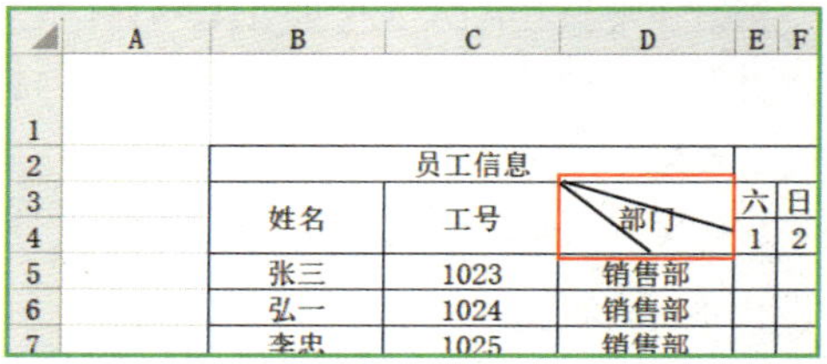

图 5–5

6 选中 D3 : D4 单元格区域，单击【形状格式】选项卡下【插入形状】选项组中的【文本框】下拉按钮，在下拉列表中选择【绘制横排文本框】选项，如图 5–6 所示。

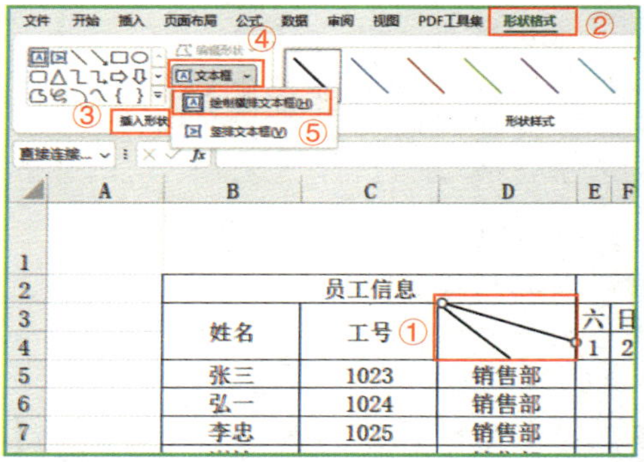

图 5–6

7 在 D3 : D4 单元格内绘制文本框，并填入对应的内容，如图 5–7 所示。

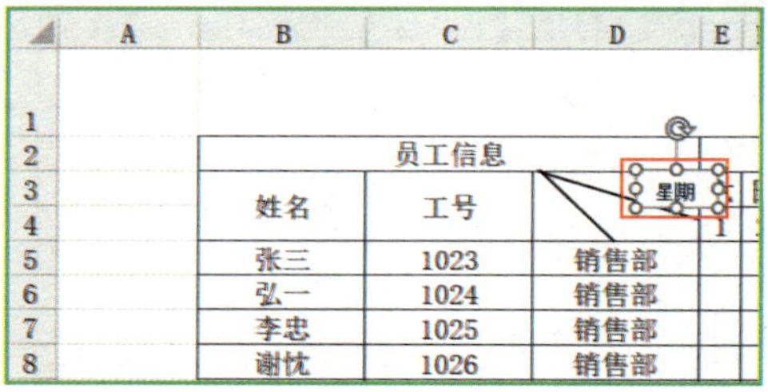

图 5–7

8 选择文本框，单击【形状格式】选项卡下【形状样式】选项组中的【形状填充】下拉按钮，在下拉列表中选择【无填充】，如图 5–8 所示。

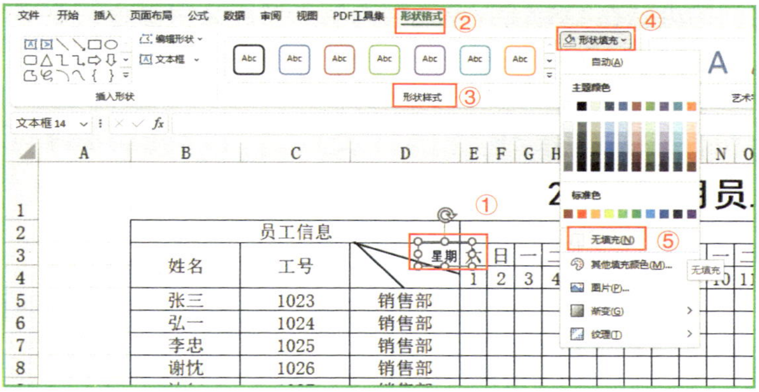

图 5-8

9 再次选择文本框，单击【形状格式】选项卡下【形状样式】选项组中的【形状轮廓】下拉按钮，在下拉列表中选择【无轮廓】，如图 5-9 所示。

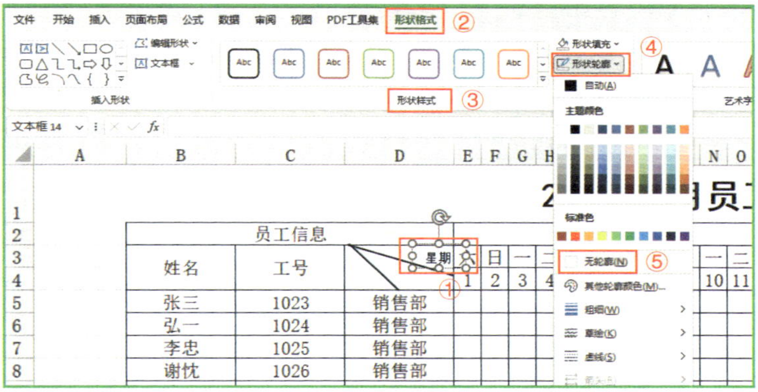

图 5-9

10 效果如图 5-10 所示。

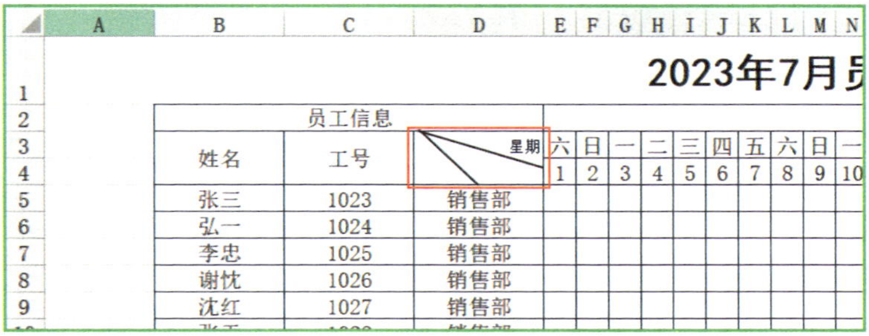

图 5-10

11 采用相同的办法在 D3：D4 单元格内填入对应文字内容，效果如图 5–11 所示。

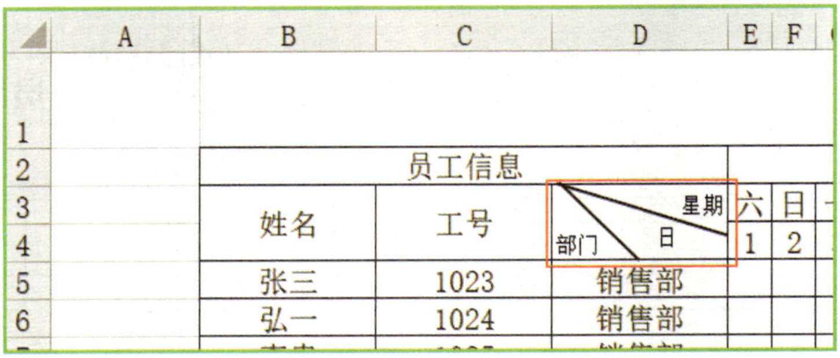

图 5–11

12 在“2023 年 7 月员工出勤表”工作簿中新建一个工作表，名为“引用”，该工作表中的内容如图 5–12 所示。

13 选择 B1:B9 单元格区域，单击【公式】选项卡下【定义的名称】选项组中的【名称管理器】按钮，如图 5–13 所示。

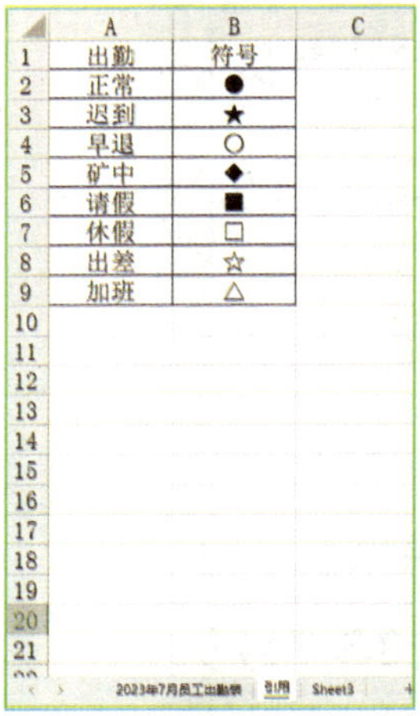

图 5–12

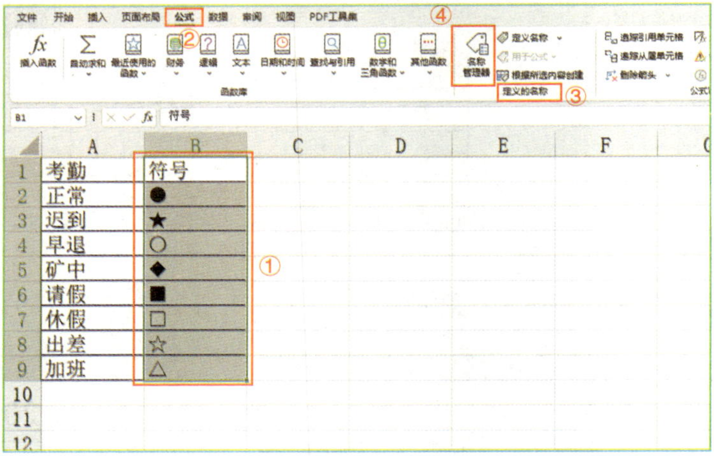

图 5–13

14 弹出【名称管理器】对话框，单击【新建】选项，如图 5–14 所示。

15 弹出【新建名称】对话框，单击【确定】按钮，如图 5–15 所示。

16 系统自动返回【名称管理器】对话框，单击【关闭】按钮，如图 5–16 所示。

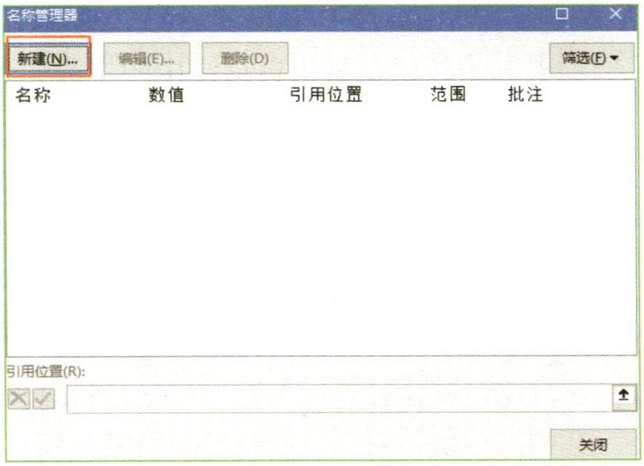

图 5–14

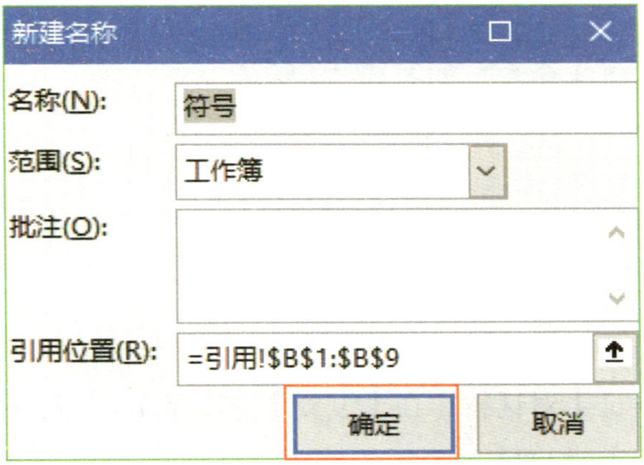

图 5–15

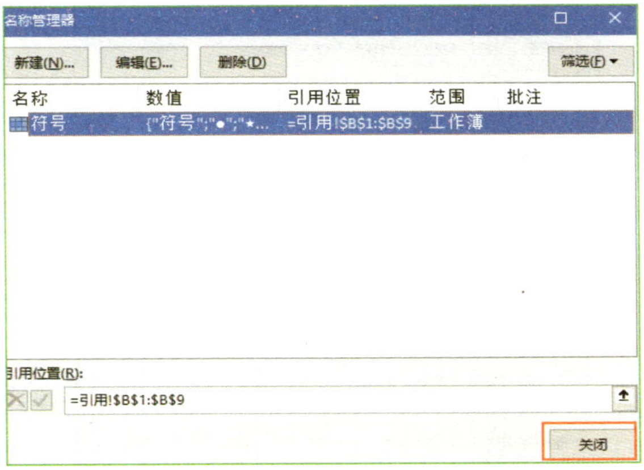

图 5–16

17 返回“2023 年 7 月员工出勤表”工作表，选择 E5:AI15 单元格区域，单击【数据】选项卡下【数据工具】选项组中的【数据验证】下拉按钮，如图 5-17 所示。

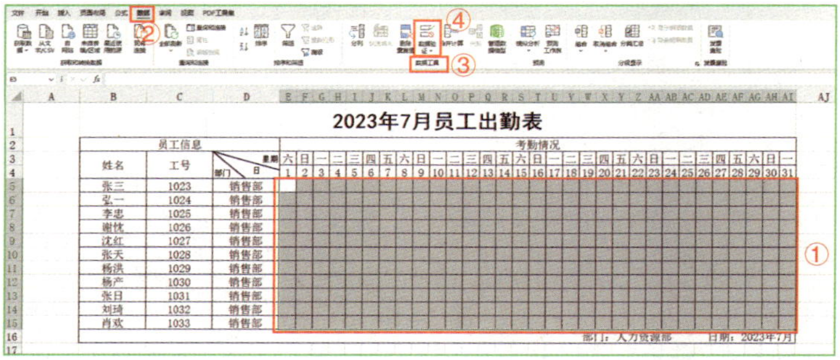

图 5-17

18 单击【数据验证】命令，如图 5-18 所示。

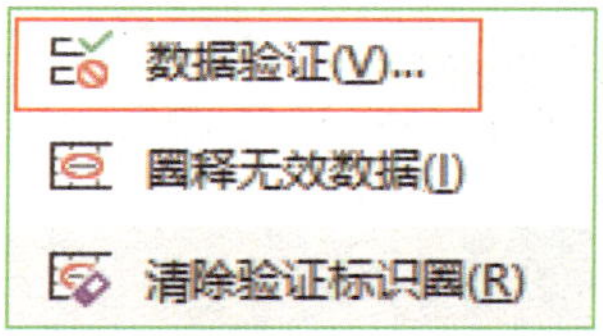

图 5-18

19 弹出【数据验证】对话框，在【设置】选项卡下，【允许】选项下拉列表中选择【序列】，如图 5-19 所示。

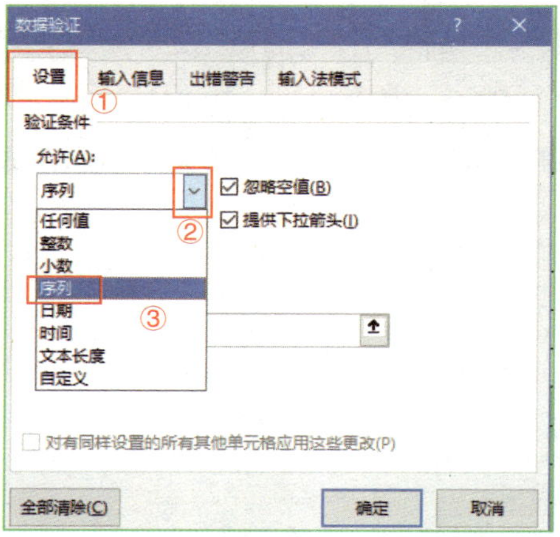

图 5-19

20 在来源中输入“= 符号”，如图 5–20 所示。

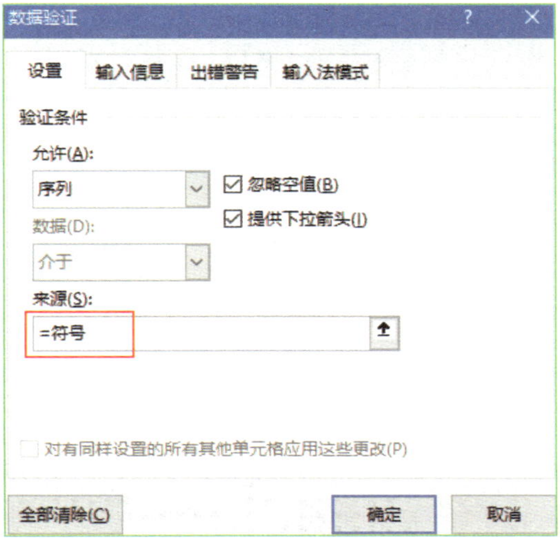

图 5–20

21 在【输入信息】选项卡中【输入信息】文本框中输入相应内容，单击【确定】按钮，如图 5–21 所示。

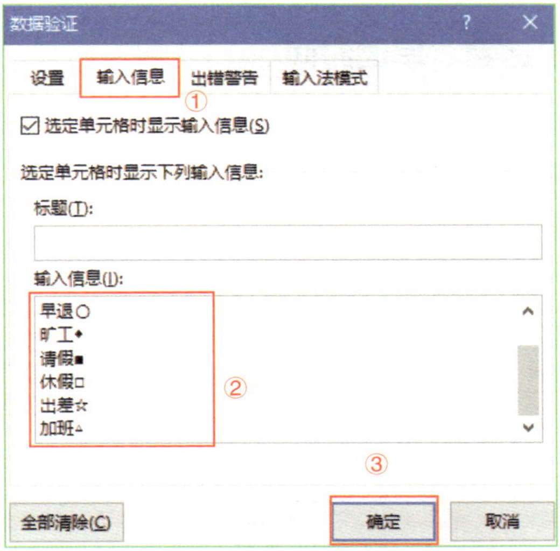

图 5–21

22 返回“2023 年 7 月员工出勤表”，选中考勤区域任一单元格，即可从其下拉列表中选择请假或是迟到类别，如图 5–22 所示。

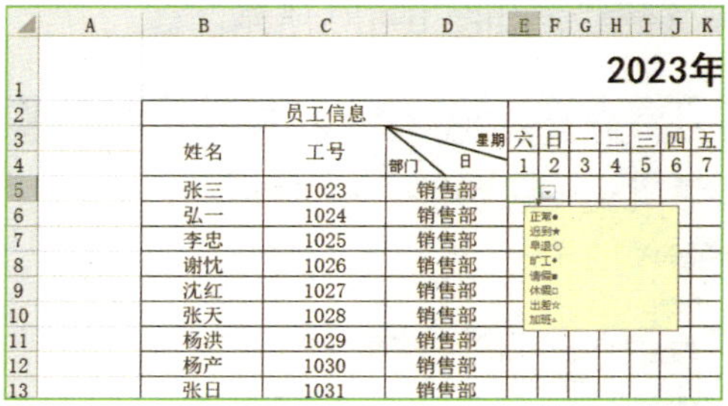

2023年

员工信息										
姓名	工号	星期 部门 日	六	日	一	二	三	四	五
			1	2	3	4	5	6	7
张三	1023	销售部							
弘一	1024	销售部							
李忠	1025	销售部							
谢忱	1026	销售部							
沈红	1027	销售部							
张天	1028	销售部							
杨洪	1029	销售部							
杨产	1030	销售部							
张日	1031	销售部							

图 5-22

23 用户根据实际情况填写表格，最终的效果如图 5-23 所示。

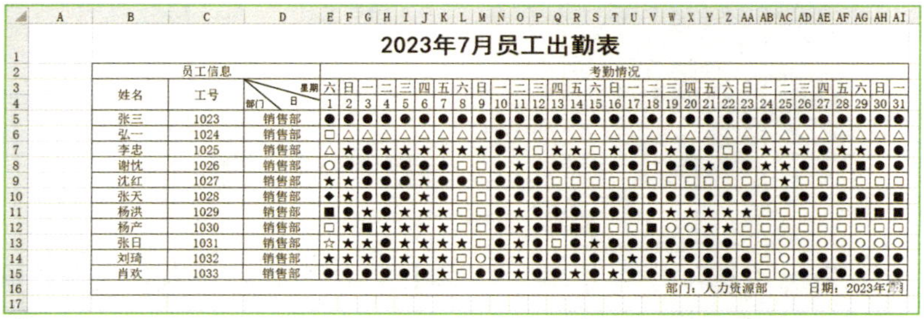

2023年7月员工出勤表

员工信息			考勤情况															
姓名	工号	星期 部门 日	六	日	一	二	三	四	五	六	日	一	二	三	四	五	六	日
			1	2	3	4	5	6	7	8	9	10	11	12	13	14	15	16
张三	1023	销售部	●	●	●	●	●	●	●	●	●	●	●	●	●	●	●	●
弘一	1024	销售部	□	△	△	△	△	△	△	△	△	●	△	△	△	△	△	△
李忠	1025	销售部	△	★	●	★	★	★	★	★	★	●	★	□	★	★	□	★
谢忱	1026	销售部	○	●	●	●	●	●	●	□	□	●	★	●	●	●	●	●
沈红	1027	销售部	★	★	●	●	●	★	●	●	□	●	●	●	□	□	□	□
张天	1028	销售部	◆	★	●	●	●	★	●	□	□	●	●	●	●	●	●	●
杨洪	1029	销售部	■	●	★	●	★	★	★	□	□	●	★	●	●	●	●	●
杨产	1030	销售部	□	★	■	★	★	★	★	□	□	●	★	●	■	■	■	□
张日	1031	销售部	☆	★	★	●	★	★	★	★	□	●	★	●	□	●	★	●
刘琦	1032	销售部	★	★	★	●	★	★	★	□	○	●	★	●	●	●	●	●
肖欢	1033	销售部	●	●	●	●	●	●	★	□	●	●	★	●	●	★	●	★

姓名	一	二	三	四	五	六	日	一	二	三	四	五	六	日	一
	17	18	19	20	21	22	23	24	25	26	27	28	29	30	31
张三	●	●	●	●	●	●	●	●	●	●	●	●	●	●	●
弘一	△	△	△	△	△	△	△	△	△	△	△	△	△	△	△
李忠	●	●	★	●	●	□	●	★	★	★	●	★	★	●	●
谢忱	●	□	●	●	★	●	●	★	★	●	●	●	■	●	●
沈红	□	□	□	□	□	□	□	□	★	□	□	□	□	□	□
张天	●	●	●	●	●	●	●	●	●	●	●	●	●	●	■
杨洪	●	●	★	★	★	★	★	□	□	□	□	□	■	■	■
杨产	□	■	○	○	★	★	□	□	□	□	□	□	□	□	□
张日	●	●	●	●	●	●	□	□	○	○	○	○	○	○	○
刘琦	★	●	★	●	●	●	●	□	○	●	●	●	●	●	●
肖欢	●	●	●	●	●	●	●	□	○	●	●	●	●	●	●

部门：人力资源部　　日期：2023年7月

图 5-23

5.1.2 统计员工迟到、早退时间

统计员工迟到、早退时间的操作步骤如下：

1 打开“员工打卡记录”工作表，如图 5-24 所示。

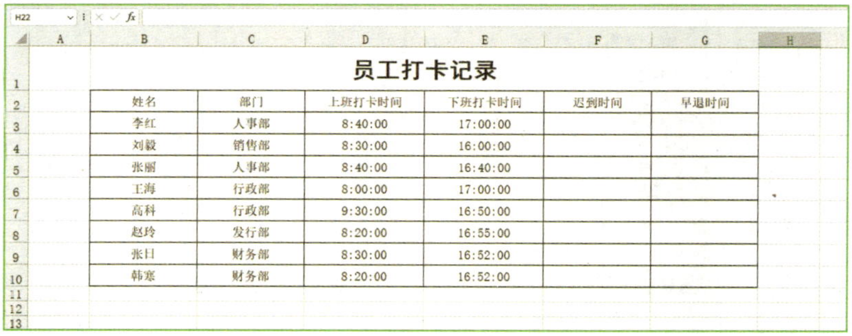

员工打卡记录

姓名	部门	上班打卡时间	下班打卡时间	迟到时间	早退时间
李红	人事部	8:40:00	17:00:00		
刘毅	销售部	8:30:00	16:00:00		
张丽	人事部	8:40:00	16:40:00		
王海	行政部	8:00:00	17:00:00		
高科	行政部	9:30:00	16:50:00		
赵玲	发行部	8:20:00	16:55:00		
张日	财务部	8:30:00	16:52:00		
韩寒	财务部	8:20:00	16:52:00		

图 5-24

2 在 F3 单元格中输入函数 “=IF(D3="","未签到",IF(D3>TIME(8,0,0),"迟到",""))”，如图 5-25 所示。

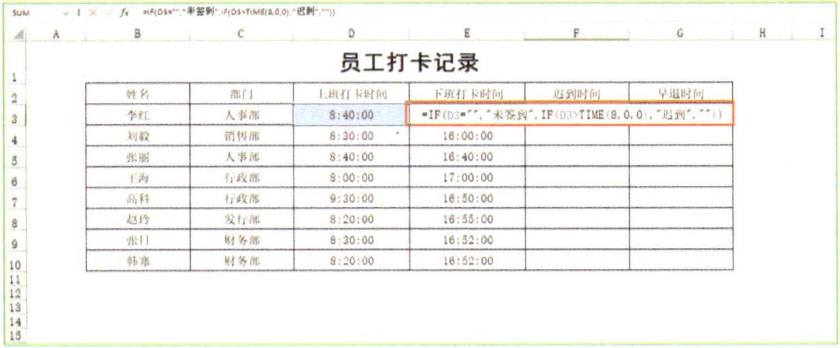
=IF(D3="","未签到",IF(D3>TIME(8,0,0),"迟到",""))

员工打卡记录

姓名	部门	上班打卡时间	下班打卡时间	迟到时间	早退时间
李红	人事部	8:40:00	=IF(D3="","未签到",IF(D3>TIME(8,0,0),"迟到",""))		
刘毅	销售部	8:30:00	16:00:00		
张丽	人事部	8:40:00	16:40:00		
王海	行政部	8:00:00	17:00:00		
高科	行政部	9:30:00	16:50:00		
赵玲	发行部	8:20:00	16:55:00		
张川	财务部	8:30:00	16:52:00		
韩寒	财务部	8:20:00	16:52:00		

图 5-25

3 按【Enter】键，效果如图 5-26 所示。

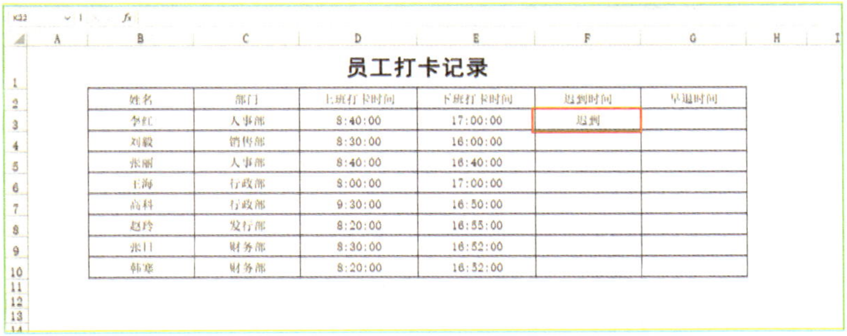
员工打卡记录

姓名	部门	上班打卡时间	下班打卡时间	迟到时间	早退时间
李红	人事部	8:40:00	17:00:00	迟到	
刘毅	销售部	8:30:00	16:00:00		
张丽	人事部	8:40:00	16:40:00		
王海	行政部	8:00:00	17:00:00		
高科	行政部	9:30:00	16:50:00		
赵玲	发行部	8:20:00	16:55:00		
张川	财务部	8:30:00	16:52:00		
韩寒	财务部	8:20:00	16:52:00		

图 5-26

4 再次单击 F3 单元格，将鼠标指针放在该单元格的右下角，当鼠标指针变为【+】时，按住鼠标左键并拖动至 F10 单元格进行填充，效果如图 5-27 所示。

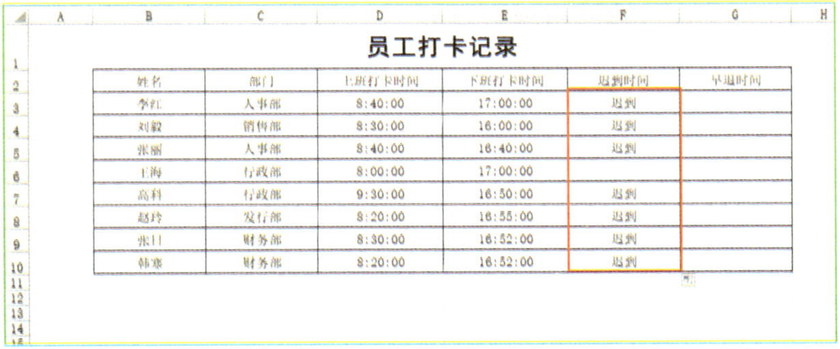
员工打卡记录

姓名	部门	上班打卡时间	下班打卡时间	迟到时间	早退时间
李红	人事部	8:40:00	17:00:00	迟到	
刘毅	销售部	8:30:00	16:00:00	迟到	
张丽	人事部	8:40:00	16:40:00	迟到	
王海	行政部	8:00:00	17:00:00		
高科	行政部	9:30:00	16:50:00	迟到	
赵玲	发行部	8:20:00	16:55:00	迟到	
张川	财务部	8:30:00	16:52:00	迟到	
韩寒	财务部	8:20:00	16:52:00	迟到	

图 5-27

5 选中 G3 单元格，在单元格中输入函数“=IF(E3="","未签到",IF(E3<TIME(17,0,0),"早退",""))”，如图 5-28 所示。

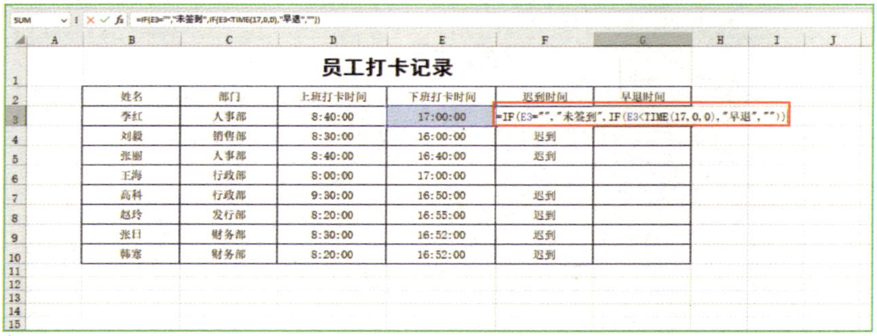

=IF(E3="","未签到",IF(E3<TIME(17,0,0),"早退",""))

员工打卡记录

姓名	部门	上班打卡时间	下班打卡时间	迟到时间	早退时间
李红	人事部	8:40:00	17:00:00	=IF(E3="","未签到",IF(E3<TIME(17,0,0),"早退",""))	
刘毅	销售部	8:30:00	16:00:00	迟到	
张丽	人事部	8:40:00	16:40:00	迟到	
王海	行政部	8:00:00	17:00:00		
高科	行政部	9:30:00	16:50:00	迟到	
赵玲	发行部	8:20:00	16:55:00	迟到	
张日	财务部	8:30:00	16:52:00	迟到	
韩寒	财务部	8:20:00	16:52:00	迟到	

图 5-28

6 按【Enter】键，效果如图 5-29 所示。

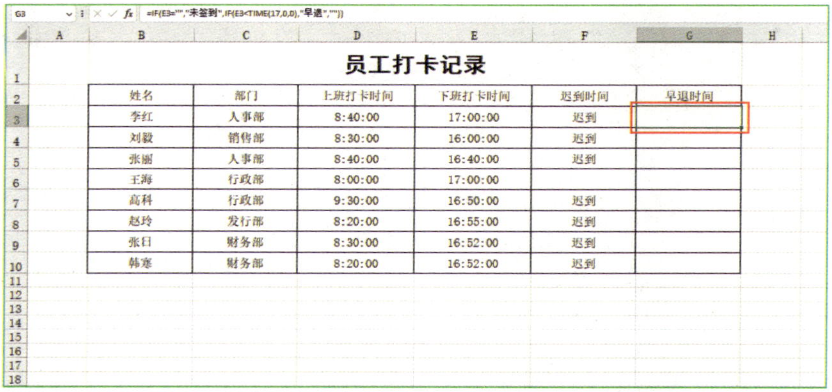

员工打卡记录

姓名	部门	上班打卡时间	下班打卡时间	迟到时间	早退时间
李红	人事部	8:40:00	17:00:00	迟到	
刘毅	销售部	8:30:00	16:00:00	迟到	
张丽	人事部	8:40:00	16:40:00	迟到	
王海	行政部	8:00:00	17:00:00		
高科	行政部	9:30:00	16:50:00	迟到	
赵玲	发行部	8:20:00	16:55:00	迟到	
张日	财务部	8:30:00	16:52:00	迟到	
韩寒	财务部	8:20:00	16:52:00	迟到	

图 5-29

7 再次单击 G3 单元格，将鼠标指针放在该单元格的右下角，当鼠标指针变为【+】时，按住鼠标左键并拖动至 G10 单元格进行填充，效果如图 5-30 所示。

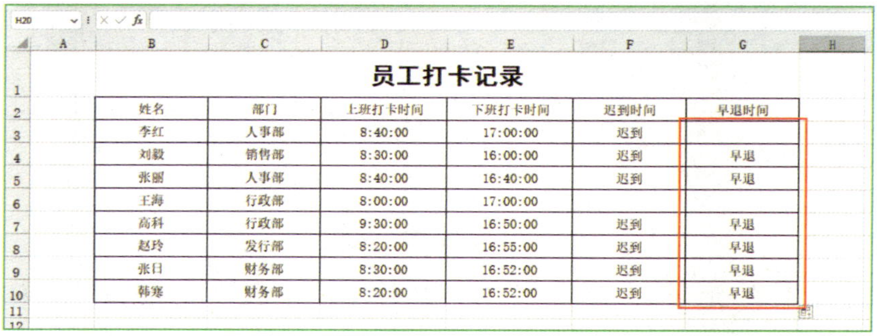

员工打卡记录

姓名	部门	上班打卡时间	下班打卡时间	迟到时间	早退时间
李红	人事部	8:40:00	17:00:00	迟到	
刘毅	销售部	8:30:00	16:00:00	迟到	早退
张丽	人事部	8:40:00	16:40:00	迟到	早退
王海	行政部	8:00:00	17:00:00		
高科	行政部	9:30:00	16:50:00	迟到	早退
赵玲	发行部	8:20:00	16:55:00	迟到	早退
张日	财务部	8:30:00	16:52:00	迟到	早退
韩寒	财务部	8:20:00	16:52:00	迟到	早退

图 5-30

实用贴士

表格制作完成后，HR 需要将其另存为电脑桌面或其他区域，除了单击【另存为】按钮，还可以按【F12】快捷键，弹出【另存为】对话框，进而执行相关操作。

5.2 员工加班、请假情况

员工除正常工作时间外，肯定会因为项目进度或自身原因，出现加班或请假的情况。本节将详细介绍 HR 如何创建员工加班情况，汇总加班时间，创建请假单。

5.2.1 创建加班申请表

创建“加班申请表”的操作步骤如下：

1 创建一个空白工作簿，将“Sheet1”重命名为“加班申请表”，将第 2 行行高设置为【40】，第 3~6 行行高设置为【20】，第 7 行行高设置为【80】，B~F 列列宽设置为【10】，效果如图 5-31 所示。

图 5-31

2 将 B2:F2 单元格合并后居中，并输入文字“加班申请表”，字体设置为【黑体】，字号设置为【20】，效果如图 5–32 所示。

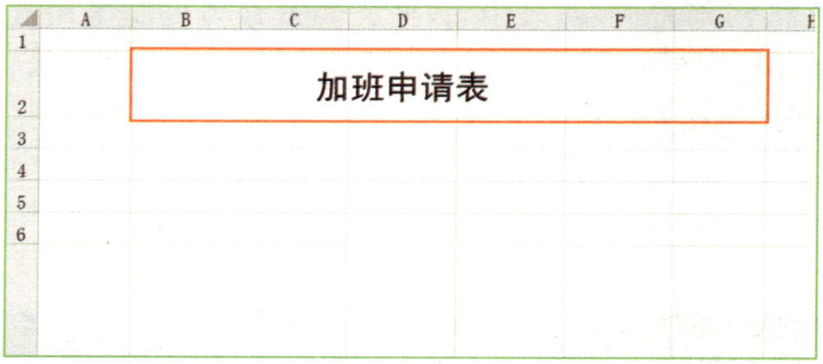

图 5–32

3 选中 B2:F7 单元格区域，单击【开始】选项卡下【字体】选项组中的【边框】下拉按钮，在其下拉列表中选择【所有框线】命令，效果如图 5–33 所示。

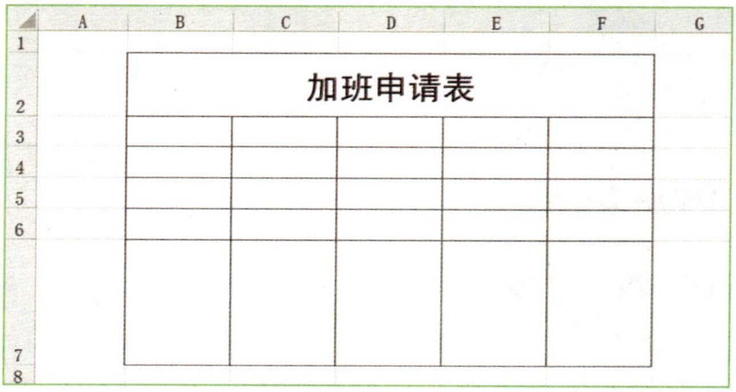

图 5–33

4 分别将 B3:F3、C4:D4、B5:B6、C5:D6、C6:D6、E5:E6、F5:F6、C7:F7 单元格合并后居中，效果如图 5–34 所示。

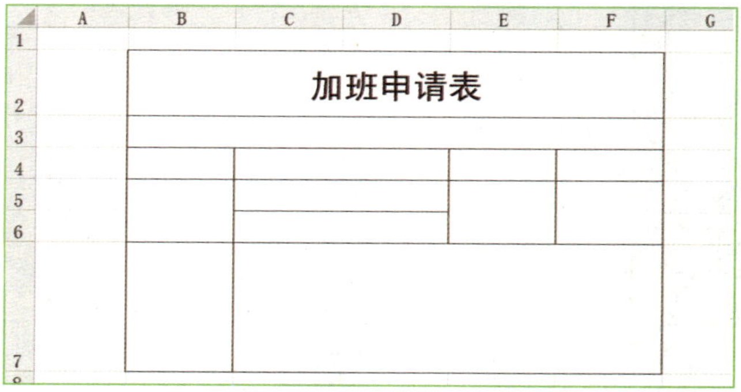

图 5–34

5 根据需要在工作表中填入合适的文字，调整完文字大小后，效果如图 5–35 所示。

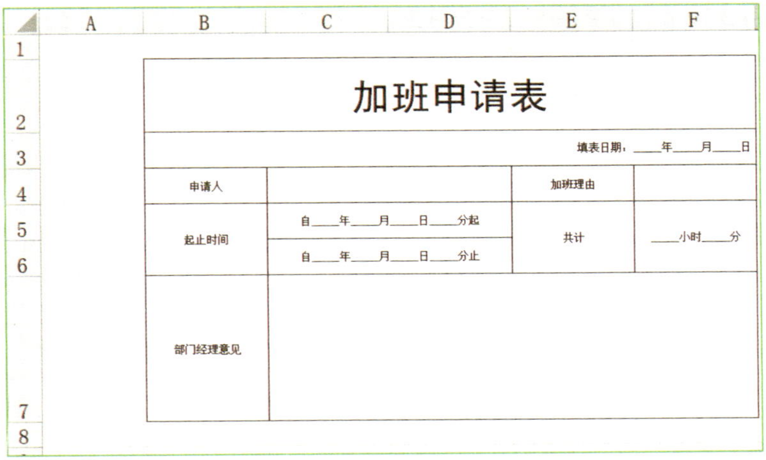

图 5–35

5.2.2 创建加班时间汇总表

创建“加班时间汇总表”的操作步骤如下：

1 打开“加班时间汇总表”工作表，在 D3 单元格中输入公式“=SUM（C3–B3）”，如图 5–36 所示。

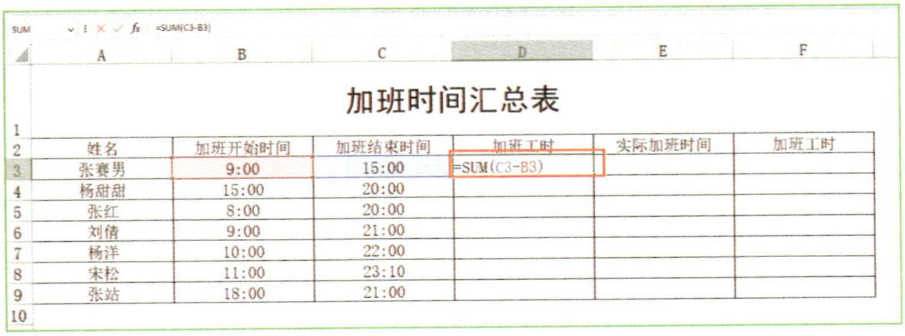

加班时间汇总表

姓名	加班开始时间	加班结束时间	加班工时	实际加班时间	加班工时
张赛男	9:00	15:00	=SUM(C3-B3)		
杨甜甜	15:00	20:00			
张红	8:00	20:00			
刘倩	9:00	21:00			
杨洋	10:00	22:00			
宋松	11:00	23:10			
张站	18:00	21:00			

图 5–36

2 按【Enter】键，得出结果，再次选择 D3 单元格，将鼠标指针放在该单元格右下角，当鼠标指针变为【＋】时，按住左键拖动填充至 D9 单元格，最终结果如图 5–37 所示。

加班时间汇总表					
姓名	加班开始时间	加班结束时间	加班工时	实际加班时间	加班工时
张赛男	9:00	15:00	6:00		
杨甜甜	15:00	20:00	5:00		
张红	8:00	20:00	12:00		
刘倩	9:00	21:00	12:00		
杨洋	10:00	22:00	12:00		
宋松	11:00	23:10	12:10		
张站	18:00	21:00	3:00		

图 5–37

3 在 E3 单元格中输入公式“=ROUND(TEXT(D3,"[h].mmss")+0.2,0)”，如图 5–38 所示。

加班时间汇总表					
姓名	加班开始时间	加班结束时间	加班工时	实际加班时间	加班工时
张赛男	9:00	15:00	=ROUND(TEXT(D3,"[h].mmss")+0.2,0)		
杨甜甜	15:00	20:00	5:00		
张红	8:00	20:00	12:00		
刘倩	9:00	21:00	12:00		
杨洋	10:00	22:00	12:00		
宋松	11:00	23:10	12:10		
张站	18:00	21:00	3:00		

图 5–38

4 按【Enter】键，得出结果，再次选择 E3 单元格，将鼠标指针放在该单元格右下角，当指针变为【+】时，按住左键拖动填充至 E9 单元格，效果如图 5–39 所示。

加班时间汇总表					
姓名	加班开始时间	加班结束时间	加班工时	实际加班时间	加班工时
张赛男	9:00	15:00	6:00	6	
杨甜甜	15:00	20:00	5:00	5	
张红	8:00	20:00	12:00	12	
刘倩	9:00	21:00	12:00	12	
杨洋	10:00	22:00	12:00	12	
宋松	11:00	23:10	12:10	12	
张站	18:00	21:00	3:00	3	

图 5–39

5.2.3 创建请假单

创建请假单的操作步骤如下：

1 创建一个空白工作簿，将“Sheet1”工作表重命名为“请假单”，将第 2

行行高设置为【40】，第3~9行行高设置为【20】，B~I列列宽设置为【8】，如图5-40所示。

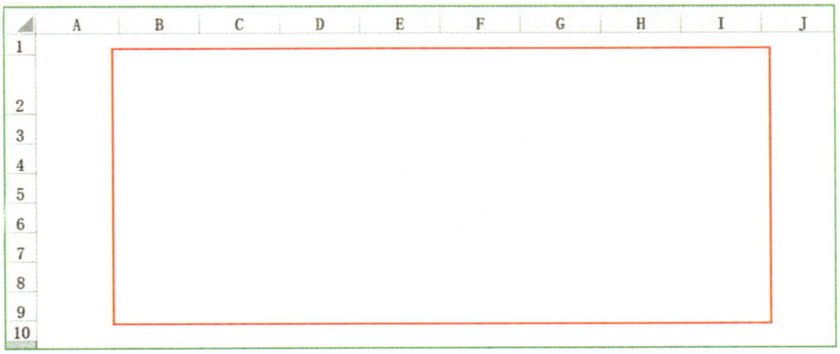

图 5-40

2 将B2:I2单元格合并后居中，并输入文字“请假单”，将字体设置为【黑体】【加粗】，字号设置为【20】，效果如图5-41所示。

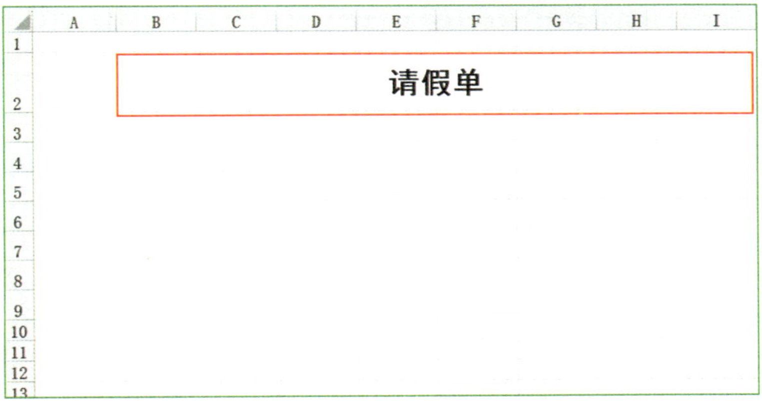

图 5-41

3 选中B2:I9单元格区域，单击鼠标右键，弹出快捷菜单，选择【设置单元格格式】命令，弹出【设置单元格格式】对话框，单击【边框】选项卡，在【样式】列表框中选择一种较细的线型，在【预置】选项组中选择【内部】；然后在【样式】列表框中选择一种较粗的线型，再然后在【预置】选项组中选择【外边框】，最后单击【确定】按钮，效果如图5-42所示。

4 分别将E3:F3、H3:I3、C4:I4、C5:I6、C7:I8、C9:I9单元格合并后居中，效果如图5-43所示。

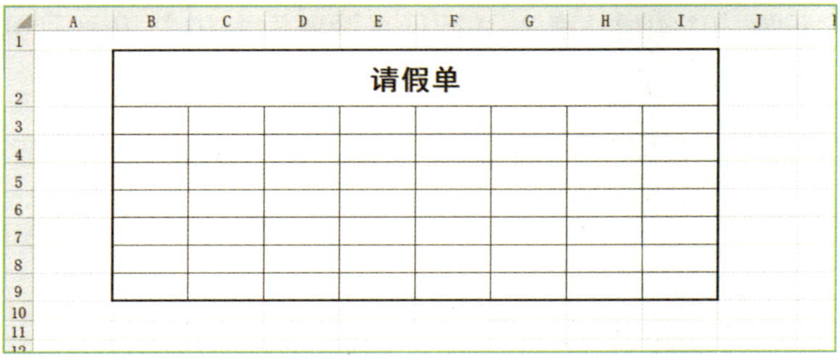

图 5-42

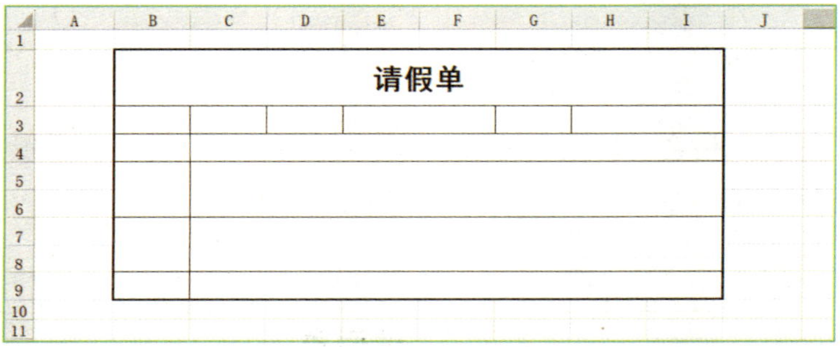

图 5-43

5 在工作表中填入文字，如图 5-44 所示。

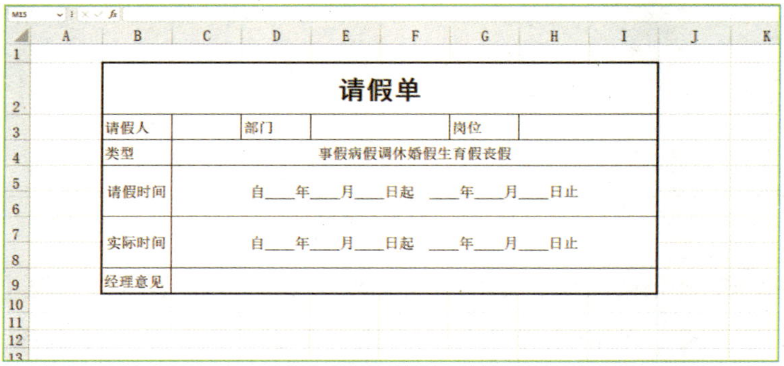

图 5-44

5.2.4 创建员工请假统计表

创建“员工请假统计表”的操作步骤如下：

1 创建一个空白工作簿，将“Sheet1”工作表重命名为“员工请假统计表”，将第 1 行行高设置为【40】，第 2~10 行行高设置为【20】，A~F 列列宽设置为【10】，将 A1:F1 单元格合并后居中，并输入文字“员工休假统计表”，字体设置为【黑体】，字号设置为【20】，效果如图 5-45 所示。

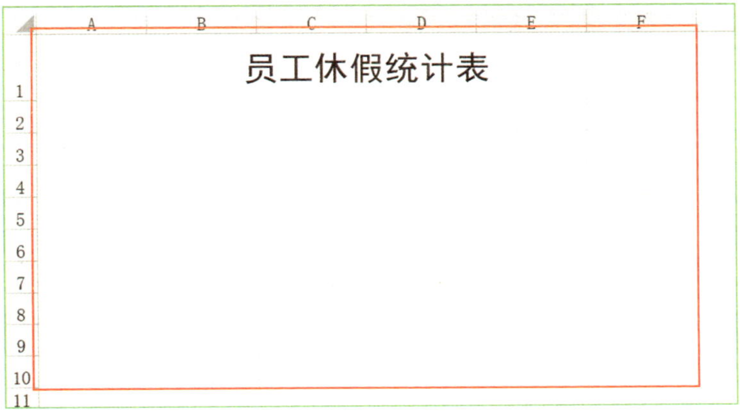

图 5-45

2 选中 A2:F10 单元格区域，单击【开始】选项卡下【字体】选项组中的【边框】下拉按钮，在其下拉列表中选择【所有框线】命令，并根据需要输入相关的文字，调整文字的位置，如图 5-46 所示。

员工休假统计表					
姓名	部门	休假类型	开始时间	结束时间	时长（天）
张红	销售部	事假	2023/7/8	2023/8/9	
刘青	市场部	婚假	2023/7/2	2023/7/5	
杨柳	市场部	婚假	2023/6/29	2023/7/2	
赵田	销售部	事假	2023/7/2	2023/7/6	
悦悦	行政部	事假	2023/7/6	2023/7/13	
张丹	行政部	病假	2023/7/9	2023/7/12	
岳盼	人事部	丧假	2023/6/25	2023/7/5	
李文	人事部	病假	2023/7/10	2023/7/15	

图 5-46

5.2.5 统计员工请假天数

统计员工请假天数的操作步骤如下：

1 打开“员工请假统计表”，在 F3 单元格中输入公式“=DAYS(E3,D3)”，如图 5-47 所示。

员工休假统计表					
姓名	部门	休假类型	开始时间	结束时间	时长（天）
张红	销售部	事假	2023/7/8	=DAYS(E3, D3)	
刘青	市场部	婚假	2023/7/2	2023/7/5	
杨柳	市场部	婚假	2023/6/29	2023/7/2	
赵田	销售部	事假	2023/7/2	2023/7/6	
悦悦	行政部	事假	2023/7/6	2023/7/13	
张丹	行政部	病假	2023/7/9	2023/7/12	
岳盼	人事部	丧假	2023/6/25	2023/7/5	
李文	人事部	病假	2023/7/10	2023/7/15	

图 5-47

2 按【Enter】键，得出结果，再次选择 F3 单元格，将鼠标指针放在该单元格右下角，当指针变为【+】时，按住左键拖动填充至 F10 单元格，最终结果如图 5-48 所示。

员工休假统计表					
姓名	部门	休假类型	开始时间	结束时间	时长（天）
张红	销售部	事假	2023/7/8	2023/8/9	32
刘青	市场部	婚假	2023/7/2	2023/7/5	3
杨柳	市场部	婚假	2023/6/29	2023/7/2	3
赵田	销售部	事假	2023/7/2	2023/7/6	4
悦悦	行政部	事假	2023/7/6	2023/7/13	7
张丹	行政部	病假	2023/7/9	2023/7/12	3
岳盼	人事部	丧假	2023/6/25	2023/7/5	10
李文	人事部	病假	2023/7/10	2023/7/15	5

图 5-48

5.2.6 统计员工请假类型

统计员工请假类型的操作步骤如下：

1 打开“员工请假统计表”，选择 A2:F10 单元格区域，单击【数据】选项卡下【排序和筛选】选项组中的【排序】按钮，如图 5-49 所示。

2 弹出【排序】对话框，在【排序依据】下拉列表中选择【休假类型】，然后单击【确定】按钮，如图 5-50 所示。

3 系统就会按照休假类型对工作表进行排序，如图 5–51 所示。

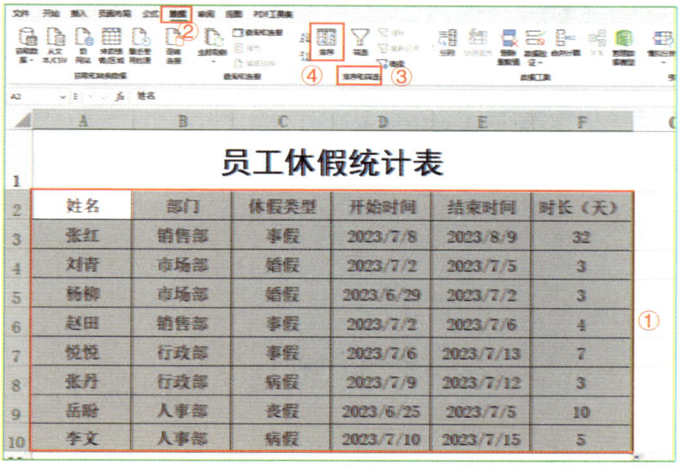

图 5–49

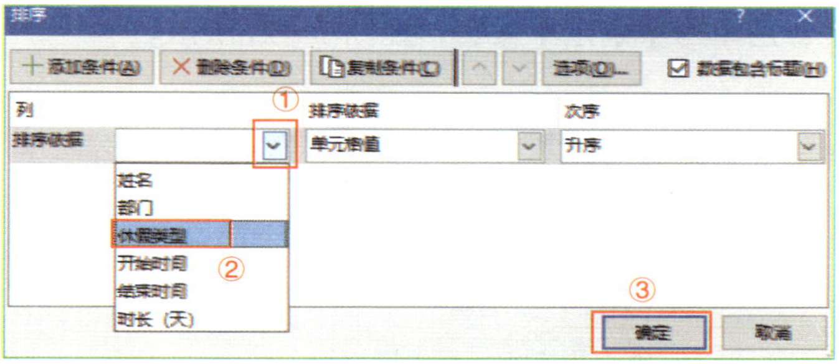

图 5–50

员工休假统计表

姓名	部门	休假类型	开始时间	结束时间	时长（天）
张丹	行政部	病假	2023/7/9	2023/7/12	3
李文	人事部	病假	2023/7/10	2023/7/15	5
刘青	市场部	婚假	2023/7/2	2023/7/5	3
杨柳	市场部	婚假	2023/6/29	2023/7/2	3
岳盼	人事部	丧假	2023/6/25	2023/7/5	10
张红	销售部	事假	2023/7/8	2023/8/9	32
赵田	销售部	事假	2023/7/2	2023/7/6	4
悦悦	行政部	事假	2023/7/6	2023/7/13	7

图 5–51

4 再次选择 A2:F10 单元格区域，单击【数据】选项卡下【分级显示】选项组中的【分类汇总】按钮，如图 5–52 所示。

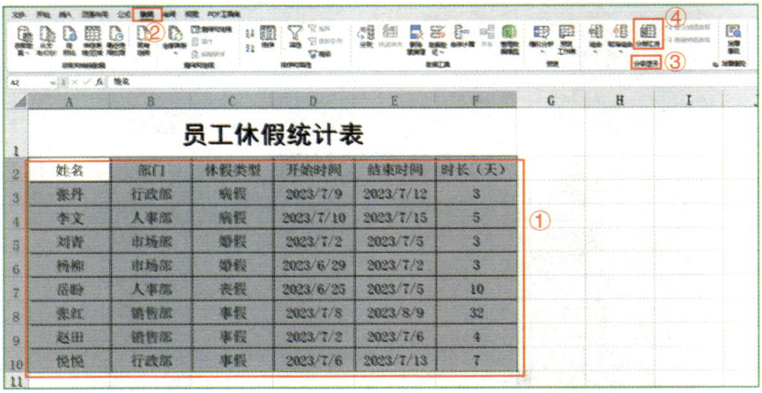

图 5–52

5 弹出【分类汇总】对话框，在【分类字段】列表框中选择【休假类型】，在【汇总方式】列表框中选择【计数】，在【选定汇总项】列表框中勾选【休假类型】复选框，最后单击【确定】按钮，如图 5–53 所示。

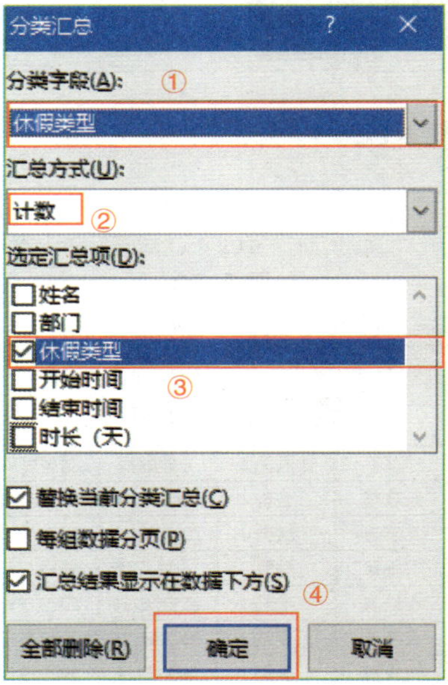

图 5–53

6 效果如图 5–54 所示。

	A	B	C	D	E	F
1	员工休假统计表					
2	姓名	部门	休假类型	开始时间	结束时间	时长（天）
3	张丹	行政部	病假	2023/7/9	2023/7/12	3
4	李文	人事部	病假	2023/7/10	2023/7/15	5
5		病假 计数	2			
6	刘青	市场部	婚假	2023/7/2	2023/7/5	3
7	杨柳	市场部	婚假	2023/6/29	2023/7/2	3
8		婚假 计数	2			
9	岳盼	人事部	丧假	2023/6/25	2023/7/5	10
10		丧假 计数	1			
11	张红	销售部	事假	2023/7/8	2023/8/9	32
12	赵田	销售部	事假	2023/7/2	2023/7/6	4
13	悦悦	行政部	事假	2023/7/6	2023/7/13	7
14		事假 计数	3			

图 5-54

实用贴士

在排序时，除了单击【排序】按钮，还可以选择数据区域中的任一单元格，单击鼠标右键，在弹出的快捷菜单中选择【排序】命令，然后单击【自定义排序】，可快速出现【排序】对话框，根据需要对数据进行排序。

5.3 员工绩效管理

每家公司都会对员工的工作情况进行考核，以实现企业的经营目标。领导可根据工作情况对员工绩效成绩进行排名或统计出优秀的员工，对其进行一定的奖励，本节将详细介绍相关表格的创建。

5.3.1 创建绩效考核表

创建“绩效考核表”的操作步骤如下：

1 创建一个空白工作簿，将“Sheet1”重命名为“绩效考核表”，将第 1 行行高设置为【40】,第2~10行行高设置为【20】,A~G列列宽设置为【10】,将A1:G1单元格合并后居中，并输入文字“绩效考核表”，将字体设置为【黑体】【加粗】,字号设置为【20】,选中A2:G10单元格区域,单击【开始】选项卡下【字体】选项组中的【边框】下拉按钮,在其下拉列表中选择【所有框线】命令，效果如图5–55所示。

	A	B	C	D	E	F	G
1	绩效考核表						
2							
3							
4							
5							
6							
7							
8							
9							
10							
11							

图5–55

2 在工作表中填入合适的文字如图5–56所示。

	A	B	C	D	E	F	G
1	绩效考核表						
2	姓名	部门	工作能力	工作态度	绩效总分	名次	优良
3	刘田	销售部	100	56			
4	张忠	行政部	95	90			
5	李森	人事部	90	100			
6	刘森	人事部	89	98			
7	黄日	发行部	56	96			
8	王铮	销售部	49	87			
9	王党	销售部	87	84			
10	赵国	行政部	96	76			

图5–56

3 选中E3单元格，并输入公式“=SUM(C3:D3)”，如图5–57所示。

4 按【Enter】键确认输入，再次选中E3单元格，将鼠标指针放在该单元格右下角，当指针变为【+】时，按住左键拖动填充至E10单元格，最终效果如图5–58所示。

绩效考核表

姓名	部门	工作能力	工作态度	绩效总分	名次	优良
刘田	销售部	100	=SUM(C3:D3)			
张忠	行政部	95	90			
李淼	人事部	90	100			
刘森	人事部	89	98			
黄日	发行部	56	96			
王铮	销售部	49	87			
王党	销售部	87	84			
赵国	行政部	96	76			

图 5–57

绩效考核表

姓名	部门	工作能力	工作态度	绩效总分	名次	优良
刘田	销售部	100	56	156		
张忠	行政部	95	90	185		
李淼	人事部	90	100	190		
刘森	人事部	89	98	187		
黄日	发行部	56	96	152		
王铮	销售部	49	87	136		
王党	销售部	87	84	171		
赵国	行政部	96	76	172		

图 5–58

5.3.2 统计员工考核成绩

统计员工考核成绩的操作步骤如下：

1 打开“绩效考核表”，插入一列，输入标题“平均值”，如图 5–59 所示。

绩效考核表

姓名	部门	工作能力	工作态度	绩效总分	平均值	名次	优良
刘田	销售部	100	56	156			
张忠	行政部	95	90	185			
李淼	人事部	90	100	190			
刘森	人事部	89	98	187			
黄日	发行部	56	96	152			
王铮	销售部	49	87	136			
王党	销售部	87	84	171			
赵国	行政部	96	76	172			

图 5–59

2 选中 F3:F10 单元格区域，单击【公式】选项卡下【函数库】选项组中的【自动求和】下拉按钮，在下拉列表中选择【平均值】选项，如图 5-60 所示。

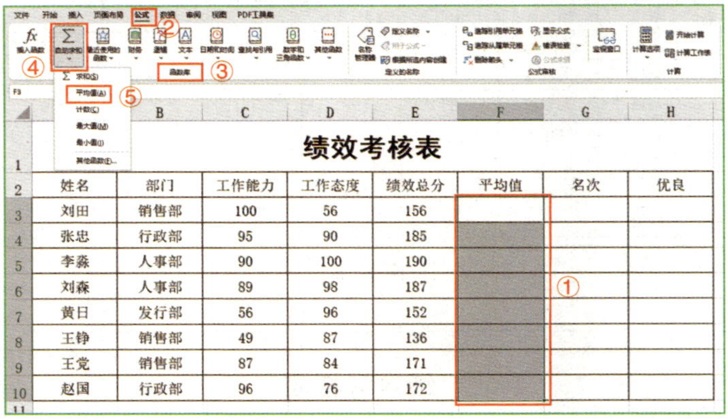

	A	B	C	D	E	F	G	H
1	绩效考核表							
2	姓名	部门	工作能力	工作态度	绩效总分	平均值	名次	优良
3	刘田	销售部	100	56	156			
4	张忠	行政部	95	90	185			
5	李淼	人事部	90	100	190			
6	刘森	人事部	89	98	187			
7	黄日	发行部	56	96	152			
8	王铮	销售部	49	87	136			
9	王党	销售部	87	84	171			
10	赵国	行政部	96	76	172			

图 5-60

3 即可自动计算出员工的平均分数，如图 5-61 所示。

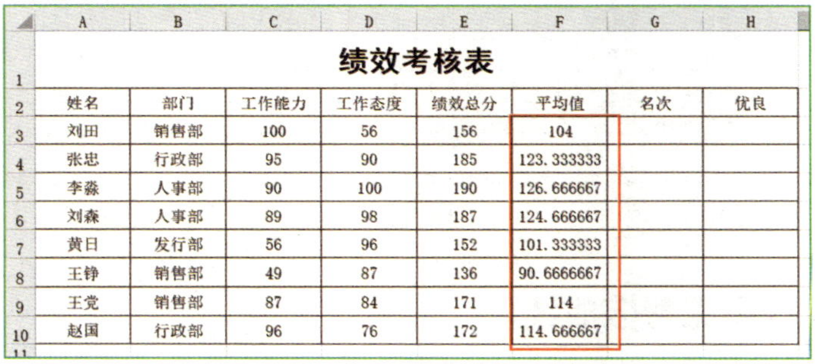

	A	B	C	D	E	F	G	H
1	绩效考核表							
2	姓名	部门	工作能力	工作态度	绩效总分	平均值	名次	优良
3	刘田	销售部	100	56	156	104		
4	张忠	行政部	95	90	185	123.333333		
5	李淼	人事部	90	100	190	126.666667		
6	刘森	人事部	89	98	187	124.666667		
7	黄日	发行部	56	96	152	101.333333		
8	王铮	销售部	49	87	136	90.6666667		
9	王党	销售部	87	84	171	114		
10	赵国	行政部	96	76	172	114.666667		

图 5-61

4 选中 F3:F10 单元格区域，单击鼠标右键，在弹出的快捷菜单中选择【设置单元格格式】命令，弹出【设置单元格格式】对话框，在对话框中单击【数字】选项卡，在【分类】列表框选择【数值】选项，接着在【小数位置】文本框中输入“0”，最终效果如图 5-62 所示。

5 选中 G3 单元格，单击【公式】选项卡下的【函数库】选项组中的【插入函数】按钮，如图 5-63 所示。

6 弹出【插入函数】对话框，在【或选择类别】下拉列表中选择【统计】选项，在【选择函数】下拉列表中选择【RANK.AVG】选项，单击【确定】按钮，如图 5-64 所示。

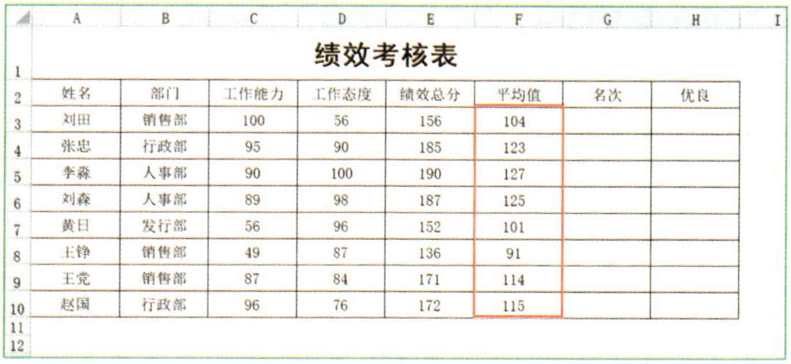

	A	B	C	D	E	F	G	H
1	绩效考核表							
2	姓名	部门	工作能力	工作态度	绩效总分	平均值	名次	优良
3	刘田	销售部	100	56	156	104		
4	张忠	行政部	95	90	185	123		
5	李淼	人事部	90	100	190	127		
6	刘森	人事部	89	98	187	125		
7	黄日	发行部	56	96	152	101		
8	王铮	销售部	49	87	136	91		
9	王党	销售部	87	84	171	114		
10	赵国	行政部	96	76	172	115		

图 5-62

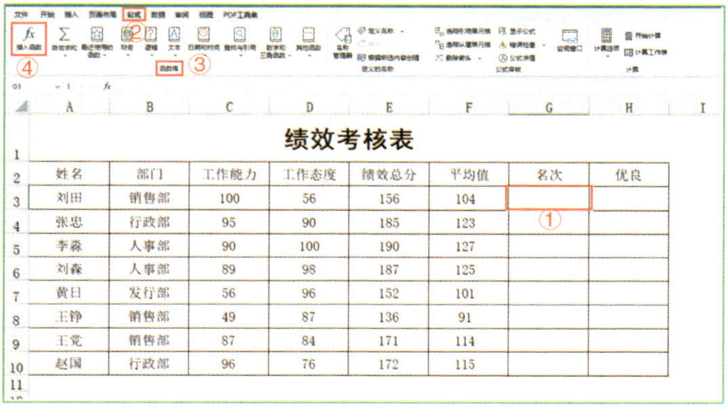

图 5-63

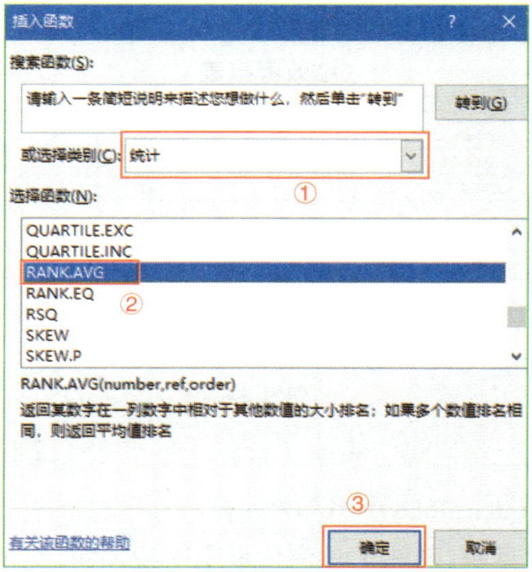

图 5-64

7 弹出【函数参数】对话框，在“Number”文本框中输入“E3”，在“Ref”文本框中输入“$E$3:$E$10”，单击【确定】按钮，如图 5-65 所示。

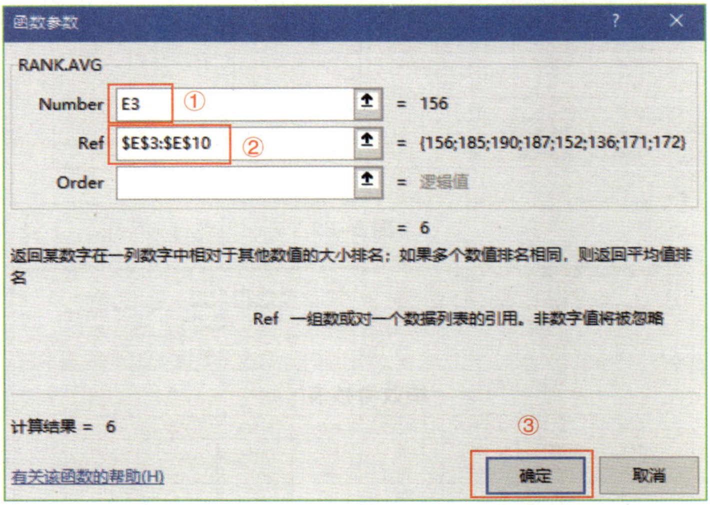

图 5-65

8 返回工作表界面，G3 单元格出现了具体的名次，选中 G3 单元格，将鼠标指针放在该单元格右下角，当指针变为【+】时，按住鼠标左键拖动填充至 G10 单元格，填充结果如图 5-66 所示。

绩效考核表

姓名	部门	工作能力	工作态度	绩效总分	平均值	名次	优良
刘田	销售部	100	56	156	104	6	
张忠	行政部	95	90	185	123	3	
李淼	人事部	90	100	190	127	1	
刘森	人事部	89	98	187	125	2	
黄日	发行部	56	96	152	101	7	
王铮	销售部	49	87	136	91	8	
王党	销售部	87	84	171	114	5	
赵国	行政部	96	76	172	115	4	

图 5-66

9 选中 A2:G10 单元格区域，单击【数据】选项卡下【排序和筛选】选项组中的【排序】按钮，如图 5-67 所示。

10 弹出【排序】对话框，单击【排序依据】下拉按钮，在下拉列表中选择【名次】选项，单击【确定】按钮，如图 5-68 所示。

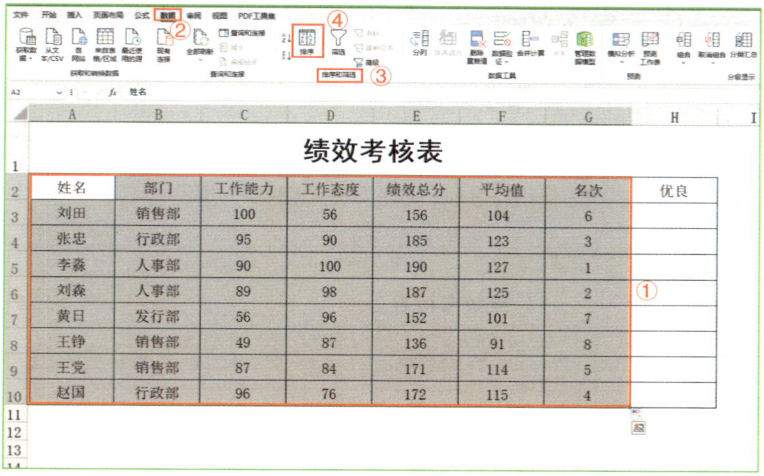

绩效考核表							
姓名	部门	工作能力	工作态度	绩效总分	平均值	名次	优良
刘田	销售部	100	56	156	104	6	
张忠	行政部	95	90	185	123	3	
李淼	人事部	90	100	190	127	1	
刘森	人事部	89	98	187	125	2	
黄日	发行部	56	96	152	101	7	
王铮	销售部	49	87	136	91	8	
王党	销售部	87	84	171	114	5	
赵国	行政部	96	76	172	115	4	

图 5–67

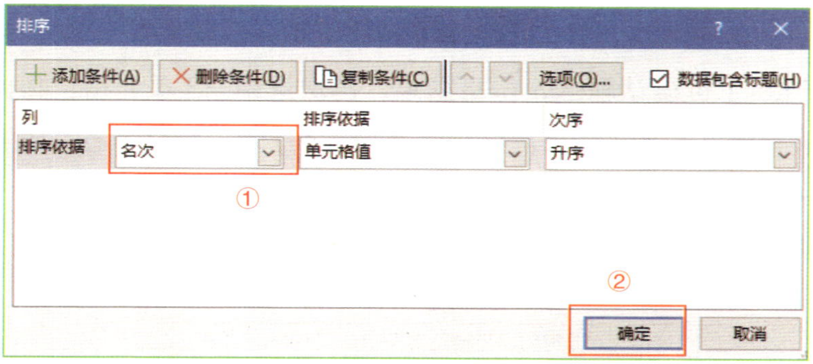

图 5–68

11 返回工作表界面，即可发现员工按名次进行排列了，如图 5–69 所示。

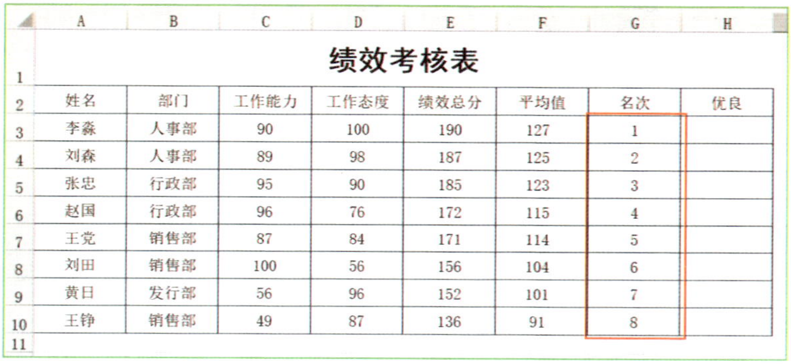

绩效考核表							
姓名	部门	工作能力	工作态度	绩效总分	平均值	名次	优良
李淼	人事部	90	100	190	127	1	
刘森	人事部	89	98	187	125	2	
张忠	行政部	95	90	185	123	3	
赵国	行政部	96	76	172	115	4	
王党	销售部	87	84	171	114	5	
刘田	销售部	100	56	156	104	6	
黄日	发行部	56	96	152	101	7	
王铮	销售部	49	87	136	91	8	

图 5–69

5.3.3 统计优秀员工的信息

统计优秀员工信息的操作步骤如下：

1 打开“绩效考核表”，在 H3 单元格中输入函数“=IF(E3>=170,″优″,IF(160<E3<170,″良″,IF(E3<=160,″差″)))”，如图 5–70 所示。

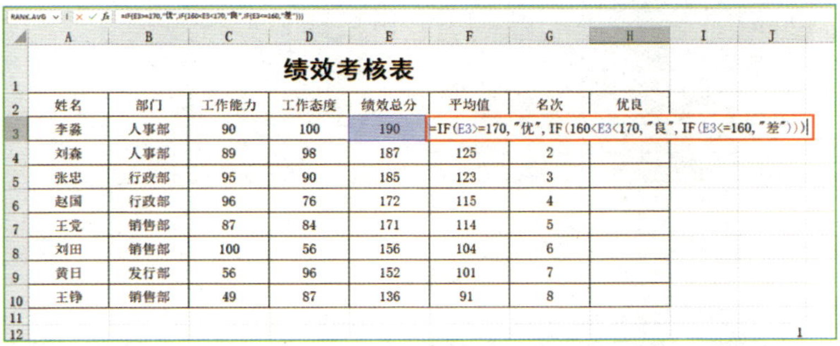

绩效考核表

姓名	部门	工作能力	工作态度	绩效总分	平均值	名次	优良
李淼	人事部	90	100	190	=IF(E3>=170,"优",IF(160<E3<170,"良",IF(E3<=160,"差")))		
刘森	人事部	89	98	187	125	2	
张忠	行政部	95	90	185	123	3	
赵国	行政部	96	76	172	115	4	
王党	销售部	87	84	171	114	5	
刘田	销售部	100	56	156	104	6	
黄日	发行部	56	96	152	101	7	
王铮	销售部	49	87	136	91	8	

图 5–70

2 按【Enter】键确认输入，得出结果，再次选中 H3 单元格，将鼠标指针放在该单元格右下角，当鼠标指针变为【+】时，按住鼠标左键拖动填充至 H10 单元格，最终结果如图 5–71 所示。

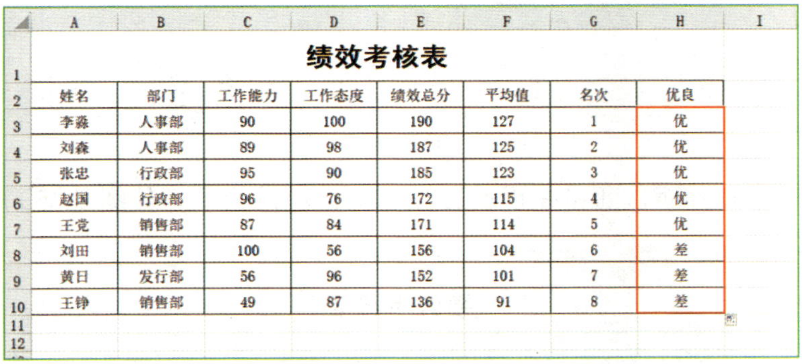

绩效考核表

姓名	部门	工作能力	工作态度	绩效总分	平均值	名次	优良
李淼	人事部	90	100	190	127	1	优
刘森	人事部	89	98	187	125	2	优
张忠	行政部	95	90	185	123	3	优
赵国	行政部	96	76	172	115	4	优
王党	销售部	87	84	171	114	5	优
刘田	销售部	100	56	156	104	6	差
黄日	发行部	56	96	152	101	7	差
王铮	销售部	49	87	136	91	8	差

图 5–71

实用贴士

如果在单元格中另起一行输入相关内容，除了单击相关命令，还可以使用快捷键，即先按【Alt】键，再按【Enter】键。

Chapter

06

第 6 章

员工社保、公积金缴纳

导读 ▷

社保即社会保险，包括养老保险、医疗保险、失业保险、工伤保险、生育保险，人力资源需要根据员工的实际情况，统计员工购买保险以及缴纳住房公积金的情况。本章将详细介绍应用Excel制作相关表格的方法和技巧。

学习要点：★学会制作缴纳社保、公积金报表

★学会制作社保统计表

★学会制作公积金统计表

6.1 缴纳社保、公积金报表

HR需要统计公司员工社保、公积金的缴费基数以及相关情况并制作表格，本节将详细介绍这部分内容。

6.1.1 创建社保、公积金缴费基数表

创建“社保、公积金缴费基数表”的操作步骤如下：

1 创建一个空白工作簿，将“Sheet1”工作表重命名为“社保缴费基数表”，将第1行行高设置为【40】，第2~9行行高设置为【20】，A~G列列宽设置为【10】，将A1:G1单元格合并后居中，并输入文字“社保缴费基数表”，字体设置为【黑体】，字号设置为【20】。选中A1:G9单元格区域，单击【开始】选项卡下【字体】选项组中的【边框】下拉按钮，在其下拉列表中选择【所有框线】命令，效果如图6-1所示。

图6-1

2 分别将A2:A3、B2:B3、C2:D2、E2:F2、G2:G3单元格合并后居中，效果如图6-2所示。

3 在工作表中填入合适的文字，如图6-3所示。

社保缴费基数表

图 6–2

社保缴费基数表

保险类别	缴费基数（元）	缴费比例		缴费金额		其他
		企业	个人	企业	个人	
养老	1800	25%	10%			
工伤	1900	1%				
医疗	1500	10%	1%			
生育	1780	2%				
失业	2500	1%				
住房公积金	3000	15%	15%			

图 6–3

6.1.2 创建缴纳社保、公积金费用表

创建“缴纳社保、公积金费用表”的操作步骤如下：

1 打开“社保缴费基数表”，在 E4 单元格中输入公式“=ROUNDUP(B4*C4,1)”，如图 6–4 所示。

社保缴费基数表

保险类别	缴费基数（元）	缴费比例		缴费金额		其他
		企业	个人	企业	个人	
养老	1800	25%	=ROUNDUP(B4*C4, 1)			
工伤	1900	1%				
医疗	1500	10%	1%			
生育	1780	2%				
失业	2500	1%				
住房公积金	3000	15%	15%			

图 6–4

2 按【Enter】键确认输入，得出结果，再次选中 E4 单元格，将鼠标指针放在该单元格右下角，当鼠标指针变为【+】时，按住鼠标左键拖动填充至 E8 单元格，最终结果如图 6-5 所示。

社保缴费基数表

保险类别	缴费基数（元）	缴费比例		缴费金额		其他
		企业	个人	企业	个人	
养老	1800	25%	10%	450		
工伤	1900	1%		19		
医疗	1500	10%	1%	150		
生育	1780	2%		35.6		
失业	2500	1%		25		
住房公积金	3000	15%	15%	450		

图 6-5

3 在 F4 单元格中输入公式“=ROUNDUP（B4*D4，1）”，如图 6-6 所示。

社保缴费基数表

保险类别	缴费基数（元）	缴费比例		缴费金额		其他
		企业	个人	企业	个人	
养老	1800	25%	10%	=ROUNDUP(B4*D4, 1)		
工伤	1900	1%		19		
医疗	1500	10%	1%	150		
生育	1780	2%		35.6		
失业	2500	1%		25		
住房公积金	3000	15%	15%	450		

图 6-6

4 按【Enter】键确认输入，得出结果，再次选中 F4 单元格，将鼠标指针放在该单元格右下角，当鼠标指针变为【+】时，按住鼠标左键拖动填充至 F9 单元格，最终结果如图 6-7 所示。

社保缴费基数表

保险类别	缴费基数（元）	缴费比例		缴费金额		其他
		企业	个人	企业	个人	
养老	1800	25%	10%	450	180	
工伤	1900	1%		19	0	
医疗	1500	10%	1%	150	15	
生育	1780	2%		35.6	0	
失业	2500	1%		25	0	
住房公积金	3000	15%	15%	450	450	

图 6-7

6.1.3 利用图表分析社保、公积金缴纳情况

利用图表分析社保、公积金的操作步骤如下：

1 打开“社保缴费基数表”，先选中 A2:A9 单元格区域，按住【Ctrl】键选中 E2:F9 单元格区域，然后单击【插入】选项卡下【图表】选项组中的【推荐的图表】按钮，如图 6–8 所示。

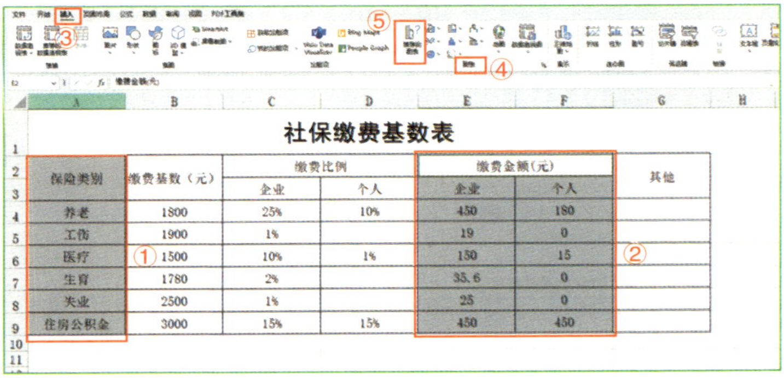

图 6–8

2 弹出【插入图表】对话框，在【所有图表】选项卡下选择【柱形图】选项，然后选择合适的样式，此处选择【三维簇状柱形图】，最后单击【确定】按钮，如图 6–9 所示。

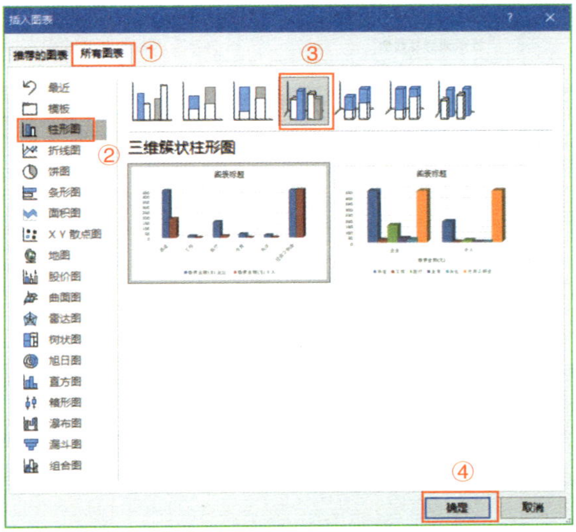

图 6–9

3 效果如图 6–10 所示。

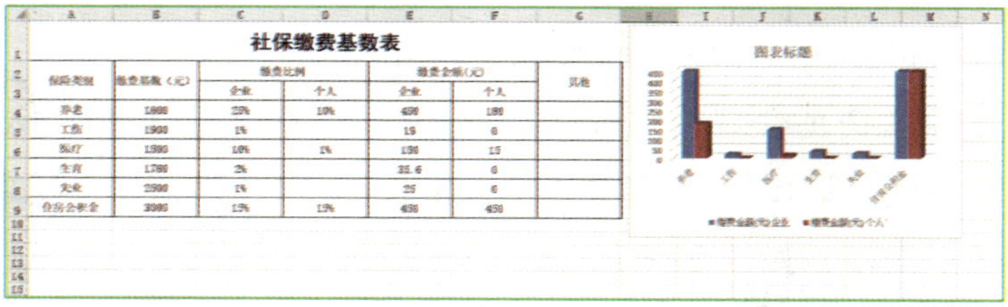

图 6–10

4 选中图表，在【图表设计】选项卡下【图表样式】选项组中选择合适的样式，此处选择【样式 8】，如图 6–11 所示。

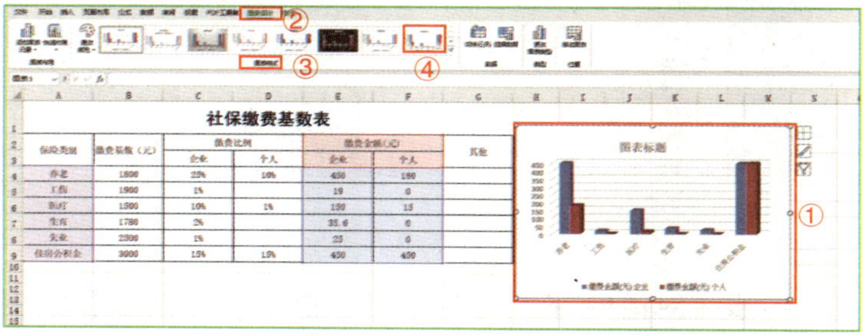

图 6–11

5 效果如图 6–12 所示。

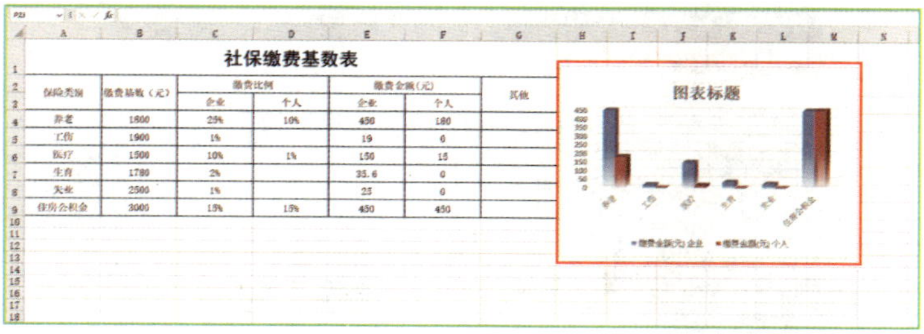

图 6–12

实用贴士

如果需要对字体进行加粗处理，除了使用【开始】选项卡下【字体】选项组中的【加粗】按钮，还可以使用组合键，即【Ctrl+B】。

6.2 社保统计表

社保统计表包含了养老保险、医疗保险、生育保险、失业保险。本节重点介绍 HR 为员工缴纳社保的具体情况对缴纳的金额进行统计和分析。

6.2.1 创建社保费用总额表

创建“社保费用总额表”的操作步骤如下：

1 创建一个空白工作簿，将“Sheet1”工作表重命名为“社保费用总额表”，将第 1 行行高设置为【40】，第 2~10 行行高设置为【20】，A~S 列列宽设置为【10】，将 A1:S1 单元格合并后居中，并输入文字“社保费用总额表”，字体设置为【黑体】，字号设置为【20】。选中 A1:S10 单元格区域，单击【开始】选项卡下【字体】选项组中的【边框】下拉按钮，在其下拉列表中选择【所有框线】命令，效果如图 6–13 所示。

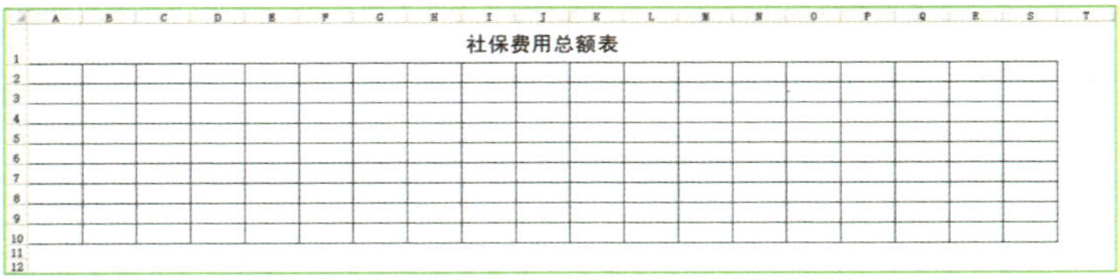

图 6–13

2 分别将 A2:A3、B2:B3、A10:B10、R2:R3、S2:S3、C2:E2、F2:H2、I2:K2、L2:N2、O2:Q2 单元格合并后居中，并在工作表中填入合适的文字，如图 6–14 所示。

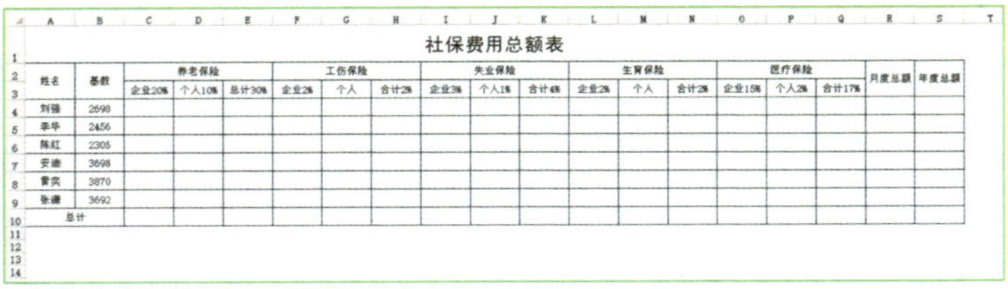

社保费用总额表

姓名	基数	养老保险			工伤保险			失业保险			生育保险			医疗保险			月度总额	年度总额
		企业20%	个人10%	总计30%	企业2%	个人	合计2%	企业3%	个人1%	合计4%	企业2%	个人	合计2%	企业15%	个人2%	合计17%		
刘强	2698																	
李华	2456																	
陈红	2305																	
安迪	3698																	
曾奕	3870																	
张德	3692																	
总计																		

图 6–14

3 在 C4 单元格中输入公式“=B4*20%”，如图 6–15 所示。

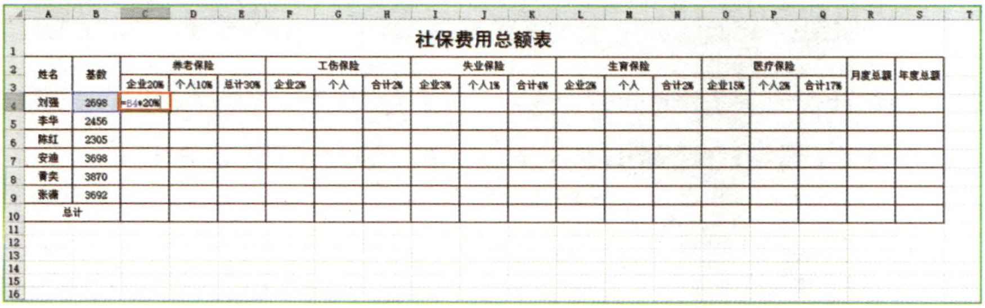

社保费用总额表

姓名	基数	养老保险			工伤保险			失业保险			生育保险			医疗保险			月度总额	年度总额
		企业20%	个人10%	总计30%	企业2%	个人	合计2%	企业3%	个人1%	合计4%	企业2%	个人	合计2%	企业15%	个人2%	合计17%		
刘强	2698	=B4*20%																
李华	2456																	
陈红	2305																	
安迪	3698																	
黄奕	3870																	
张潇	3692																	
总计																		

图 6–15

4 按【Enter】键确认输入，得出结果，再次选中 C4 单元格，将鼠标指针放在该单元格右下角，当鼠标指针变为【+】时，按住鼠标左键拖动填充至 C9 单元格，效果如图 6–16 所示。

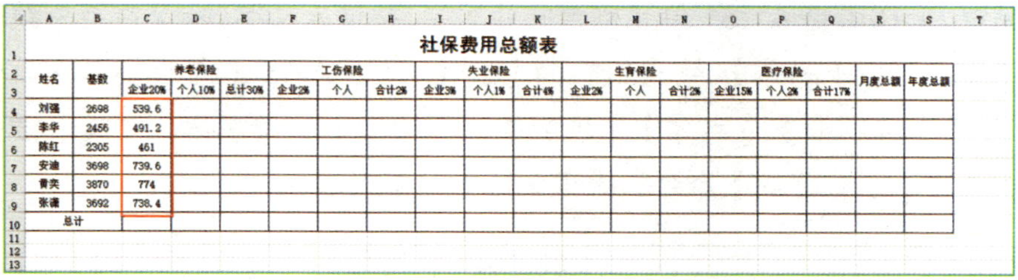

社保费用总额表

姓名	基数	养老保险			工伤保险			失业保险			生育保险			医疗保险			月度总额	年度总额
		企业20%	个人10%	总计30%	企业2%	个人	合计2%	企业3%	个人1%	合计4%	企业2%	个人	合计2%	企业15%	个人2%	合计17%		
刘强	2698	539.6																
李华	2456	491.2																
陈红	2305	461																
安迪	3698	739.6																
黄奕	3870	774																
张潇	3692	738.4																
总计																		

图 6–16

5 在 D4 单元格中输入公式“=B4*10%”，如图 6–17 所示。

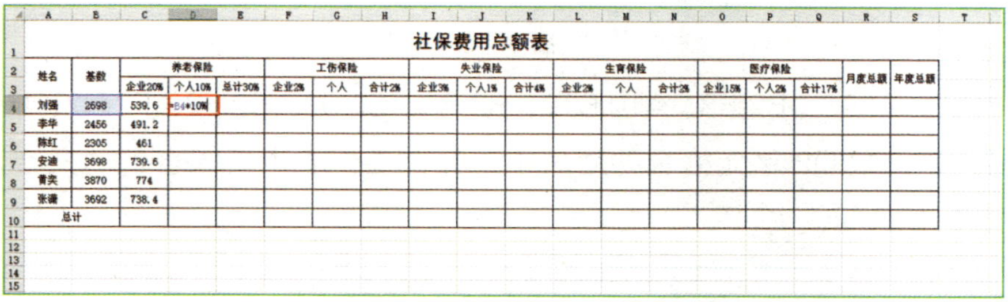

社保费用总额表

姓名	基数	养老保险			工伤保险			失业保险			生育保险			医疗保险			月度总额	年度总额
		企业20%	个人10%	总计30%	企业2%	个人	合计2%	企业3%	个人1%	合计4%	企业2%	个人	合计2%	企业15%	个人2%	合计17%		
刘强	2698	539.6	=B4*10%															
李华	2456	491.2																
陈红	2305	461																
安迪	3698	739.6																
黄奕	3870	774																
张潇	3692	738.4																
总计																		

图 6–17

6 按【Enter】键确认输入，得出结果，再次选中 D4 单元格，将鼠标指针放在该单元格右下角，当鼠标指针变为【+】时，按住鼠标左键拖动填充至 D9 单元格，效果如图 6–18 所示。

社保费用总额表

姓名	基数	养老保险			工伤保险			失业保险			生育保险			医疗保险			月度总额	年度总额
		企业20%	个人10%	总计30%	企业2%	个人	合计2%	企业3%	个人1%	合计4%	企业2%	个人	合计2%	企业15%	个人2%	合计17%		
刘强	2698	539.6	269.8															
李华	2456	491.2	245.6															
陈红	2305	461	230.5															
安迪	3698	739.6	369.8															
曹爽	3870	774	387															
张薇	3692	738.4	369.2															
总计																		

图 6–18

7 在 F4 单元格中输入公式“=B4*2%”，按【Enter】键得出结果，然后拖动鼠标，将公式填充到剩余单元格中，算出其他员工企业需缴纳的工伤保险金额，个人无须缴纳工伤保险所以为“0”，效果如图 6–19 所示。

社保费用总额表

姓名	基数	养老保险			工伤保险			失业保险			生育保险			医疗保险			月度总额	年度总额
		企业20%	个人10%	总计30%	企业2%	个人	合计2%	企业3%	个人1%	合计4%	企业2%	个人	合计2%	企业15%	个人2%	合计17%		
刘强	2698	539.6	269.8		53.96	0												
李华	2456	491.2	245.6		49.12	0												
陈红	2305	461	230.5		46.1	0												
安迪	3698	739.6	369.8		73.96	0												
曹爽	3870	774	387		77.4	0												
张薇	3692	738.4	369.2		73.84	0												
总计																		

图 6–19

8 在 I4 单元格中输入公式“=B4*3%”，按【Enter】键得出结果，然后以拖动鼠标的方式，算出其他员工企业需缴纳的失业保险金额；J4 单元格中输入公式“=B4*1%”，按【Enter】键得出结果，然后拖动鼠标，将公式填充到剩余单元格中，算出其他员工个人需缴纳的失业保险金额，效果如图 6–20 所示。

社保费用总额表

姓名	基数	养老保险			工伤保险			失业保险			生育保险			医疗保险			月度总额	年度总额
		企业20%	个人10%	总计30%	企业2%	个人	合计2%	企业3%	个人1%	合计4%	企业2%	个人	合计2%	企业15%	个人2%	合计17%		
刘强	2698	539.6	269.8		53.96	0		80.94	26.98									
李华	2456	491.2	245.6		49.12	0		73.68	24.56									
陈红	2305	461	230.5		46.1	0		69.15	23.05									
安迪	3698	739.6	369.8		73.96	0		110.94	36.98									
曹爽	3870	774	387		77.4	0		116.1	38.7									
张薇	3692	738.4	369.2		73.84	0		110.76	36.92									
总计																		

图 6–20

9 在 L4 单元格中输入公式“=B4*2%”，按【Enter】键得出结果，然后拖动鼠标，将公式填充到剩余单元格中，算出其他员工企业需缴纳的生育保险金额；个人无须缴纳生育保险所以为“0”，效果如图 6–21 所示。

社保费用总额表

姓名	基数	养老保险			工伤保险			失业保险			生育保险			医疗保险			月度总额	年度总额
		企业20%	个人10%	总计30%	企业2%	个人	合计2%	企业3%	个人1%	合计4%	企业2%	个人	合计2%	企业15%	个人2%	合计17%		
刘强	2698	539.6	269.8		53.96	0		80.94	26.98		53.96	0						
李华	2456	491.2	245.6		49.12	0		73.68	24.56		49.12	0						
陈红	2305	461	230.5		46.1	0		69.15	23.05		46.1	0						
安迪	3698	739.6	369.8		73.96	0		110.94	36.98		73.96	0						
黄奕	3870	774	387		77.4	0		116.1	38.7		77.4	0						
张潇	3692	738.4	369.2		73.84	0		110.76	36.92		73.84	0						
总计																		

图 6-21

10 在 O4 单元格中输入公式“=B4*15%”，按【Enter】键得出结果，然后拖动鼠标，将公式填充到其余单元格中，算出其他员工企业需缴纳的医疗保险金额；P4 单元格中输入公式“=B4*2%”，按【Enter】键得出结果，然后拖动鼠标，将公式填充到剩余单元格中，算出其他员工个人需缴纳的医疗保险金额，效果如图 6-22 所示。

社保费用总额表

姓名	基数	养老保险			工伤保险			失业保险			生育保险			医疗保险			月度总额	年度总额
		企业20%	个人10%	总计30%	企业2%	个人	合计2%	企业3%	个人1%	合计4%	企业2%	个人	合计2%	企业15%	个人2%	合计17%		
刘强	2698	539.6	269.8		53.96	0		80.94	26.98		53.96	0						
李华	2456	491.2	245.6		49.12	0		73.68	24.56		49.12	0						
陈红	2305	461	230.5		46.1	0		69.15	23.05		46.1	0						
安迪	3698	739.6	369.8		73.96	0		110.94	36.98		73.96	0						
黄奕	3870	774	387		77.4	0		116.1	38.7		77.4	0						
张潇	3692	738.4	369.2		73.84	0		110.76	36.92		73.84	0						
总计																		

图 6-22

6.2.2 统计社保费用总额

统计社保费用总额的操作步骤如下：

1 打开“社保费用总额表”，在 E4 单元格中输入公式“=ROUND(C4+D4,2)”，如图 6-23 所示。

E4 =ROUND(C4+D4,2)

社保费用总额表

姓名	基数	养老保险			工伤保险			失业保险			生育保险			医疗保险			月度总额	年度总额
		企业20%	个人10%	总计30%	企业2%	个人	合计2%	企业3%	个人1%	合计4%	企业2%	个人	合计2%	企业15%	个人2%	合计17%		
刘强	2698	539.6	=ROUND(C4+D4, 2)			0		80.94	26.98		53.96	0		404.7	53.96			
李华	2456	491.2	245.6		49.12	0		73.68	24.56		49.12	0		368.4	49.12			
陈红	2305	461	230.5		46.1	0		69.15	23.05		46.1	0		345.75	46.1			
安迪	3698	739.6	369.8		73.96	0		110.94	36.98		73.96	0		554.7	73.96			
黄奕	3870	774	387		77.4	0		116.1	38.7		77.4	0		580.5	77.4			
张潇	3692	738.4	369.2		73.84	0		110.76	36.92		73.84	0		553.8	73.84			
总计																		

图 6-23

2 按【Enter】键得出结果，然后拖动鼠标，将公式填充到剩余单元格中，算出其他员工企业和个人总计缴纳的养老保险金额，如图 6–24 所示。

社保费用总额表

姓名	基数	养老保险			工伤保险			失业保险			生育保险			医疗保险			月度总额	年度总额
		企业20%	个人10%	总计30%	企业2%	个人	合计2%	企业3%	个人1%	合计4%	企业2%	个人	合计2%	企业15%	个人2%	合计17%		
刘强	2698	539.6	269.8	809.4	53.96	0		80.94	26.98		53.96	0		404.7	53.96			
李华	2456	491.2	245.6	736.8	49.12	0		73.68	24.56		49.12	0		368.4	49.12			
陈红	2305	461	230.5	691.5	46.1	0		69.15	23.05		46.1	0		345.75	46.1			
安迪	3698	739.6	369.8	1109.4	73.96	0		110.94	36.98		73.96	0		554.7	73.96			
黄奕	3870	774	387	1161	77.4	0		116.1	38.7		77.4	0		580.5	77.4			
张潇	3692	738.4	369.2	1107.6	73.84	0		110.76	36.92		73.84	0		553.8	73.84			
总计																		

图 6–24

3 在 H4 单元格中输入公式 “=ROUND(F4+G4,2)”，按【Enter】键得出结果，然后以拖动填充的方式，算出其他员工企业和个人总计缴纳的工伤保险金额；在 K4 单元格中输入公式 “=ROUND(I4+J4,2)”，按【Enter】键得出结果，然后拖动鼠标，将公式填充到剩余单元格中，算出其他员工企业和个人总计缴纳的失业保险金额；在 N4 单元格中输入公式 “=ROUND(L4+M4,2)”，按【Enter】键得出结果，然后拖动鼠标，将公式填充到剩余单元格中，算出其他员工企业和个人总计缴纳生育金额；在 Q4 单元格中输入公式 “=ROUND(O4+P4,2)”，按【Enter】键得出结果，然后拖动鼠标，将公式填充到剩余单元格中，算出其他员工企业和个人总计缴纳的医疗保险金额，效果如图 6–25 所示。

社保费用总额表

姓名	基数	养老保险			工伤保险			失业保险			生育保险			医疗保险			月度总额	年度总额
		企业20%	个人10%	总计30%	企业2%	个人	合计2%	企业3%	个人1%	合计4%	企业2%	个人	合计2%	企业15%	个人2%	合计17%		
刘强	2698	539.6	269.8	809.4	53.96	0	53.96	80.94	26.98	107.92	53.96	0	53.96	404.7	53.96	458.66		
李华	2456	491.2	245.6	736.8	49.12	0	49.12	73.68	24.56	98.24	49.12	0	49.12	368.4	49.12	417.52		
陈红	2305	461	230.5	691.5	46.1	0	46.1	69.15	23.05	92.2	46.1	0	46.1	345.75	46.1	391.85		
安迪	3698	739.6	369.8	1109.4	73.96	0	73.96	110.94	36.98	147.92	73.96	0	73.96	554.7	73.96	628.66		
黄奕	3870	774	387	1161	77.4	0	77.4	116.1	38.7	154.8	77.4	0	77.4	580.5	77.4	657.9		
张潇	3692	738.4	369.2	1107.6	73.84	0	73.84	110.76	36.92	147.68	73.84	0	73.84	553.8	73.84	627.64		
总计																		

图 6–25

4 在 C10 单元格中输入公式 “=ROUND(SUM(C4:C9),2)”，如图 6–26 所示。

5 按【Enter】键得出结果，然后拖动鼠标，将公式填充到剩余单元格中，统计出其他员工各类保险的费用总额，如图 6–27 所示。

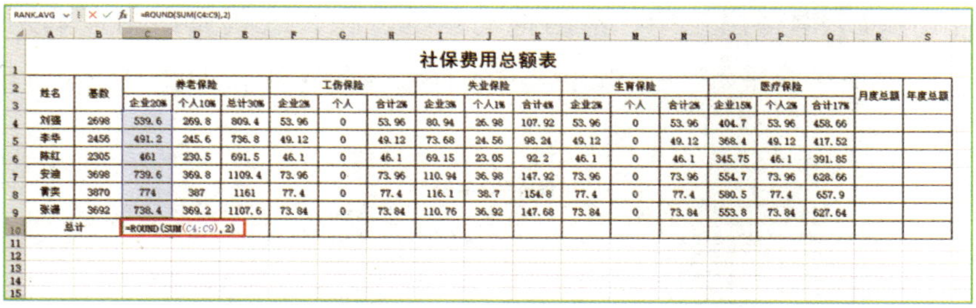

社保费用总额表

姓名	基数	养老保险			工伤保险			失业保险			生育保险			医疗保险			月度总额	年度总额
		企业20%	个人10%	总计30%	企业2%	个人	合计2%	企业3%	个人1%	合计4%	企业2%	个人	合计2%	企业15%	个人2%	合计17%		
刘强	2698	539.6	269.8	809.4	53.96	0	53.96	80.94	26.98	107.92	53.96	0	53.96	404.7	53.96	458.66		
李华	2456	491.2	245.6	736.8	49.12	0	49.12	73.68	24.56	98.24	49.12	0	49.12	368.4	49.12	417.52		
陈红	2305	461	230.5	691.5	46.1	0	46.1	69.15	23.05	92.2	46.1	0	46.1	345.75	46.1	391.85		
安迪	3698	739.6	369.8	1109.4	73.96	0	73.96	110.94	36.98	147.92	73.96	0	73.96	554.7	73.96	628.66		
青实	3870	774	387	1161	77.4	0	77.4	116.1	38.7	154.8	77.4	0	77.4	580.5	77.4	657.9		
张谦	3692	738.4	369.2	1107.6	73.84	0	73.84	110.76	36.92	147.68	73.84	0	73.84	553.8	73.84	627.64		
总计		=ROUND(SUM(C4:C9),2)																

图 6-26

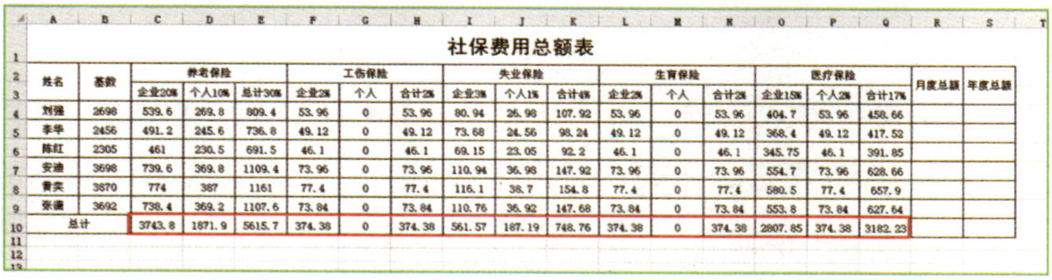

社保费用总额表

姓名	基数	养老保险			工伤保险			失业保险			生育保险			医疗保险			月度总额	年度总额
		企业20%	个人10%	总计30%	企业2%	个人	合计2%	企业3%	个人1%	合计4%	企业2%	个人	合计2%	企业15%	个人2%	合计17%		
刘强	2698	539.6	269.8	809.4	53.96	0	53.96	80.94	26.98	107.92	53.96	0	53.96	404.7	53.96	458.66		
李华	2456	491.2	245.6	736.8	49.12	0	49.12	73.68	24.56	98.24	49.12	0	49.12	368.4	49.12	417.52		
陈红	2305	461	230.5	691.5	46.1	0	46.1	69.15	23.05	92.2	46.1	0	46.1	345.75	46.1	391.85		
安迪	3698	739.6	369.8	1109.4	73.96	0	73.96	110.94	36.98	147.92	73.96	0	73.96	554.7	73.96	628.66		
青实	3870	774	387	1161	77.4	0	77.4	116.1	38.7	154.8	77.4	0	77.4	580.5	77.4	657.9		
张谦	3692	738.4	369.2	1107.6	73.84	0	73.84	110.76	36.92	147.68	73.84	0	73.84	553.8	73.84	627.64		
总计		3743.8	1871.9	5615.7	374.38	0	374.38	561.57	187.19	748.76	374.38	0	374.38	2807.85	374.38	3182.23		

图 6-27

6 在 R4 单元格中输入公式“=SUM(E4+H4+K4+N4+Q4)”，如图 6-28 所示。

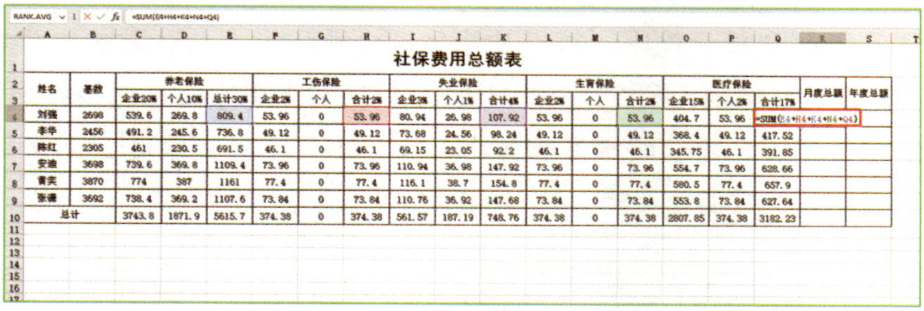

社保费用总额表

姓名	基数	养老保险			工伤保险			失业保险			生育保险			医疗保险			月度总额	年度总额
		企业20%	个人10%	总计30%	企业2%	个人	合计2%	企业3%	个人1%	合计4%	企业2%	个人	合计2%	企业15%	个人2%	合计17%		
刘强	2698	539.6	269.8	809.4	53.96	0	53.96	80.94	26.98	107.92	53.96	0	53.96	404.7	53.96	=SUM(E4+H4+K4+N4+Q4)		
李华	2456	491.2	245.6	736.8	49.12	0	49.12	73.68	24.56	98.24	49.12	0	49.12	368.4	49.12	417.52		
陈红	2305	461	230.5	691.5	46.1	0	46.1	69.15	23.05	92.2	46.1	0	46.1	345.75	46.1	391.85		
安迪	3698	739.6	369.8	1109.4	73.96	0	73.96	110.94	36.98	147.92	73.96	0	73.96	554.7	73.96	628.66		
青实	3870	774	387	1161	77.4	0	77.4	116.1	38.7	154.8	77.4	0	77.4	580.5	77.4	657.9		
张谦	3692	738.4	369.2	1107.6	73.84	0	73.84	110.76	36.92	147.68	73.84	0	73.84	553.8	73.84	627.64		
总计		3743.8	1871.9	5615.7	374.38	0	374.38	561.57	187.19	748.76	374.38	0	374.38	2807.85	374.38	3182.23		

图 6-28

7 按【Enter】键得出结果，然后拖动鼠标，将公式填充到剩余单元格中，统计出其他员工需要缴纳的月度费用总额，如图 6-29 所示。

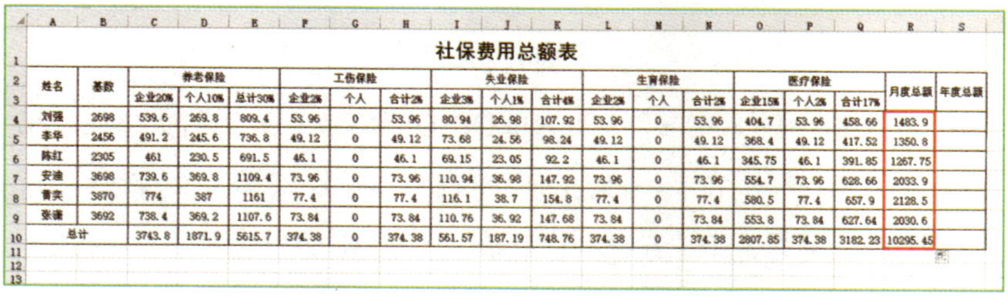

社保费用总额表

姓名	基数	养老保险			工伤保险			失业保险			生育保险			医疗保险			月度总额	年度总额
		企业20%	个人10%	总计30%	企业2%	个人	合计2%	企业3%	个人1%	合计4%	企业2%	个人	合计2%	企业15%	个人2%	合计17%		
刘强	2698	539.6	269.8	809.4	53.96	0	53.96	80.94	26.98	107.92	53.96	0	53.96	404.7	53.96	458.66	1483.9	
李华	2456	491.2	245.6	736.8	49.12	0	49.12	73.68	24.56	98.24	49.12	0	49.12	368.4	49.12	417.52	1350.8	
陈红	2305	461	230.5	691.5	46.1	0	46.1	69.15	23.05	92.2	46.1	0	46.1	345.75	46.1	391.85	1267.75	
安迪	3698	739.6	369.8	1109.4	73.96	0	73.96	110.94	36.98	147.92	73.96	0	73.96	554.7	73.96	628.66	2033.9	
青实	3870	774	387	1161	77.4	0	77.4	116.1	38.7	154.8	77.4	0	77.4	580.5	77.4	657.9	2128.5	
张谦	3692	738.4	369.2	1107.6	73.84	0	73.84	110.76	36.92	147.68	73.84	0	73.84	553.8	73.84	627.64	2030.6	
总计		3743.8	1871.9	5615.7	374.38	0	374.38	561.57	187.19	748.76	374.38	0	374.38	2807.85	374.38	3182.23	10295.45	

图 6-29

8 在 S4 单元格中输入公式 “=SUM(R4*12)”，如图 6–30 所示。

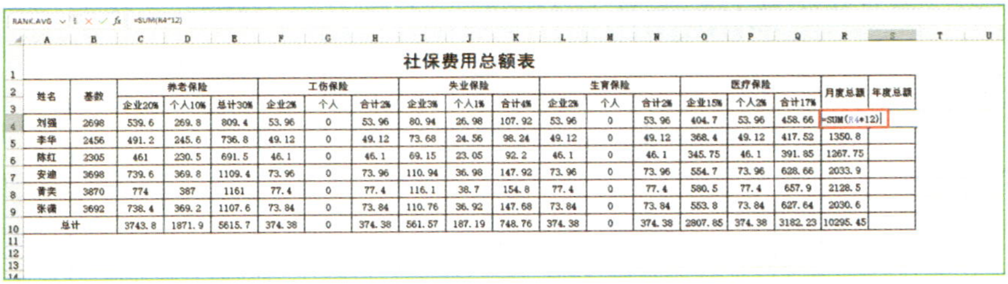

姓名	基数	养老保险			工伤保险			失业保险			生育保险			医疗保险			月度总额	年度总额
		企业20%	个人10%	总计30%	企业2%	个人	合计2%	企业3%	个人1%	合计4%	企业2%	个人	合计2%	企业15%	个人2%	合计17%		
刘强	2698	539.6	269.8	809.4	53.96	0	53.96	80.94	26.98	107.92	53.96	0	53.96	404.7	53.96	458.66	=SUM(R4*12)	
李华	2456	491.2	245.6	736.8	49.12	0	49.12	73.68	24.56	98.24	49.12	0	49.12	368.4	49.12	417.52	1350.8	
陈红	2305	461	230.5	691.5	46.1	0	46.1	69.15	23.05	92.2	46.1	0	46.1	345.75	46.1	391.85	1267.75	
安迪	3698	739.6	369.8	1109.4	73.96	0	73.96	110.94	36.98	147.92	73.96	0	73.96	554.7	73.96	628.66	2033.9	
曹奕	3870	774	387	1161	77.4	0	77.4	116.1	38.7	154.8	77.4	0	77.4	580.5	77.4	657.9	2128.5	
张潇	3692	738.4	369.2	1107.6	73.84	0	73.84	110.76	36.92	147.68	73.84	0	73.84	553.8	73.84	627.64	2030.6	
总计		3743.8	1871.9	5615.7	374.38	0	374.38	561.57	187.19	748.76	374.38	0	374.38	2807.85	374.38	3182.23	10295.45	

图 6–30

9 按【Enter】键得出结果，然后拖动鼠标，将公式填充到剩余单元格中，统计出其他员工年度各项保险的费用总额，如图 6–31 所示。

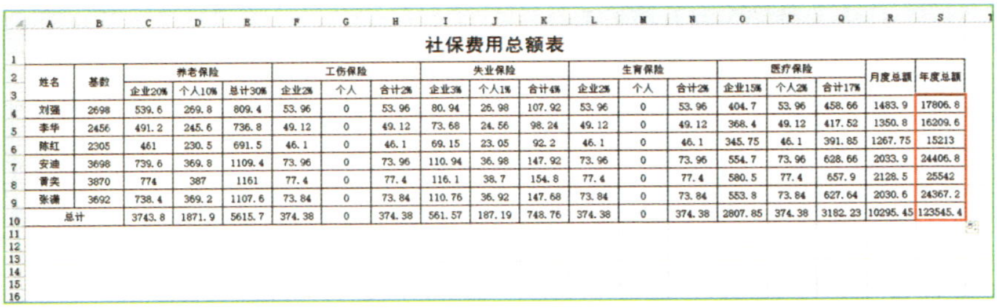

姓名	基数	养老保险			工伤保险			失业保险			生育保险			医疗保险			月度总额	年度总额
		企业20%	个人10%	总计30%	企业2%	个人	合计2%	企业3%	个人1%	合计4%	企业2%	个人	合计2%	企业15%	个人2%	合计17%		
刘强	2698	539.6	269.8	809.4	53.96	0	53.96	80.94	26.98	107.92	53.96	0	53.96	404.7	53.96	458.66	1483.9	17806.8
李华	2456	491.2	245.6	736.8	49.12	0	49.12	73.68	24.56	98.24	49.12	0	49.12	368.4	49.12	417.52	1350.8	16209.6
陈红	2305	461	230.5	691.5	46.1	0	46.1	69.15	23.05	92.2	46.1	0	46.1	345.75	46.1	391.85	1267.75	15213
安迪	3698	739.6	369.8	1109.4	73.96	0	73.96	110.94	36.98	147.92	73.96	0	73.96	554.7	73.96	628.66	2033.9	24406.8
曹奕	3870	774	387	1161	77.4	0	77.4	116.1	38.7	154.8	77.4	0	77.4	580.5	77.4	657.9	2128.5	25542
张潇	3692	738.4	369.2	1107.6	73.84	0	73.84	110.76	36.92	147.68	73.84	0	73.84	553.8	73.84	627.64	2030.6	24367.2
总计		3743.8	1871.9	5615.7	374.38	0	374.38	561.57	187.19	748.76	374.38	0	374.38	2807.85	374.38	3182.23	10295.45	123545.4

图 6–31

6.2.3 分析社保费用总额

利用图表分析社保费用总额的操作步骤如下：

1 打开 “社保费用总额表”，选中 A2:S10 单元格区域，单击【插入】选项卡下【图表】选项组中的【推荐的图表】按钮，如图 6–32 所示。

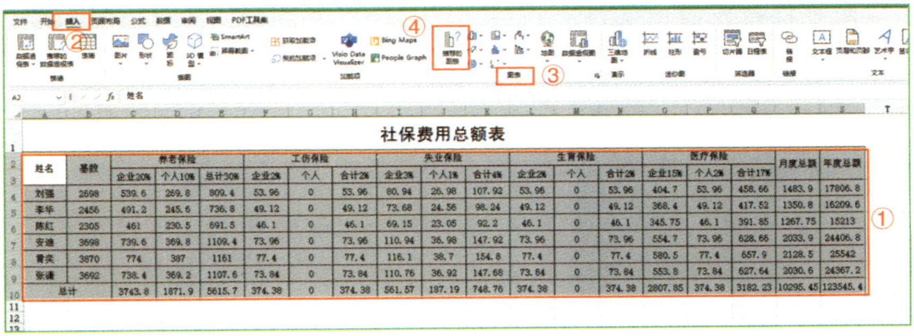

图 6–32

2 弹出【插入图表】对话框，在【所有图表】选项卡下选择合适的图表类型，此处选择【柱形图】选项，在右侧选择【百分比堆积柱形图】，最后单击【确定】按钮，如图 6–33 所示。

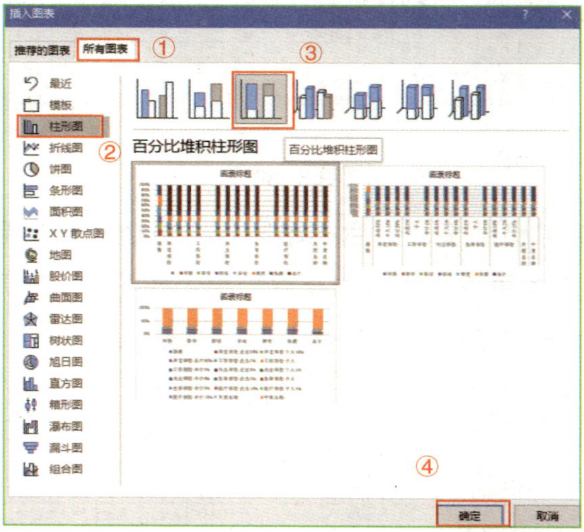

图 6–33

3 效果如图 6–34 所示。

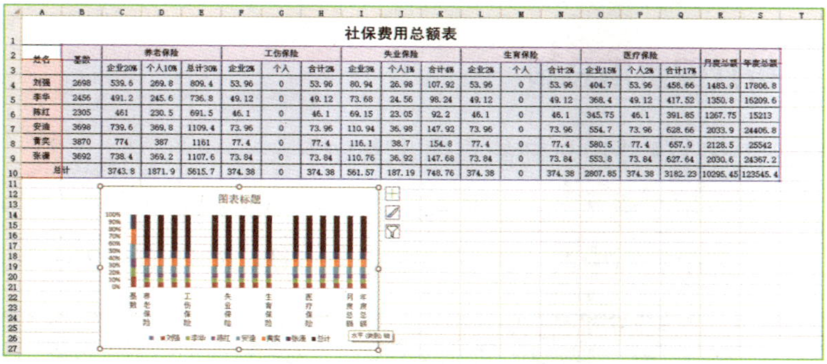

社保费用总额表

姓名	基数	养老保险			工伤保险			失业保险			生育保险			医疗保险			月度总额	年度总额
		企业20%	个人10%	总计30%	企业2%	个人	合计2%	企业3%	个人1%	合计4%	企业2%	个人	合计2%	企业15%	个人2%	合计17%		
刘强	2698	539.6	269.8	809.4	53.96	0	53.96	80.94	26.98	107.92	53.96	0	53.96	404.7	53.96	458.66	1483.9	17806.8
李华	2456	491.2	245.6	736.8	49.12	0	49.12	73.68	24.56	98.24	49.12	0	49.12	368.4	49.12	417.52	1350.8	16209.6
陈红	2305	461	230.5	691.5	46.1	0	46.1	69.15	23.05	92.2	46.1	0	46.1	345.75	46.1	391.85	1267.75	15213
安迪	3698	739.6	369.8	1109.4	73.96	0	73.96	110.94	36.98	147.92	73.96	0	73.96	554.7	73.96	628.66	2033.9	24406.8
黄奕	3870	774	387	1161	77.4	0	77.4	116.1	38.7	154.8	77.4	0	77.4	580.5	77.4	657.9	2128.5	25542
张康	3692	738.4	369.2	1107.6	73.84	0	73.84	110.76	36.92	147.68	73.84	0	73.84	553.8	73.84	627.64	2030.6	24367.2
总计		3743.8	1871.9	5615.7	374.38	0	374.38	561.57	187.19	748.76	374.38	0	374.38	2807.85	374.38	3182.23	10295.45	123545.4

图 6–34

实用贴士

如果 HR 想在多个单元格中输入相同的公式，可以先选定需要输入公式的多个单元格或区域，然后在编辑栏中输入公式，最后按【Ctrl+Enter】组合键。

6.3 住房公积金统计表

住房公积金统计表是记录每一位员工每月住房公积金的缴费情况的表格。本节将详细介绍使用 Excel 创建公积金费用总额等表格的方法和步骤。

6.3.1 创建住房公积金费用总额表

创建“公积金费用总额表”的操作步骤如下：

1 创建一个空白工作簿，将“Sheet1”工作表重命名为“公积金费用总额表”，将第 1 行行高设置为【40】，第 2~10 行行高设置为【20】，A~G 列列宽设置为【15】，将 A1:G1 单元格合并后居中，并输入文字“公积金费用总额表”，字体设置为【黑体】，字号设置为【20】。选中 A1:G10 单元格区域，单击【开始】选项卡下【字体】选项组中的【边框】下拉按钮，在其下拉列表中选择【所有框线】命令，效果如图 6-35 所示。

图 6-35

2 将 A10:D10 单元格合并后居中，并在工作表中填入相应内容，如图 6-36 所示。

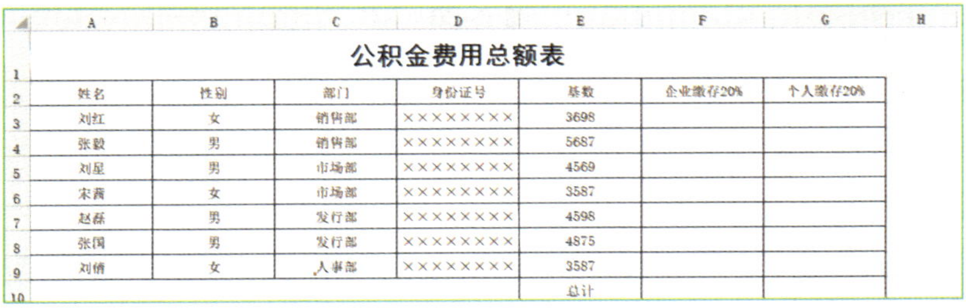

公积金费用总额表						
姓名	性别	部门	身份证号	基数	企业缴存20%	个人缴存20%
刘红	女	销售部	××××××××	3698		
张毅	男	销售部	××××××××	5687		
刘星	男	市场部	××××××××	4569		
宋茜	女	市场部	××××××××	3587		
赵森	男	发行部	××××××××	4598		
张国	男	发行部	××××××××	4875		
刘倩	女	人事部	××××××××	3587		
				总计		

图 6-36

6.3.2 统计公积金费用总额

统计公积金费用总额的操作步骤如下：

1 打开“公积金费用总额表”，在F3单元格中输入公式“=ROUNDUP(E3*20%,2)”，如图6-37所示。

RANK.AVG　=ROUNDUP(E3*20%,2)

公积金费用总额表						
姓名	性别	部门	身份证号	基数	企业缴存20%	个人缴存20%
刘红	女	销售部	××××××××	=ROUNDUP(E3*20%, 2)		
张毅	男	销售部	××××××××	5687		
刘星	男	市场部	××××××××	4569		
宋茜	女	市场部	××××××××	3587		
赵磊	男	发行部	××××××××	4598		
张国	男	发行部	××××××××	4875		
刘倩	女	人事部	××××××××	3587		
				总计		

图6-37

2 按【Enter】键得出结果，然后拖动鼠标，将公式填充到剩余单元格中，统计出其他员工企业需要缴纳的公积金费用总额，如图6-38所示。

公积金费用总额表						
姓名	性别	部门	身份证号	基数	企业缴存20%	个人缴存20%
刘红	女	销售部	××××××××	3698	739.6	
张毅	男	销售部	××××××××	5687	1137.4	
刘星	男	市场部	××××××××	4569	913.8	
宋茜	女	市场部	××××××××	3587	717.4	
赵磊	男	发行部	××××××××	4598	919.6	
张国	男	发行部	××××××××	4875	975	
刘倩	女	人事部	××××××××	3587	717.4	
				总计		

图6-38

3 因为个人与企业所缴纳的公积金的金额比例是一样的，所以输入的公式也是一样的，最终效果如图6-39所示。

4 在F10单元格中输入公式“=SUM(F3:F9)”，如图6-40所示。

5 按【Enter】键得出结果，然后拖动鼠标，将公式填充到剩余单元格中，统计出个人需要缴纳的公积金费用总额，如图6-41所示。

公积金费用总额表

姓名	性别	部门	身份证号	基数	企业缴存20%	个人缴存20%
刘红	女	销售部	××××××××	3698	739.6	739.6
张毅	男	销售部	××××××××	5687	1137.4	1137.4
刘星	男	市场部	××××××××	4569	913.8	913.8
宋茜	女	市场部	××××××××	3587	717.4	717.4
赵磊	男	发行部	××××××××	4598	919.6	919.6
张国	男	发行部	××××××××	4875	975	975
刘倩	女	人事部	××××××××	3587	717.4	717.4
				总计		

图 6–39

RANK.AVG　=SUM(F3:F9)

公积金费用总额表

姓名	性别	部门	身份证号	基数	企业缴存20%	个人缴存20%
刘红	女	销售部	××××××××	3698	739.6	739.6
张毅	男	销售部	××××××××	5687	1137.4	1137.4
刘星	男	市场部	××××××××	4569	913.8	913.8
宋茜	女	市场部	××××××××	3587	717.4	717.4
赵磊	男	发行部	××××××××	4598	919.6	919.6
张国	男	发行部	××××××××	4875	975	975
刘倩	女	人事部	××××××××	3587	717.4	717.4
				总计	=SUM(F3:F9)	

图 6–40

公积金费用总额表

姓名	性别	部门	身份证号	基数	企业缴存20%	个人缴存20%
刘红	女	销售部	××××××××	3698	739.6	739.6
张毅	男	销售部	××××××××	5687	1137.4	1137.4
刘星	男	市场部	××××××××	4569	913.8	913.8
宋茜	女	市场部	××××××××	3587	717.4	717.4
赵磊	男	发行部	××××××××	4598	919.6	919.6
张国	男	发行部	××××××××	4875	975	975
刘倩	女	人事部	××××××××	3587	717.4	717.4
				总计	6120.2	6120.2

图 6–41

6.3.3 分析公积金费用总额

利用数据透视表分析公积金费用总额的操作步骤如下：

1 打开“公积金费用总额表”，选中 A2:G9 单元格区域，单击【插入】选项卡下【表格】选项组中的【数据透视表】按钮，如图 6–42 所示。

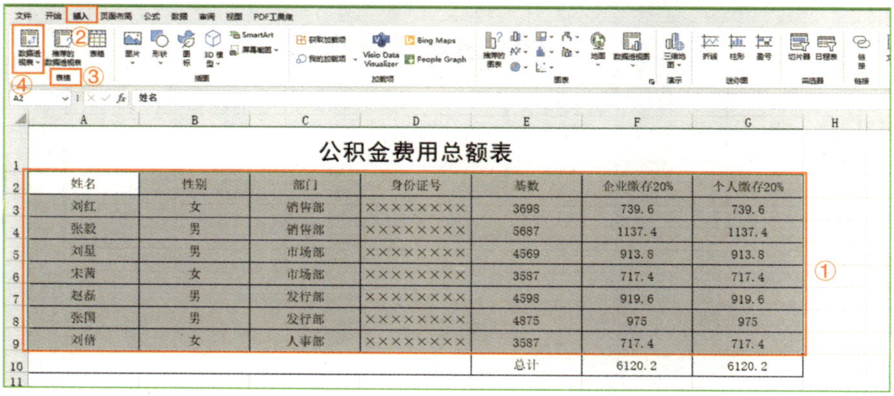

图 6-42

2 弹出【来自表格或区域的数据透视表】对话框，在【选择放置数据透视表的位置】下勾选【现有工作表】，在【位置】文本框中选择要放置的位置，只需在工作表中单击需要填充位置的单元格即可，此处选择 A11 单元格，最后单击【确定】按钮，如图 6-43 所示。

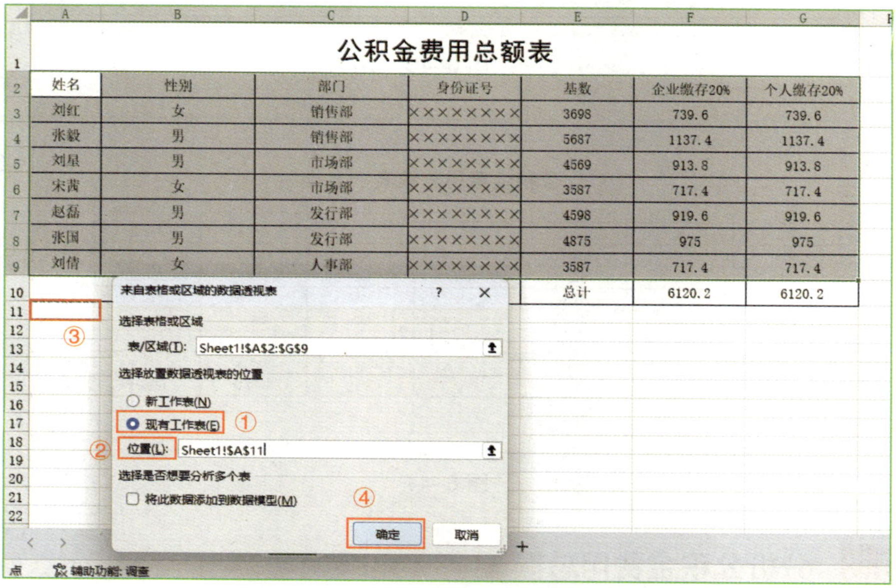

图 6-43

3 表格编辑区右侧弹出【数据透视表字段】窗格，如图 6-44 所示。

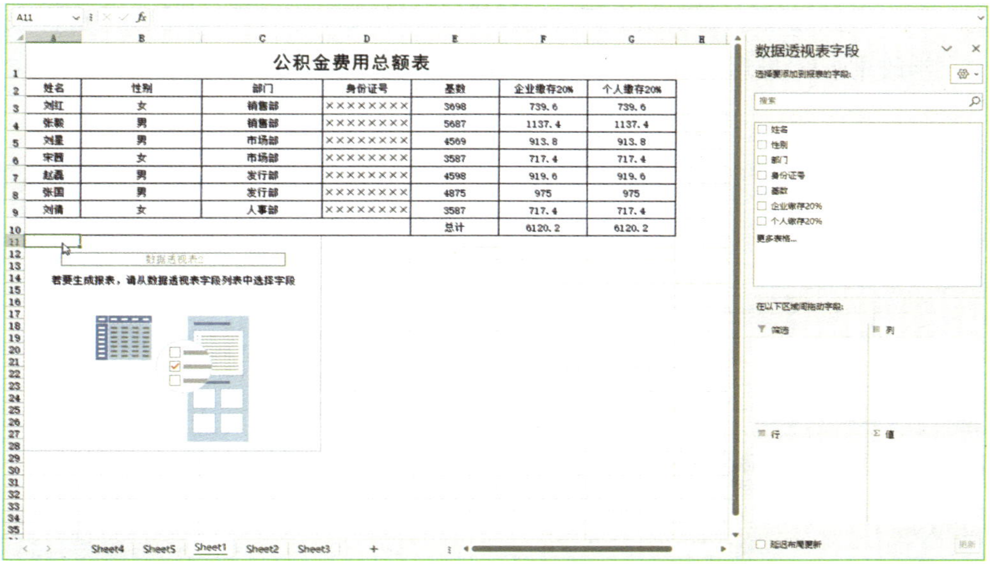

图 6-44

4 在【数据透视表字段】窗格中依次勾选【部门】【姓名】【企业缴存20%】【个人缴存20%】复选框，如图 6-45 所示。

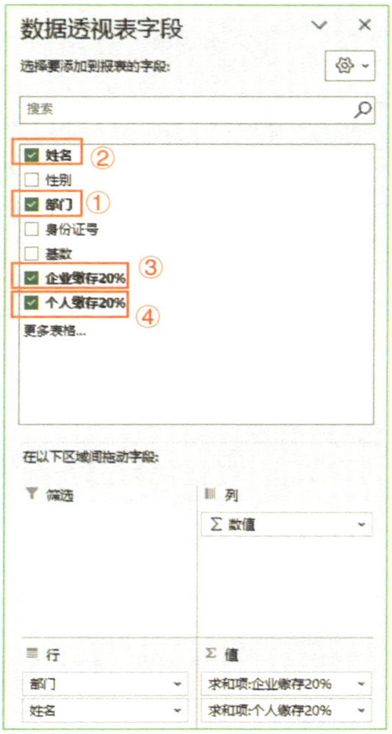

图 6-45

5 单击【数据透视表字段】面板右上角的 × 按钮，就能关闭【数据透视表字段】列表，最后可以在工作表中看到每个部门相关数据，效果如图 6–46 所示。

公积金费用总额表

姓名	性别	部门	身份证号	基数	企业缴存20%	个人缴存20%
刘红	女	销售部	××××××××	3698	739.6	739.6
张毅	男	销售部	××××××××	5687	1137.4	1137.4
刘星	男	市场部	××××××××	4569	913.8	913.8
宋茜	女	市场部	××××××××	3587	717.4	717.4
赵磊	男	发行部	××××××××	4598	919.6	919.6
张国	男	发行部	××××××××	4875	975	975
刘倩	女	人事部	××××××××	3587	717.4	717.4
				总计	6120.2	6120.2

行标签	求和项:企业缴存20%	求和项:个人缴存20%
⊟发行部	**1894.6**	**1894.6**
张国	975	975
赵磊	919.6	919.6
⊟人事部	**717.4**	**717.4**
刘倩	717.4	717.4
⊟市场部	**1631.2**	**1631.2**
刘星	913.8	913.8
宋茜	717.4	717.4
⊟销售部	**1877**	**1877**
刘红	739.6	739.6
张毅	1137.4	1137.4
总计	**6120.2**	**6120.2**

图 6–46

实用贴士

HR 在单元格中输入公式时，如“=D5+H6”，既能直接输入“D5”“H6”，也可以用鼠标点击 D5、H6 单元格，这样能大大节省输入的时间，提高工作效率。

Chapter

07

第 7 章

员工的薪酬管理

导读 ▷

工资是用人单位根据国家有关规定和劳动合同的约定，以货币形式直接支付给本单位劳动者的劳动报酬。工资发放关系到每一位员工的切身利益，是员工赖以生存并为公司工作的基础。管理、核算员工薪酬是HR工作中十分重要的一项工作，本章将详细介绍用Excel制作与薪酬管理相关的各种表格。

学习要点：★利用表格计算员工加班补贴

★利用表格核算员工工资

7.1 员工加班补贴

加班费是员工薪酬的重要组成部分，本节将详细介绍如何创建员工加班补贴表以及统计加班费。

7.1.1 创建员工加班补贴表

创建“员工加班补贴表”的操作步骤如下：

1 创建一个空白工作簿，将“Sheet1”工作表重命名为“员工加班补贴表”，将第 1 行行高设置为【40】，第 2~10 行行高设置为【20】，A~I 列列宽设置为【15】，将 A1:I1 单元格合并后居中，并输入文字“员工加班补贴表”，字体设置为【黑体】，字号设置为【20】。选中 A2:I10 单元格区域，单击【开始】选项卡下【字体】选项组中的【边框】下拉按钮，在其下拉列表中选择【所有框线】命令，如图 7-1 所示。

图 7-1

2 在相应的单元格中输入备注信息，如图 7-2 所示。

图 7-2

3 在表头中填入相应的标题，如图 7-3 所示。

员工加班补贴表

姓名	加班原因	加班日期	开始时间	结束时间	加班时间	实际加班时间（小时）	加班费（元/小时）	总加班费

备注：
工作日加班，1.5倍工资/小时
休息日加班，2倍工资/小时
节假日工资，3倍工资/小时

图 7–3

4 在 F3 单元格中输入公式“=SUM(E3–D3)”，如图 7–4 所示。

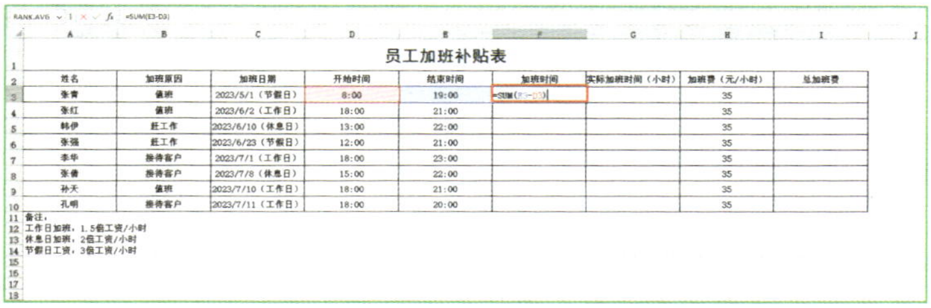

员工加班补贴表

姓名	加班原因	加班日期	开始时间	结束时间	加班时间	实际加班时间（小时）	加班费（元/小时）	总加班费
张青	值班	2023/5/1（节假日）	8:00	19:00	=SUM(E3-D3)		35	
张红	值班	2023/6/2（工作日）	18:00	21:00			35	
韩伊	赶工作	2023/6/10（休息日）	13:00	22:00			35	
张强	赶工作	2023/6/23（节假日）	12:00	21:00			35	
李华	接待客户	2023/7/1（工作日）	18:00	23:00			35	
张倩	接待客户	2023/7/8（休息日）	15:00	22:00			35	
孙天	值班	2023/7/10（工作日）	18:00	21:00			35	
孔明	接待客户	2023/7/11（工作日）	18:00	20:00			35	

备注：
工作日加班，1.5倍工资/小时
休息日加班，2倍工资/小时
节假日工资，3倍工资/小时

图 7–4

5 按【Enter】键得出结果，然后拖动鼠标，将公式填充到剩余单元格中，算出其他员工的加班时间，如图 7–5 所示。

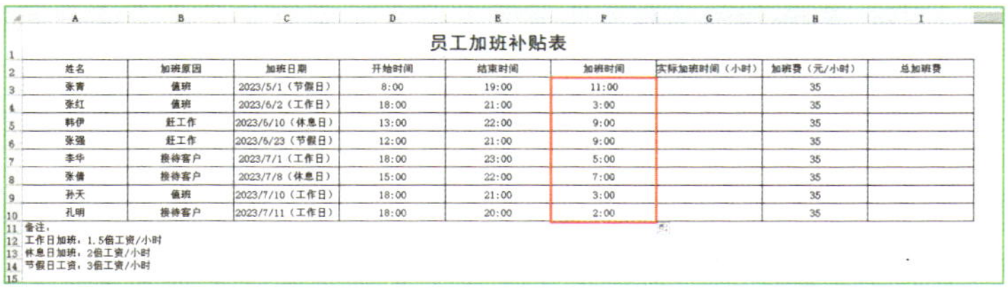

员工加班补贴表

姓名	加班原因	加班日期	开始时间	结束时间	加班时间	实际加班时间（小时）	加班费（元/小时）	总加班费
张青	值班	2023/5/1（节假日）	8:00	19:00	11:00		35	
张红	值班	2023/6/2（工作日）	18:00	21:00	3:00		35	
韩伊	赶工作	2023/6/10（休息日）	13:00	22:00	9:00		35	
张强	赶工作	2023/6/23（节假日）	12:00	21:00	9:00		35	
李华	接待客户	2023/7/1（工作日）	18:00	23:00	5:00		35	
张倩	接待客户	2023/7/8（休息日）	15:00	22:00	7:00		35	
孙天	值班	2023/7/10（工作日）	18:00	21:00	3:00		35	
孔明	接待客户	2023/7/11（工作日）	18:00	20:00	2:00		35	

备注：
工作日加班，1.5倍工资/小时
休息日加班，2倍工资/小时
节假日工资，3倍工资/小时

图 7–5

6 在 G3 单元格中输入公式“=ROUND(TEXT(F3,"[h].mmss")+0.2,0)”，如图 7–6 所示。

员工加班补贴表

姓名	加班原因	加班日期	开始时间	结束时间	加班时间	实际加班时间（小时）	加班费（元/小时）	总加班费
张青	值班	2023/5/1（节假日）	8:00	19:00	=ROUND(TEXT(F3,"[h].mmss")+0.2,0)			
张红	值班	2023/6/2（工作日）	18:00	21:00	3:00		35	
韩伊	赶工作	2023/6/10（休息日）	13:00	22:00	9:00		35	
张强	赶工作	2023/6/23（节假日）	12:00	21:00	9:00		35	
李华	接待客户	2023/7/1（工作日）	18:00	23:00	5:00		35	
张倩	接待客户	2023/7/8（休息日）	15:00	22:00	7:00		35	
孙天	值班	2023/7/10（工作日）	18:00	21:00	3:00		35	
孔明	接待客户	2023/7/11（工作日）	18:00	20:00	2:00		35	

备注：
工作日加班，1.5倍工资/小时
休息日加班，2倍工资/小时
节假日工资，3倍工资/小时

图 7–6

7 按【Enter】键得出结果，然后拖动鼠标，将公式填充到剩余单元格中，算出其他员工具体加班时间，效果如图 7–7 所示。

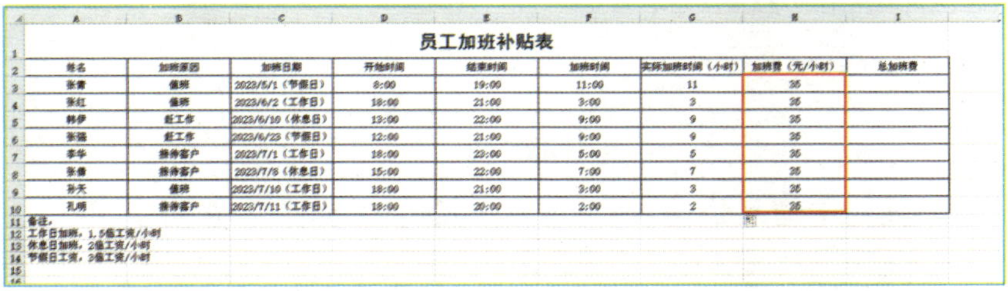

员工加班补贴表

姓名	加班原因	加班日期	开始时间	结束时间	加班时间	实际加班时间（小时）	加班费（元/小时）	总加班费
张青	值班	2023/5/1（节假日）	8:00	19:00	11:00	11	35	
张红	值班	2023/6/2（工作日）	18:00	21:00	3:00	3	35	
韩伊	赶工作	2023/6/10（休息日）	13:00	22:00	9:00	9	35	
张强	赶工作	2023/6/23（节假日）	12:00	21:00	9:00	9	35	
李华	接待客户	2023/7/1（工作日）	18:00	23:00	5:00	5	35	
张倩	接待客户	2023/7/8（休息日）	15:00	22:00	7:00	7	35	
孙天	值班	2023/7/10（工作日）	18:00	21:00	3:00	3	35	
孔明	接待客户	2023/7/11（工作日）	18:00	20:00	2:00	2	35	

备注：
工作日加班：1.5倍工资/小时
休息日加班：2倍工资/小时
节假日工资：3倍工资/小时

图 7–7

7.1.2 统计员工加班费

统计员工加班费的操作步骤如下：

1 打开“员工加班补贴表”，在 I3 单元格中输入公式“=ROUND(H3*G3*3,2)”，如图 7–8 所示。

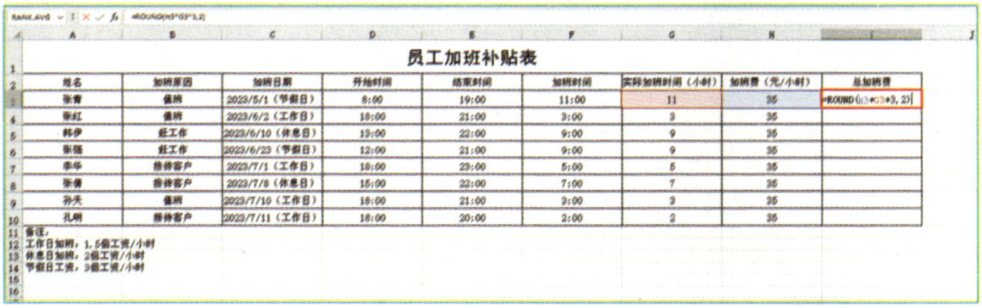

=ROUND(H3*G3*3,2)

员工加班补贴表

姓名	加班原因	加班日期	开始时间	结束时间	加班时间	实际加班时间（小时）	加班费（元/小时）	总加班费
张青	值班	2023/5/1（节假日）	8:00	19:00	11:00	11	35	=ROUND(H3*G3*3, 2)
张红	值班	2023/6/2（工作日）	18:00	21:00	3:00	3	35	
韩伊	赶工作	2023/6/10（休息日）	13:00	22:00	9:00	9	35	
张强	赶工作	2023/6/23（节假日）	12:00	21:00	9:00	9	35	
李华	接待客户	2023/7/1（工作日）	18:00	23:00	5:00	5	35	
张倩	接待客户	2023/7/8（休息日）	15:00	22:00	7:00	7	35	
孙天	值班	2023/7/10（工作日）	18:00	21:00	3:00	3	35	
孔明	接待客户	2023/7/11（工作日）	18:00	20:00	2:00	2	35	

备注：
工作日加班：1.5倍工资/小时
休息日加班：2倍工资/小时
节假日工资：3倍工资/小时

图 7–8

2 按【Enter】键得出结果，如图 7–9 所示。

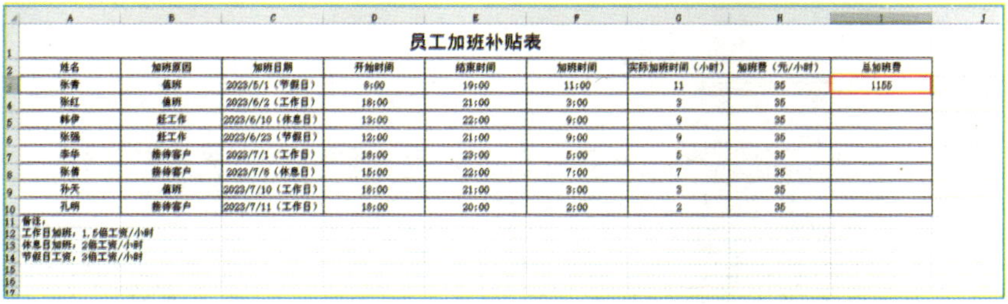

员工加班补贴表

姓名	加班原因	加班日期	开始时间	结束时间	加班时间	实际加班时间（小时）	加班费（元/小时）	总加班费
张青	值班	2023/5/1（节假日）	8:00	19:00	11:00	11	35	1155
张红	值班	2023/6/2（工作日）	18:00	21:00	3:00	3	35	
韩伊	赶工作	2023/6/10（休息日）	13:00	22:00	9:00	9	35	
张强	赶工作	2023/6/23（节假日）	12:00	21:00	9:00	9	35	
李华	接待客户	2023/7/1（工作日）	18:00	23:00	5:00	5	35	
张倩	接待客户	2023/7/8（休息日）	15:00	22:00	7:00	7	35	
孙天	值班	2023/7/10（工作日）	18:00	21:00	3:00	3	35	
孔明	接待客户	2023/7/11（工作日）	18:00	20:00	2:00	2	35	

备注：
工作日加班：1.5倍工资/小时
休息日加班：2倍工资/小时
节假日工资：3倍工资/小时

图 7–9

3 在 I4 单元格中输入公式“=ROUND(H4*G4*1.5,2)”，如图 7–10 所示。

RANK.AVG　=ROUND(H4*G4*1.5,2)

员工加班补贴表

姓名	加班原因	加班日期	开始时间	结束时间	加班时间	实际加班时间（小时）	加班费（元/小时）	总加班费
张青	值班	2023/5/1（节假日）	8:00	19:00	11:00	11	35	1155
张红	值班	2023/6/2（工作日）	18:00	21:00	3:00	3	=ROUND(H4*G4*1.5,2)	
韩伊	赶工作	2023/6/10（休息日）	13:00	22:00	9:00	9	35	
张强	赶工作	2023/6/23（节假日）	12:00	21:00	9:00	9	35	
李华	接待客户	2023/7/1（工作日）	18:00	23:00	5:00	5	35	
张倩	接待客户	2023/7/8（休息日）	15:00	22:00	7:00	7	35	
孙天	值班	2023/7/10（工作日）	18:00	21:00	3:00	3	35	
孔明	接待客户	2023/7/11（工作日）	18:00	20:00	2:00	2	35	

备注：
工作日加班：1.5倍工资/小时
休息日加班：2倍工资/小时
节假日工资：3倍工资/小时

图 7–10

4 按【Enter】键得出结果，如图 7–11 所示。

员工加班补贴表

姓名	加班原因	加班日期	开始时间	结束时间	加班时间	实际加班时间（小时）	加班费（元/小时）	总加班费
张青	值班	2023/5/1（节假日）	8:00	19:00	11:00	11	35	1155
张红	值班	2023/6/2（工作日）	18:00	21:00	3:00	3	35	157.5
韩伊	赶工作	2023/6/10（休息日）	13:00	22:00	9:00	9	35	
张强	赶工作	2023/6/23（节假日）	12:00	21:00	9:00	9	35	
李华	接待客户	2023/7/1（工作日）	18:00	23:00	5:00	5	35	
张倩	接待客户	2023/7/8（休息日）	15:00	22:00	7:00	7	35	
孙天	值班	2023/7/10（工作日）	18:00	21:00	3:00	3	35	
孔明	接待客户	2023/7/11（工作日）	18:00	20:00	2:00	2	35	

备注：
工作日加班：1.5倍工资/小时
休息日加班：2倍工资/小时
节假日工资：3倍工资/小时

图 7–11

5 在 I5 单元格中输入公式“=ROUND(H5*G5*2,2)”，按【Enter】键得出结果；在 I6 单元格中输入公式“=ROUND(H6*G6*3,2)”，按【Enter】键得出结果；在 I7 单元格中输入公式 “=ROUND(H7*G7*1.5,2)”，按【Enter】键得出结果；在 I8 单元格中输入公式 “=ROUND(H8*G8*2,2)”，按【Enter】键得出结果；在 I9 单元格中输入公式“=ROUND(H9*G9*1.5,2)”，按【Enter】键得出结果；在 I10 单元格中输入公式 “=ROUND(H10*G10*1.5,2)”，按【Enter】键得出结果，如图 7–12 所示。

员工加班补贴表

姓名	加班原因	加班日期	开始时间	结束时间	加班时间	实际加班时间（小时）	加班费（元/小时）	总加班费
张青	值班	2023/5/1（节假日）	8:00	19:00	11:00	11	35	1155
张红	值班	2023/6/2（工作日）	18:00	21:00	3:00	3	35	157.5
韩伊	赶工作	2023/6/10（休息日）	13:00	22:00	9:00	9	35	630
张强	赶工作	2023/6/23（节假日）	12:00	21:00	9:00	9	35	945
李华	接待客户	2023/7/1（工作日）	18:00	23:00	5:00	5	35	262.5
张倩	接待客户	2023/7/8（休息日）	15:00	22:00	7:00	7	35	490
孙天	值班	2023/7/10（工作日）	18:00	21:00	3:00	3	35	157.5
孔明	接待客户	2023/7/11（工作日）	18:00	20:00	2:00	2	35	105

备注：
工作日加班：1.5倍工资/小时
休息日加班：2倍工资/小时
节假日工资：3倍工资/小时

图 7–12

6 选中 I3:I10 单元格区域，单击鼠标右键，选中【设置单元格格式】命令，如图 7–13 所示。

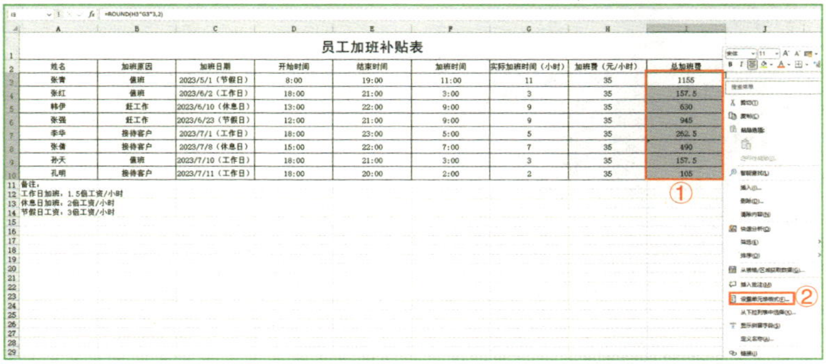

图 7-13

7 弹出【设置单元格格式】对话框，单击【数字】选项【分类】列表框中的【数值】，在右侧中设置小数点位数，此处设置为【2】，最后单击【确定】按钮，如图 7-14 所示。

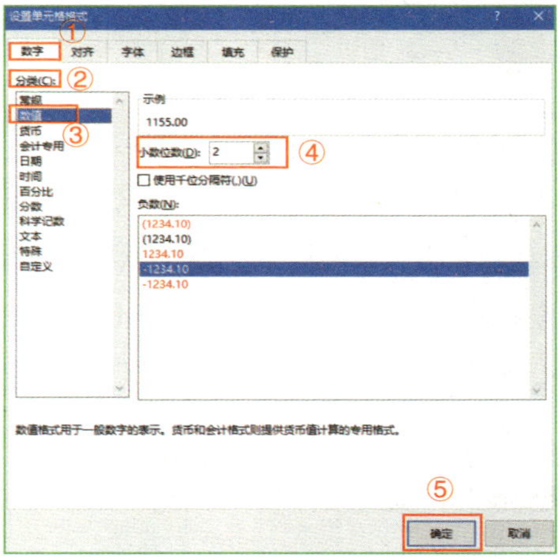

图 7-14

8 效果如图 7-15 所示。

图 7-15

实用贴士

一般情况下，HR需要将制作的表格打印出来，那么可以使用按组合键的方式弹出【打印内容】对话框，将相关文件打印出来，即【Ctrl+P】。

7.2 核算员工工资

核算员工工资需要先创建一个工资明细表，然后根据里面的内容和实际情况对员工工资进行核算，本节将详细介绍核算员工工资的相关内容。

7.2.1 创建员工工资明细表

创建“员工工资明细表”的操作步骤如下：

1 创建一个空白工作簿，将“Sheet1”工作表重命名为“员工工资明细表”，将第1行行高设置为【40】，第2~8行行高设置为【20】，A~M列列宽设置为【15】，将A1:M1单元格合并后居中，并输入文字“员工工资明细表”，字体设置为【黑体】，字号设置为【20】。选中A1:M8单元格区域，单击【开始】选项卡下【字体】选项组中的【边框】下拉按钮，在其下拉列表中选择【所有框线】命令，如图7-16所示。

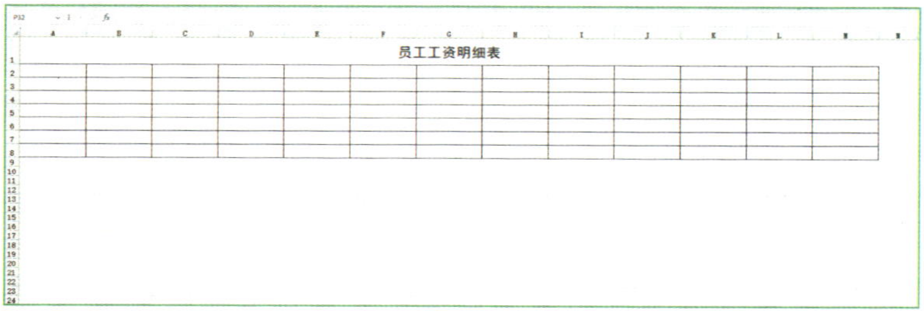

图7-16

2 在工作表中填入相应的内容，如图7-17所示。

员工工资明细表

序号	工号	姓名	部门	基础工资	考勤扣除	加班费	福利补贴	应发工资	社保扣除	公积金扣除	个人所得税扣除	实发工资
1	1001	张三	行政部	4500	450	590	800		456	300		
2	1002	李华	财务部	2500	250	650	800		200	500		
3	1003	张红	人事部	3500		4569	800		380	200		
4	1004	刘倩	人事部	3500		1235	800		358	200		
5	1005	孔明	发行部	5000	300	900	800		400	459		
6	1006	扬天	发行部	5000		800	8000		500	635		

图 7–17

7.2.2 统计员工应发工资

统计员工应发工资的操作步骤如下：

1 打开“员工工资明细表”，在I3单元格中输入公式“=ROUND(SUM(E3+G3–F3),2)”，如图 7–18 所示。

RANK.AVG　=ROUND(SUM(E3+G3-F3),2)

员工工资明细表

序号	工号	姓名	部门	基础工资	考勤扣除	加班费	福利补贴	应发工资	社保扣除	公积金扣除	个人所得税扣除	实发工资
1	1001	张三	行政部	4500	450	590	=ROUND(SUM(E3+G3-F3),2)			300		
2	1002	李华	财务部	2500	250	650	800		200	500		
3	1003	张红	人事部	3500		4569	800		380	200		
4	1004	刘倩	人事部	3500		1235	800		358	200		
5	1005	孔明	发行部	5000	300	900	800		400	459		
6	1006	扬天	发行部	5000		800	8000		500	635		

图 7–18

2 按【Enter】键得出结果，以拖拽填充的方式，算出其他员工的应发工资，最终结果如图 7–19 所示。

员工工资明细表

序号	工号	姓名	部门	基础工资	考勤扣除	加班费	福利补贴	应发工资	社保扣除	公积金扣除	个人所得税扣除	实发工资
1	1001	张三	行政部	4500	450	590	800	4640	456	300		
2	1002	李华	财务部	2500	250	650	800	2900	200	500		
3	1003	张红	人事部	3500		4569	800	8069	380	200		
4	1004	刘倩	人事部	3500		1235	800	4735	358	200		
5	1005	孔明	发行部	5000	300	900	800	5600	400	459		
6	1006	扬天	发行部	5000		800	8000	5800	500	635		

图 7–19

实用贴士

ROUND 函数指的是按照小数点的位数进行四舍五入，其语法结构为 ROUND(number,digits)，number 表示要四舍五入的值，digits 表示小数点后要保留的位数。

7.2.3 统计员工代缴个人所得税

统计员工代缴个人所得税的操作步骤如下：

1 打开“员工工资明细表”，在 L3 单元格中输入公式“=SUM((I3-J3-K3-{5000,7000}>0)*(I3-J3-K3-{5000,7000})*0.05)”，如图 7-20 所示。

图 7-20

2 按【Enter】键得出结果，以拖拽填充的方式，算出其他员工需扣除的个人所得税，如图 7-21 所示。

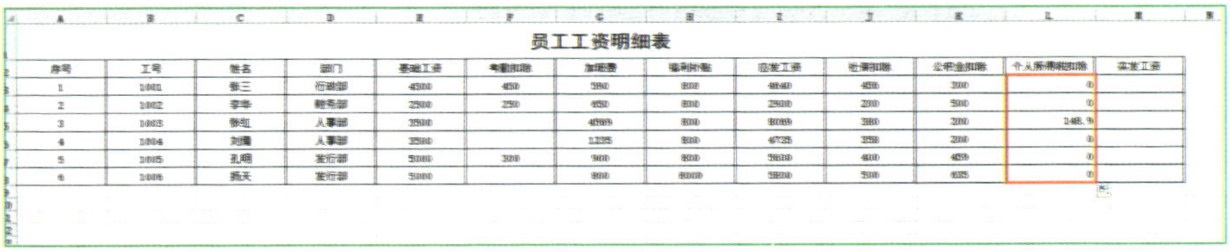

图 7-21

3 选中 L3:L8 单元格区域，单击鼠标右键，选择【设置单元格格式】命令，如图 7-22 所示。

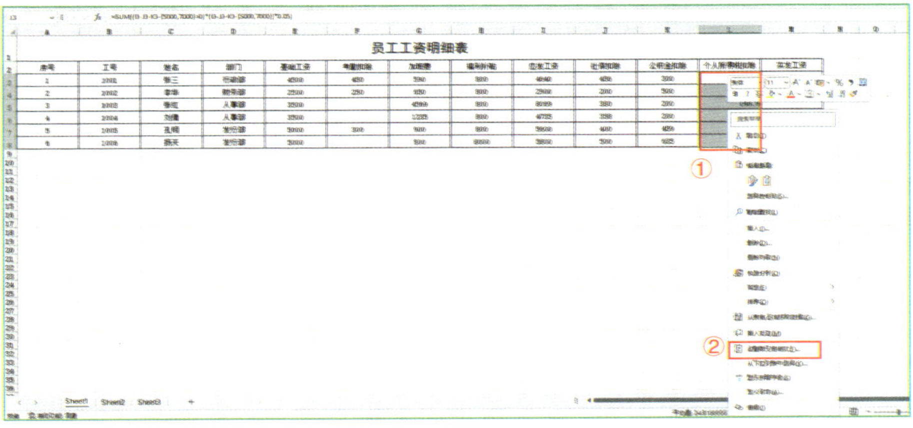

图 7-22

4 弹出【设置单元格格式】对话框，单击【数字】选项【分类】列表框中的【数值】，在右侧中设置小数点位数，此处设置为【2】，最后单击【确定】按钮，如图 7–23 所示。

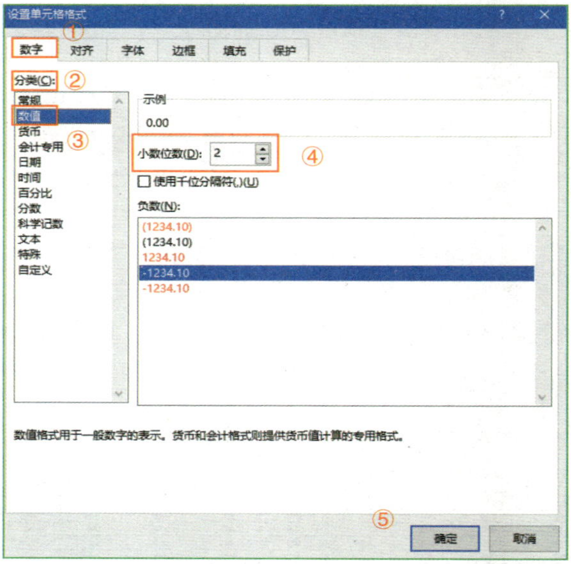

图 7–23

5 效果如图 7–24 所示。

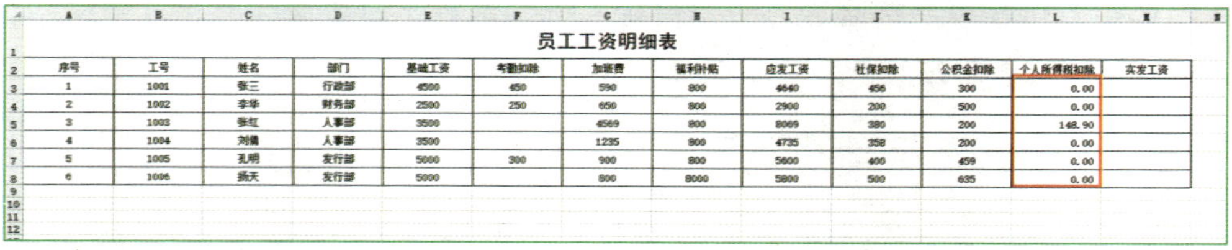

员工工资明细表

序号	工号	姓名	部门	基础工资	考勤扣除	加班费	福利补贴	应发工资	社保扣除	公积金扣除	个人所得税扣除	实发工资
1	1001	张三	行政部	4500	450	590	800	4640	456	300	0.00	
2	1002	李华	财务部	2500	250	650	800	2900	200	500	0.00	
3	1003	张红	人事部	3500		4569	800	8069	380	200	148.90	
4	1004	刘倩	人事部	3500		1235	800	4735	358	200	0.00	
5	1005	孔明	发行部	5000	300	900	800	5600	400	459	0.00	
6	1006	扬天	发行部	5000		800	8000	5800	500	635	0.00	

图 7–24

7.2.4 统计员工实发工资

统计员工实发工资的操作步骤如下：

1 打开“员工工资明细表”，在 M3 单元格中输入公式“=ROUND(I3–J3–K3–L3,2)”，如图 7–25 所示。

RANK.AVG =ROUND(I3-J3-K3-L3,2)

员工工资明细表

序号	工号	姓名	部门	基础工资	考勤扣除	加班费	福利补贴	应发工资	社保扣除	公积金扣除	个人所得税扣除	实发工资
1	1001	张三	行政部	4500	450	590	800	4640	456	300	=ROUND(I3-J3-K3-L3,2)	
2	1002	李华	财务部	2500	250	650	800	2900	200	500	0.00	
3	1003	张红	人事部	3500		4569	800	8069	380	200	148.90	
4	1004	刘倩	人事部	3500		1235	800	4735	358	200	0.00	
5	1005	孔明	发行部	5000	300	900	800	5600	400	459	0.00	
6	1006	扬天	发行部	5000		800	8000	5800	500	635	0.00	

图 7–25

2 按【Enter】键得出结果，以拖拽填充的方式，算出其他员工的实发工资，如图 7–26 所示。

员工工资明细表

序号	工号	姓名	部门	基础工资	考勤扣除	加班费	福利补贴	应发工资	社保扣除	公积金扣除	个人所得税扣除	实发工资
1	1001	张三	行政部	4500	450	590	800	4640	456	300	0.00	3884.00
2	1002	李华	财务部	2500	250	650	800	2900	200	500	0.00	2200.00
3	1003	张红	人事部	3500		4569	800	8069	380	200	148.90	7340.10
4	1004	刘倩	人事部	3500		1235	800	4735	358	200	0.00	4177.00
5	1005	孔明	发行部	5000	300	900	800	5600	400	459	0.00	4741.00
6	1006	扬天	发行部	5000		800	8000	5800	500	635	0.00	4665.00

图 7–26

7.2.5 制作员工工资条

制作员工工资表有两种方法，一是跨工作表制作，二是序列填充创建，操作步骤如下：

1.跨工作表制作

“跨工作表制作”指的是在一个工作簿中使用不同的工作表来创建和管理数据。员工工资条是在“员工工资明细表”的基础上创建的，二者在同一个工作簿中的不同工作表中，操作步骤如下：

1 在“员工工资明细表”工作簿中创建新的工作表，并命名为“员工工资条”，将第 1 行行高设置为【40】，A~M 列列宽设置为【15】，将 A1:M1 单元格合并后居中，并输入文字“员工工资条”，字体设置为【黑体】，字号设置为【20】，并将“员工工资明细表”的表头填充在第 2 行，如图 7–27 所示。

2 在 A3 单元格中输入“1”，在 B3 单元格中输入公式“=VLOOKUP($A3,员工工资明细表!$A$3:$M$8,COLUMN(),0)”，如图 7–28 所示。

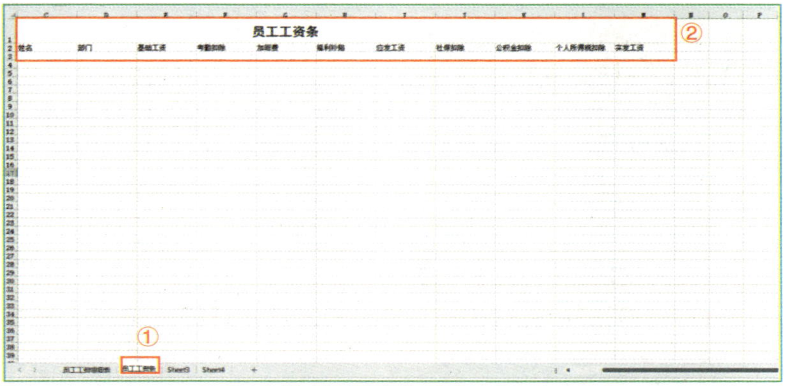

图 7-27

图 7-28

3 按【Enter】键得出结果，以拖拽填充的方式，算出其他项的数据，将工作表中的数据居中，并为 A3:M3 单元格区域添加边框，如图 7-29 所示。

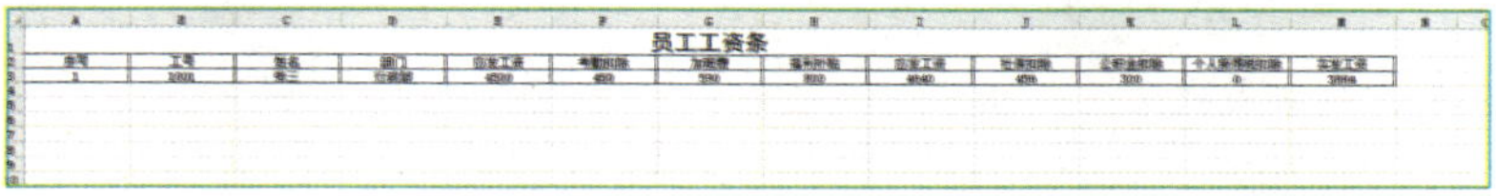

图 7-29

4 将第 2~17 行行高设置为 20，并分别为 A5:M6、A8:M9、A11:M12、A14:M15、A17:M18 单元格区域添加边框，填入表头，并填入相应的序号，效果如图 7-30 所示。

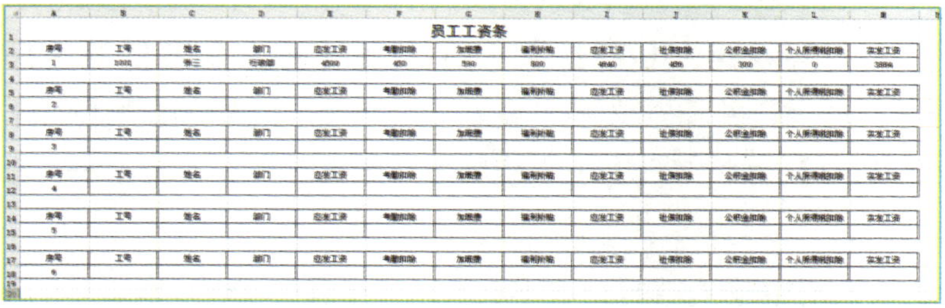

图 7-30

5 在 B6 单元格中输入公式“=VLOOKUP($A6,员工工资明细表!$A$3:$M$8,COLUMN(),0)”，后按【Enter】键，并以拖拽鼠标的方式算出其他项的数据。以同样的方式，在 B9 单元格中输入公式“=VLOOKUP($A9,员工工资明细表!$A$3:$M$8,COLUMN(),0)”，B12 单元格中输入公式“=VLOOKUP($A12,员工工资明细表!$A$3:$M$8,COLUMN(),0)”，B15 单元格中输入公式“=VLOOKUP($A15，员工工资明细表!$A$3:$M$8,COLUMN(),0)”，B18 单元格中输入公式“=VLOOKUP($A18,员工工资明细表!$A$3:$M$8,COLUMN(),0)”，最后调整数据的位置和单元格格式，效果如图 7-31 所示。

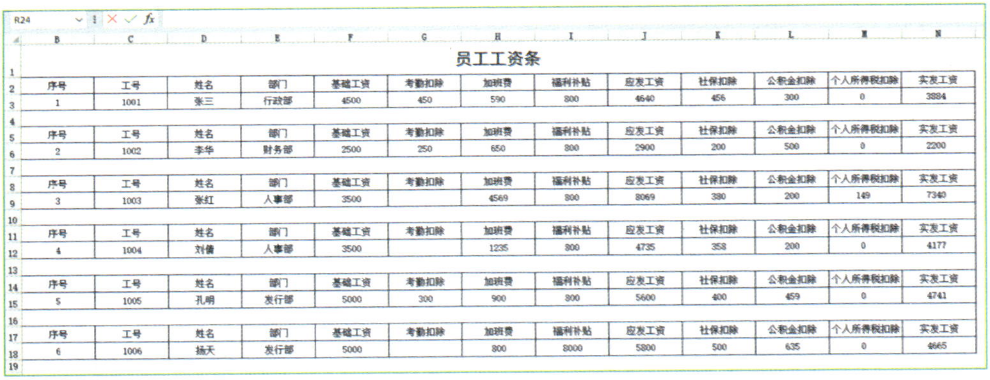

员工工资条

序号	工号	姓名	部门	基础工资	考勤扣除	加班费	福利补贴	应发工资	社保扣除	公积金扣除	个人所得税扣除	实发工资
1	1001	张三	行政部	4500	450	590	800	4640	456	300	0	3884
序号	工号	姓名	部门	基础工资	考勤扣除	加班费	福利补贴	应发工资	社保扣除	公积金扣除	个人所得税扣除	实发工资
2	1002	李华	财务部	2500	250	650	800	2900	200	500	0	2200
序号	工号	姓名	部门	基础工资	考勤扣除	加班费	福利补贴	应发工资	社保扣除	公积金扣除	个人所得税扣除	实发工资
3	1003	张红	人事部	3500		4569	800	8069	380	200	149	7340
序号	工号	姓名	部门	基础工资	考勤扣除	加班费	福利补贴	应发工资	社保扣除	公积金扣除	个人所得税扣除	实发工资
4	1004	刘倩	人事部	3500		1235	800	4735	358	200	0	4177
序号	工号	姓名	部门	基础工资	考勤扣除	加班费	福利补贴	应发工资	社保扣除	公积金扣除	个人所得税扣除	实发工资
5	1005	孔明	发行部	5000	300	900	800	5600	400	459	0	4741
序号	工号	姓名	部门	基础工资	考勤扣除	加班费	福利补贴	应发工资	社保扣除	公积金扣除	个人所得税扣除	实发工资
6	1006	扬天	发行部	5000		800	8000	5800	500	635	0	4665

图 7-31

2.序列填充制作

“序列填充制作”制作“员工工资条”是指移动或复制一个“员工工资明细表”，在“员工工资明细表（2）”中进行填充制作，操作步骤如下：

1 打开“员工工资明细表”工作簿，选中“员工工资明细表”工作表，单击鼠标右键，弹出快捷菜单后选择【移动或复制】命令，如图 7-32 所示。

2 弹出【移动或复制工作表】对话框，勾选【建立副本】复选框，单击【确定】按钮，如图 7-33 所示。

3 “员工工资明细表”工作表左侧会出现一个名为“员工工资明细表（2）”的工作表，如图 7-34 所示。

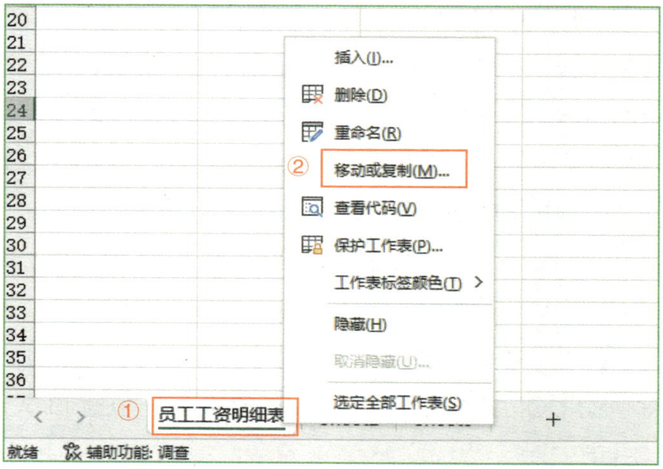

图 7-32

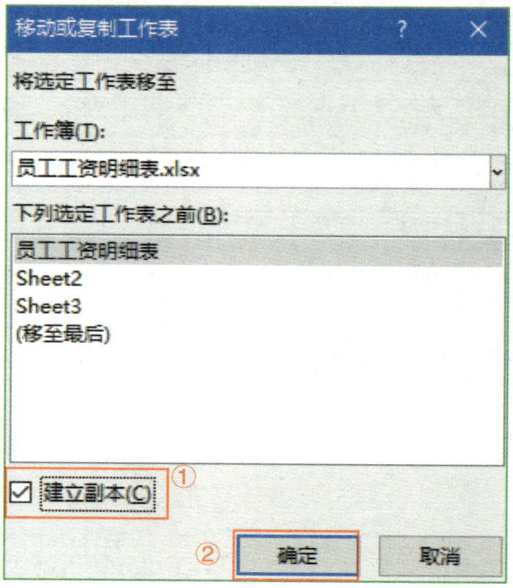

图 7-33

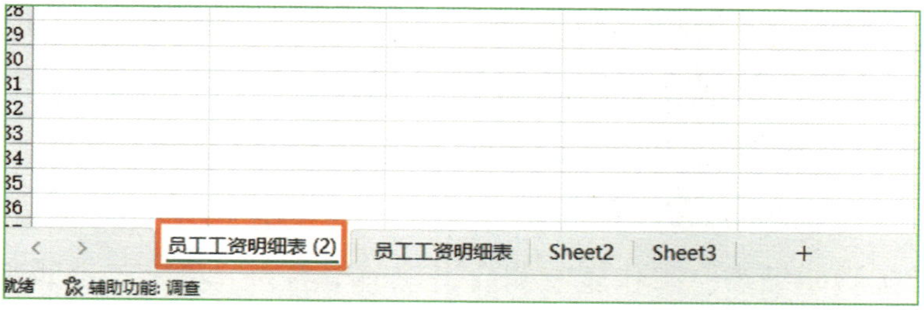

图 7-34

4 在“员工工资明细表（2）”中选中 A2 单元格，单击鼠标右键，选择【插入】命令，如图 7–35 所示。

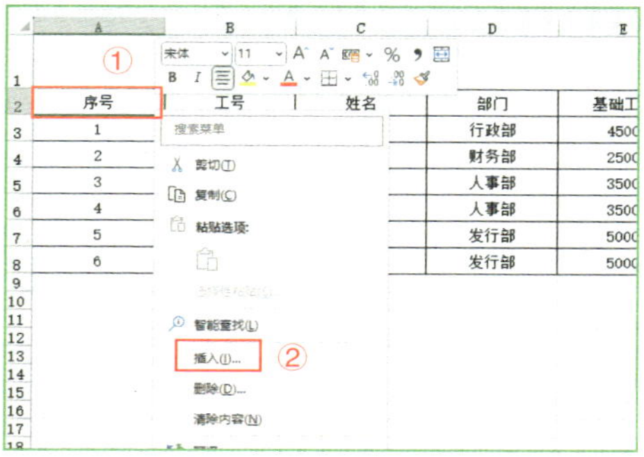

图 7–35

5 弹出【插入】对话框，选择【整列】单选框，单击【确定】按钮，如图 7–36 所示。

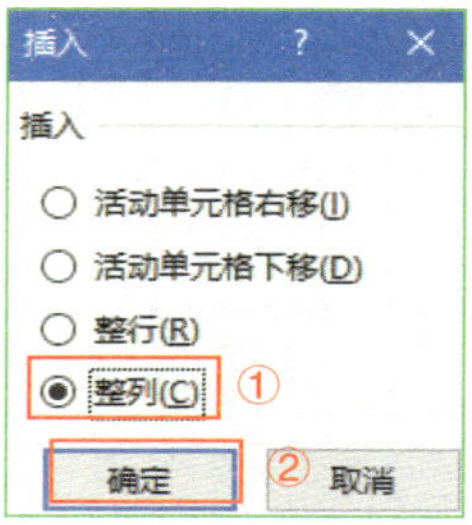

图 7–36

6 “工资明细表”左边会多出一列，在 A3 单元格中输入“1”，然后将鼠标指针放至 A3 单元格右下角，当指针变为【+】时，按住【Ctrl】键和鼠标左键拖拽至 A8 单元格，最终效果如图 7–37 所示。

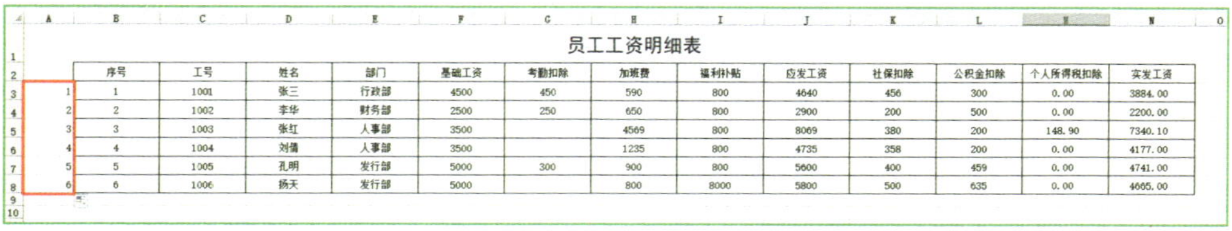

员工工资明细表

	序号	工号	姓名	部门	基础工资	考勤扣除	加班费	福利补贴	应发工资	社保扣除	公积金扣除	个人所得税扣除	实发工资
1	1	1001	张三	行政部	4500	450	590	800	4640	456	300	0.00	3884.00
2	2	1002	李华	财务部	2500	250	650	800	2900	200	500	0.00	2200.00
3	3	1003	张红	人事部	3500		4569	800	8069	380	200	148.90	7340.10
4	4	1004	刘倩	人事部	3500		1235	800	4735	358	200	0.00	4177.00
5	5	1005	孔明	发行部	5000	300	900	800	5600	400	459	0.00	4741.00
6	6	1006	扬天	发行部	5000		800	8000	5800	500	635	0.00	4665.00

图 7–37

7 在 A9 单元格中输入“1.2”，然后将鼠标指针放至 A9 单元格右下角，当鼠标指针变为【 + 】时，按住【 Ctrl 】键和鼠标左键拖拽至 A14 单元格，最终效果如图 7–38 所示。

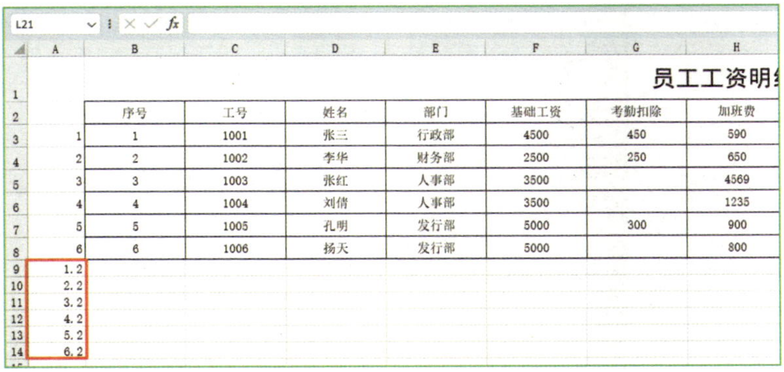

图 7–38

8 选择 A3:A14 单元格区域，单击【 数据 】选项卡下【 排序和筛选 】选项组中的【 排序 】按钮，如图 7–39 所示。

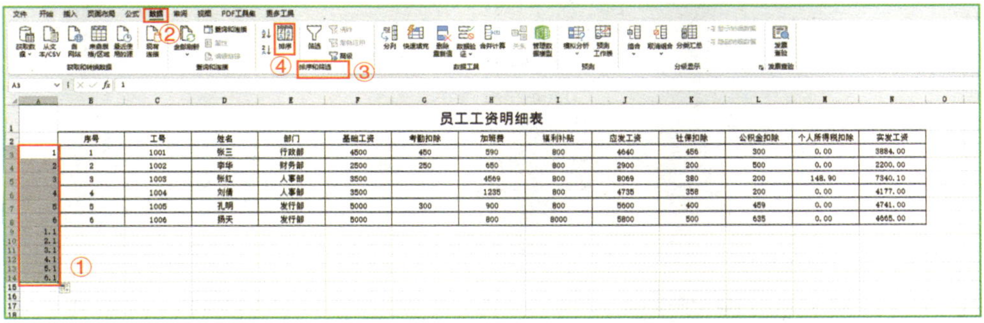

图 7–39

9 弹出【 排序提醒 】对话框，选中【 扩展选定区域 】，单击【 排序 】按钮，如图 7–40 所示。

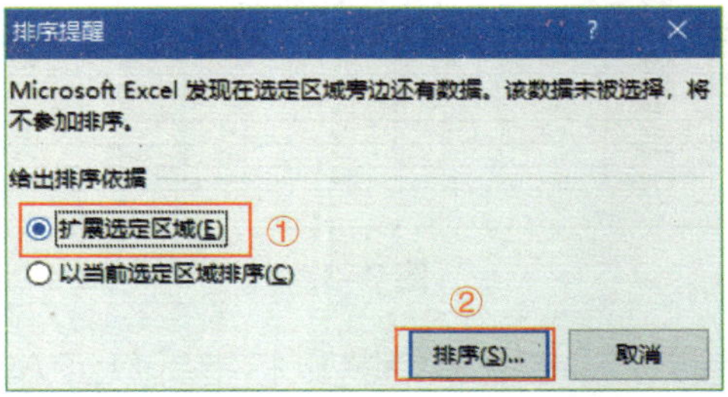

图 7–40

10 弹出【排序】对话框，在【排序依据】下拉按钮下选择【列（A）】，单击【确定】按钮，如图 7-41 所示。

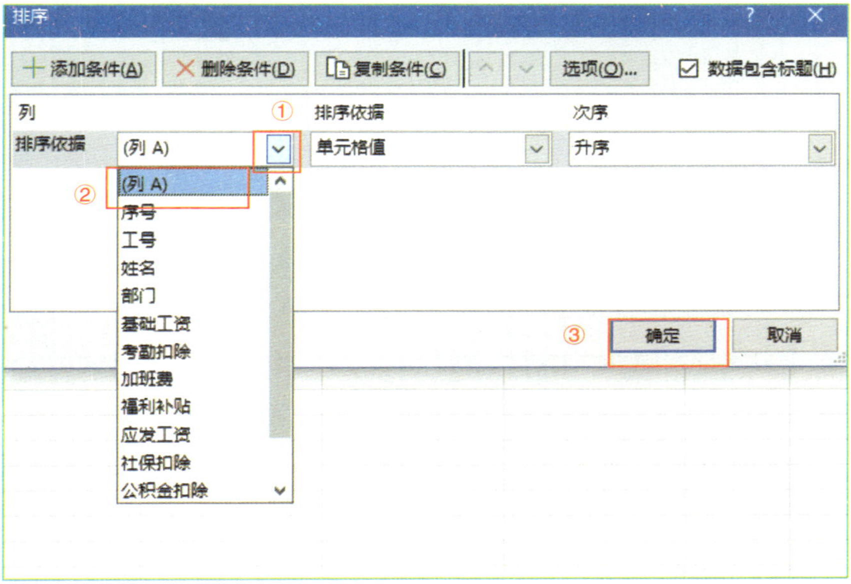

图 7-41

11 效果如图 7-42 所示。

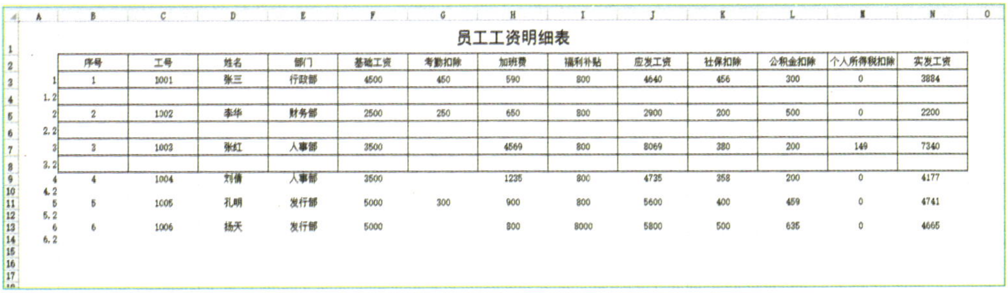

员工工资明细表

A	序号	工号	姓名	部门	基础工资	考勤扣除	加班费	福利补贴	应发工资	社保扣除	公积金扣除	个人所得税扣除	实发工资
1	1	1001	张三	行政部	4500	450	590	800	4640	456	300	0	3884
1.2													
2	2	1302	李华	财务部	2500	250	650	800	2900	200	500	0	2200
2.2													
3	3	1003	张红	人事部	3500		4569	800	8069	380	200	149	7340
3.2													
4	4	1004	刘倩	人事部	3500		1235	800	4735	358	200	0	4177
4.2													
5	5	1005	孔明	发行部	5000	300	900	800	5600	400	459	0	4741
5.2													
6	6	1006	扬天	发行部	5000		800	8000	5800	500	635	0	4665
6.2													

图 7-42

12 选中 B4:N13 单元格区域，按键盘上的【F5】键，弹出【定位】对话框，单击【定位条件】单选框，如图 7-43 所示。

13 弹出【定位条件】对话框，选择【空值】单选框，单击【确定】按钮，如图 7-44 所示。

14 这样每位员工的工资条之间就会有一个空行，如图 7–45 所示。

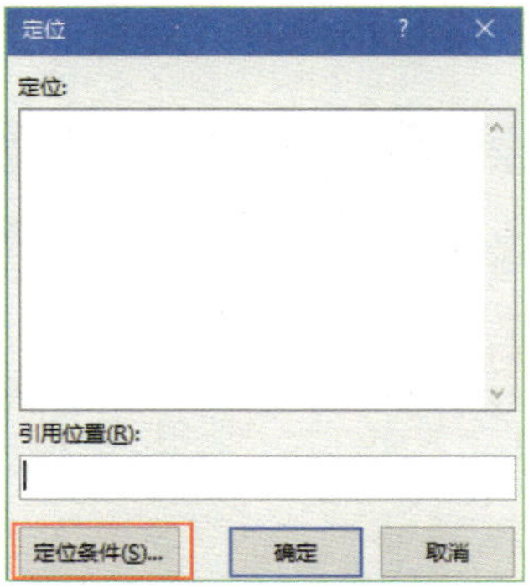

图 7–43

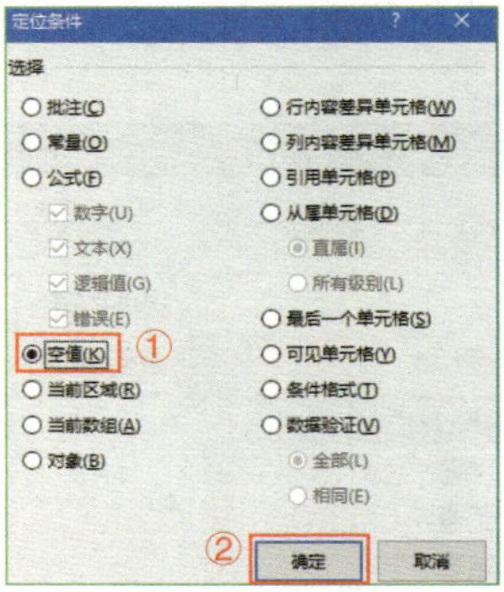

图 7–44

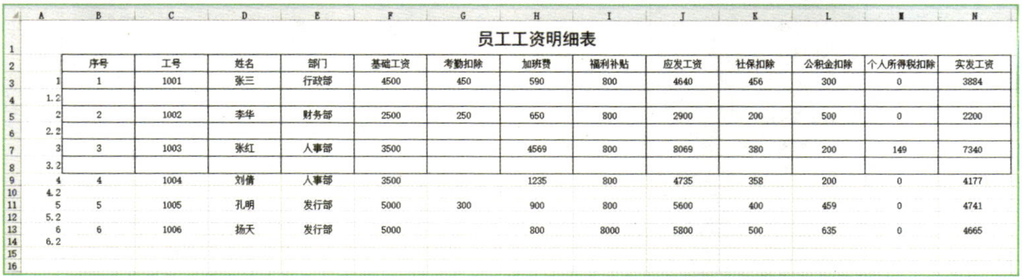

员工工资明细表

A	序号	工号	姓名	部门	基础工资	考勤扣除	加班费	福利补贴	应发工资	社保扣除	公积金扣除	个人所得税扣除	实发工资
1	1	1001	张三	行政部	4500	450	590	800	4640	456	300	0	3884
1.2													
2	2	1002	李华	财务部	2500	250	650	800	2900	200	500	0	2200
2.2													
3	3	1003	张红	人事部	3500		4569	800	8069	380	200	149	7340
3.2													
4	4	1004	刘倩	人事部	3500		1235	800	4735	358	200	0	4177
4.2													
5	5	1005	孔明	发行部	5000	300	900	800	5600	400	459	0	4741
5.2													
6	6	1006	扬天	发行部	5000		800	8000	5800	500	635	0	4665
6.2													

图 7–45

15 将 B2:N2 单元格中的文字分别复制到空行中，效果如图 7–46 所示。

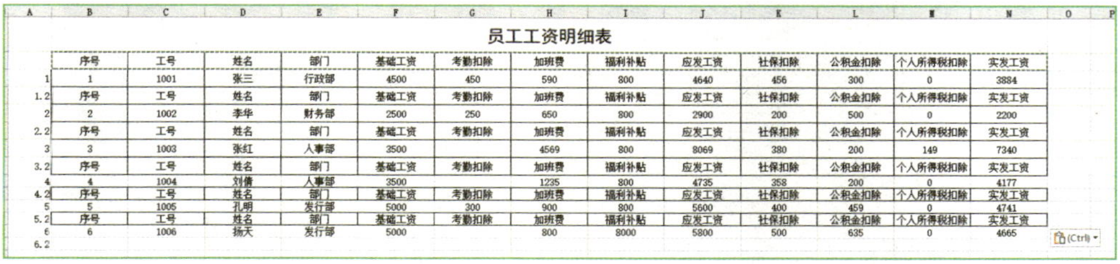

员工工资明细表

A	序号	工号	姓名	部门	基础工资	考勤扣除	加班费	福利补贴	应发工资	社保扣除	公积金扣除	个人所得税扣除	实发工资
1	1	1001	张三	行政部	4500	450	590	800	4640	456	300	0	3884
1.2	序号	工号	姓名	部门	基础工资	考勤扣除	加班费	福利补贴	应发工资	社保扣除	公积金扣除	个人所得税扣除	实发工资
2	2	1002	李华	财务部	2500	250	650	800	2900	200	500	0	2200
2.2	序号	工号	姓名	部门	基础工资	考勤扣除	加班费	福利补贴	应发工资	社保扣除	公积金扣除	个人所得税扣除	实发工资
3	3	1003	张红	人事部	3500		4569	800	8069	380	200	149	7340
3.2	序号	工号	姓名	部门	基础工资	考勤扣除	加班费	福利补贴	应发工资	社保扣除	公积金扣除	个人所得税扣除	实发工资
4	4	1004	刘倩	人事部	3500		1235	800	4735	358	200	0	4177
4.2	序号	工号	姓名	部门	基础工资	考勤扣除	加班费	福利补贴	应发工资	社保扣除	公积金扣除	个人所得税扣除	实发工资
5	5	1005	孔明	发行部	5000	300	900	800	5600	400	459	0	4741
5.2	序号	工号	姓名	部门	基础工资	考勤扣除	加班费	福利补贴	应发工资	社保扣除	公积金扣除	个人所得税扣除	实发工资
6	6	1006	扬天	发行部	5000		800	8000	5800	500	635	0	4665
6.2													

图 7–46

16 分别在第 3、6、9、15、18 行下插入 1 行，并分别写上 1.1、2.1、3.1、4.1、5.1、6.1，如图 7–47 所示。

17 选中 A 列，在 A 列中单击鼠标右键，在下拉列表中选择【删除】命令，如图 7–48 所示。

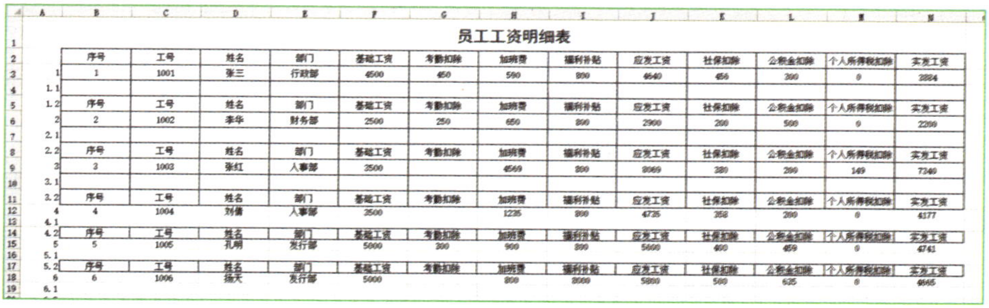

	员工工资明细表												
	序号	工号	姓名	部门	基础工资	考勤扣除	加班费	福利补贴	应发工资	社保扣除	公积金扣除	个人所得税扣除	实发工资
1	1	1001	张三	行政部	4500	450	590	800	4640	456	300	0	3884
1.1													
1.2	序号	工号	姓名	部门	基础工资	考勤扣除	加班费	福利补贴	应发工资	社保扣除	公积金扣除	个人所得税扣除	实发工资
2	2	1002	李华	财务部	2500	250	650	800	2900	200	500	0	2200
2.1													
2.2	序号	工号	姓名	部门	基础工资	考勤扣除	加班费	福利补贴	应发工资	社保扣除	公积金扣除	个人所得税扣除	实发工资
3	3	1003	张红	人事部	3500		4569	800	8069	380	200	149	7340
3.1													
3.2	序号	工号	姓名	部门	基础工资	考勤扣除	加班费	福利补贴	应发工资	社保扣除	公积金扣除	个人所得税扣除	实发工资
4	4	1004	刘備	人事部	3500		1235	800	4735	358	200	0	4177
4.1													
4.2	序号	工号	姓名	部门	基础工资	考勤扣除	加班费	福利补贴	应发工资	社保扣除	公积金扣除	个人所得税扣除	实发工资
5	5	1005	孔明	发行部	5000	300	900	800	5600	400	459	0	4741
5.1													
5.2	序号	工号	姓名	部门	基础工资	考勤扣除	加班费	福利补贴	应发工资	社保扣除	公积金扣除	个人所得税扣除	实发工资
6	6	1006	扬天	发行部	5000		800	2000	5800	500	635	0	4665
6.1													

图 7-47

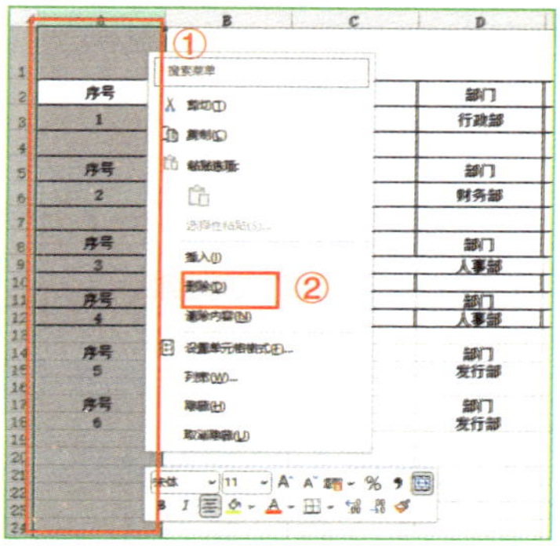

图 7-48

18 将“员工工资明细表”改为“员工工资条”；为工作表添加边框，调整列宽，将空白单元格合并，最终效果如图 7-49 所示。

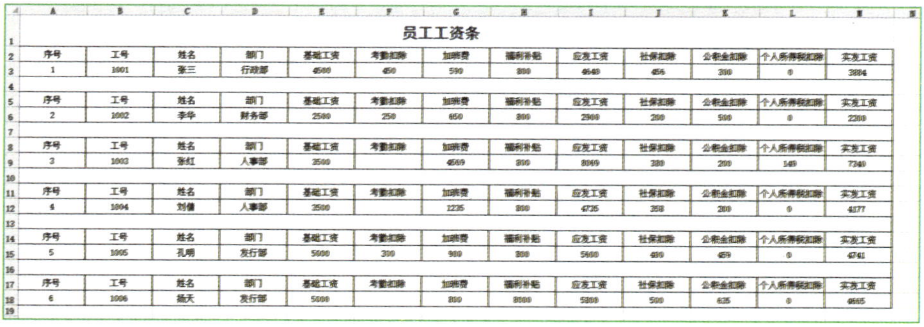

员工工资条												
序号	工号	姓名	部门	基础工资	考勤扣除	加班费	福利补贴	应发工资	社保扣除	公积金扣除	个人所得税扣除	实发工资
1	1001	张三	行政部	4500	450	590	800	4640	456	300	0	3884
序号	工号	姓名	部门	基础工资	考勤扣除	加班费	福利补贴	应发工资	社保扣除	公积金扣除	个人所得税扣除	实发工资
2	1002	李华	财务部	2500	250	650	800	2900	200	500	0	2200
序号	工号	姓名	部门	基础工资	考勤扣除	加班费	福利补贴	应发工资	社保扣除	公积金扣除	个人所得税扣除	实发工资
3	1003	张红	人事部	3500		4569	800	8069	380	200	149	7340
序号	工号	姓名	部门	基础工资	考勤扣除	加班费	福利补贴	应发工资	社保扣除	公积金扣除	个人所得税扣除	实发工资
4	1004	刘備	人事部	3500		1235	800	4735	358	200	0	4177
序号	工号	姓名	部门	基础工资	考勤扣除	加班费	福利补贴	应发工资	社保扣除	公积金扣除	个人所得税扣除	实发工资
5	1005	孔明	发行部	5000	300	900	800	5600	400	459	0	4741
序号	工号	姓名	部门	基础工资	考勤扣除	加班费	福利补贴	应发工资	社保扣除	公积金扣除	个人所得税扣除	实发工资
6	1006	扬天	发行部	5000		800	2000	5800	500	635	0	4665

图 7-49

7.2.6 分析员工工资

1.排序

使用排序功能可以将“员工工资明细表”中需要按一定依据排列出来，

步骤如下：

1 打开“员工工资明细表”，选中 A2:M8 单元格区域，单击【数据】选项卡下的【排序和筛选】选项组中的【排序】按钮，如图 7–50 所示。

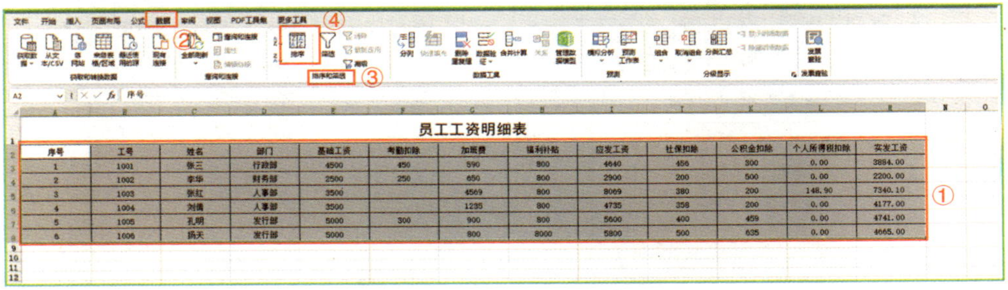

员工工资明细表

序号	工号	姓名	部门	基础工资	考勤扣除	加班费	福利补贴	应发工资	社保扣除	公积金扣除	个人所得税扣除	实发工资
1	1001	张三	行政部	4500	450	590	800	4640	456	300	0.00	3884.00
2	1002	李华	财务部	2500	250	650	800	2900	200	500	0.00	2200.00
3	1003	张红	人事部	3500		4569	800	8069	380	200	148.90	7340.10
4	1004	刘倩	人事部	3500		1235	800	4735	358	200	0.00	4177.00
5	1005	孔明	发行部	5000	300	900	800	5600	400	459	0.00	4741.00
6	1006	扬天	发行部	5000		800	8000	5800	500	635	0.00	4665.00

图 7–50

2 打开【排序】对话框，单击【列】下面的【排序依据】下拉按钮，在下拉列表中选择【部门】选项，在【排序依据】的下拉列表中选择【单元格值】选项，在【次序】的下拉列表中选择【降序】选项。单击【添加条件】按钮，单击【次要关键字】下拉按钮，在下拉列表中选择【实发工资】，设置【排序依据】为【单元格值】，设置【次序】为【升序】，单击【确定】按钮，如图 7–51 所示。

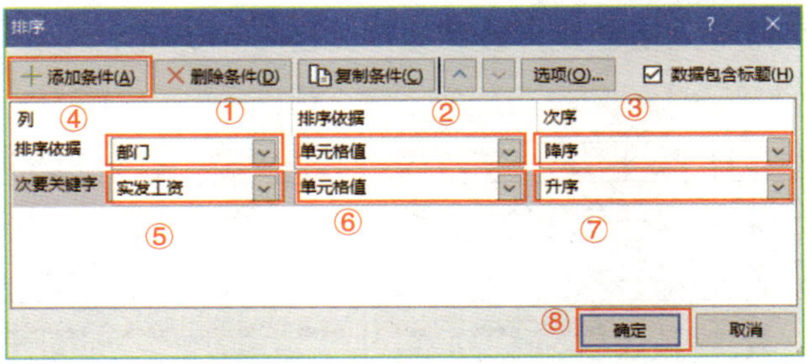

图 7–51

3 排序效果如图 7–52 所示。

员工工资明细表

序号	工号	姓名	部门	基础工资	考勤扣除	加班费	福利补贴	应发工资	社保扣除	公积金扣除	个人所得税扣除	实发工资
1	1001	张三	行政部	4500	450	590	800	4640	456	300	0.00	3884.00
4	1004	刘倩	人事部	3500		1235	800	4735	358	200	0.00	4177.00
3	1003	张红	人事部	3500		4569	800	8069	380	200	148.90	7340.10
6	1006	扬天	发行部	5000		800	8000	5800	500	635	0.00	4665.00
5	1005	孔明	发行部	5000	300	900	800	5600	400	459	0.00	4741.00
2	1002	李华	财务部	2500	250	650	800	2900	200	500	0.00	2200.00

图 7–52

2.筛选

使用筛选功能可以将“员工工资明细表”中需要查看的数据显示出来，将无关的数据隐藏起来，步骤如下：

1 打开“员工工资明细表”工作表，选中任意一个单元格，此处选中 B2 单元格，单击【数据】选项卡下的【排序和筛选】选项组的【筛选】按钮，如图 7–53 所示。

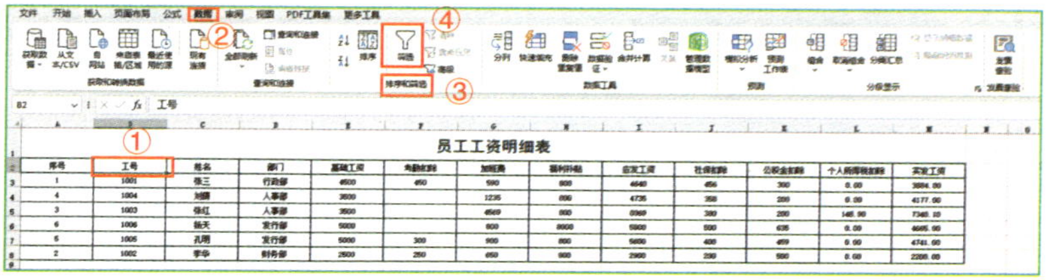

图 7–53

2 进入筛选模式，单击【部门】右侧的下拉按钮，在列表中勾选【人事部】复选框，取消其他复选框，单击【确定】按钮，如图 7–54 所示。

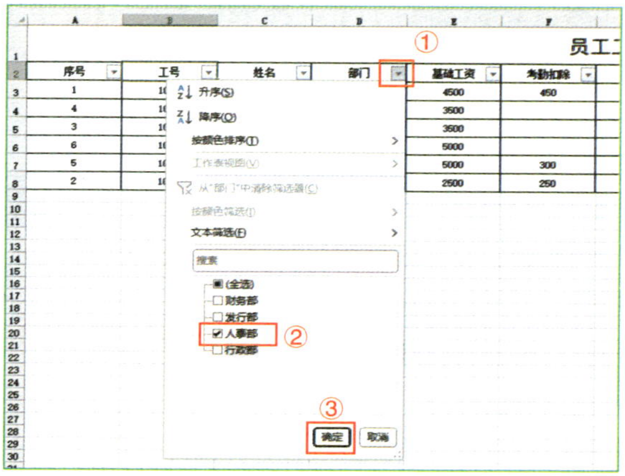

图 7–54

3 返回工作表，可以看到只显示人事部的员工信息，其他部门的员工信息被隐藏起来了，如图 7–55 所示。

图 7–55

3.使用数据透视表分析

如果需要对“员工工资明细表”中的数据进行汇总，并以图文的形式显示时，可以使用数据透视表和数据透视图，具体操作步骤如下：

1 打开“员工工资明细表”，选中任意一个单元格，此处选择 B2 单元格，单击【插入】选项卡下的【表格】选项组中的【数据透视表】按钮，如图 7–56 所示。

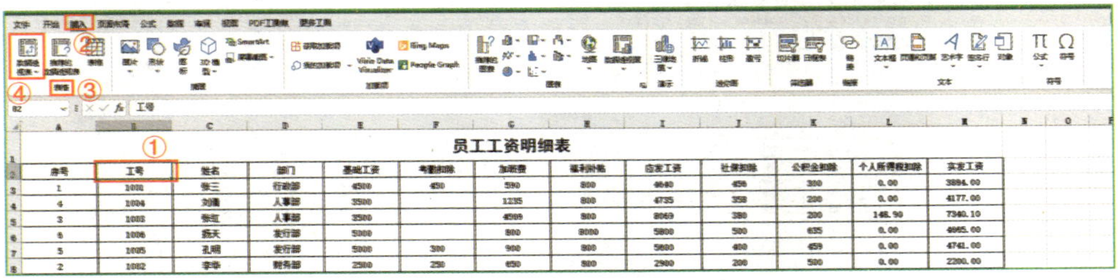

图 7–56

2 弹出【来自表格或区域的数据透视表】对话框，此时就会看到系统自动将 A2:M8 单元格区域添加到了【选择表格或区域】中【表 / 区域】文本框中，在【选择放置数据透视表的位置】选项组中默认选中了【新工作表】单选框，单击【确定】按钮，如图 7–57 所示。

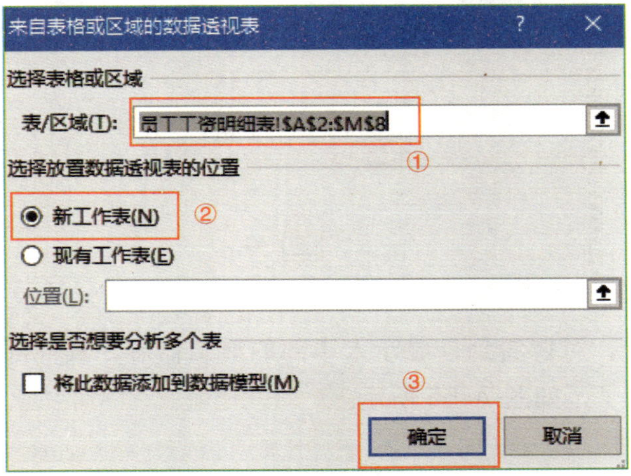

图 7–57

3 此时系统会自动在新的工作表中创建一个数据透视表的基本框架，并弹出【数据透视表字段】任务窗格，在【数据透视表字段】任务窗格中，将【序号】拖至【筛选】区域，如图 7–58 所示。

4 按照同样的方法将【部门】和【姓名】拖至【行】区域，将【基础工资】【实发工资】拖至【值】区域，如图 7–59 所示。

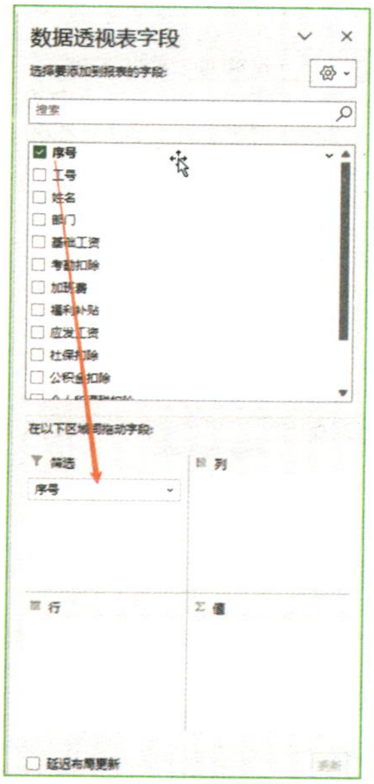

图 7–58

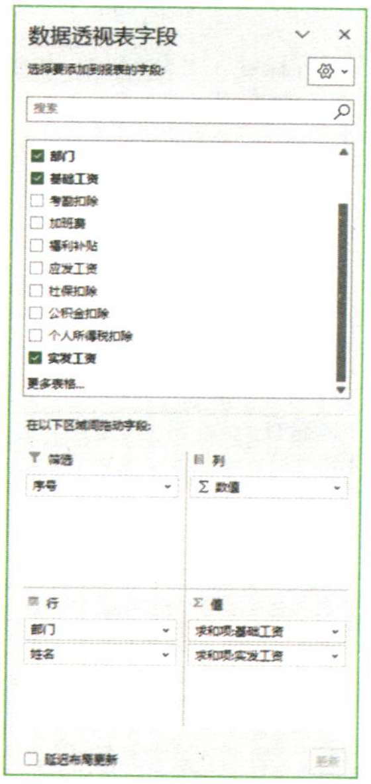

图 7–59

5 排序后的效果如图 7–60 所示。

	A	B	C
1	序号	(全部)	
2			
3	行标签	求和项:基础工资	求和项:实发工资
4	⊟财务部	2500	2200
5	李华	2500	2200
6	⊟发行部	10000	9406
7	孔明	5000	4741
8	扬天	5000	4665
9	⊟人事部	7000	11517.1
10	刘倩	3500	4177
11	张红	3500	7340.1
12	⊟行政部	4500	3884
13	张三	4500	3884
14	总计	24000	27007.1
15			

图 7–60

6 选中 B3 单元格，单击鼠标右键，在快捷菜单中选择【值字段设置】命令，如图 7–61 所示。

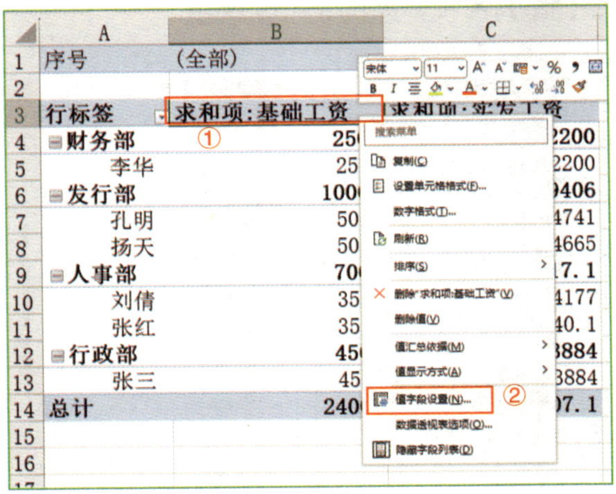

图 7–61

7 弹出【值字段设置】对话框，在【计算类型】列表框中选择【平均值】，单击【确定】按钮，如图 7–62 所示。

8 选中 C3 单元格，单击鼠标右键，在快捷菜单中选择【值字段设置】命令，弹出【值字段设置】对话框，单击【值显示方式】选项卡，设置值显示方式为【列汇总的百分比】，单击【确定】按钮，如图 7–63 所示。

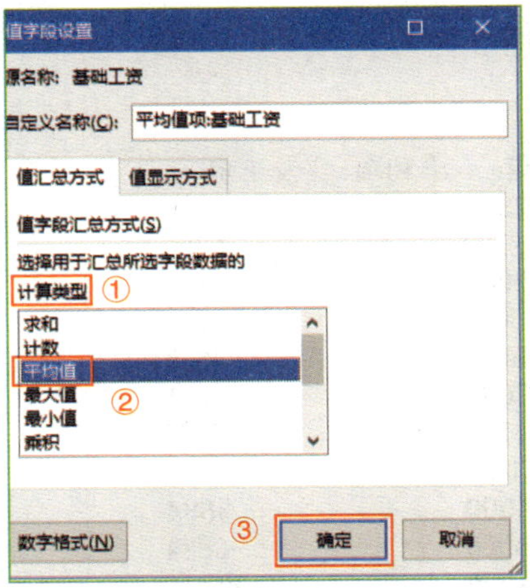

图 7–62

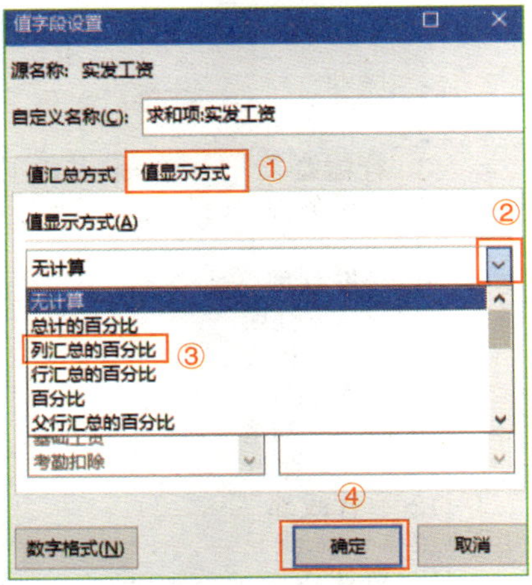

图 7–63

9 返回数据透视表，值字段设置后的效果如图 7-64 所示。

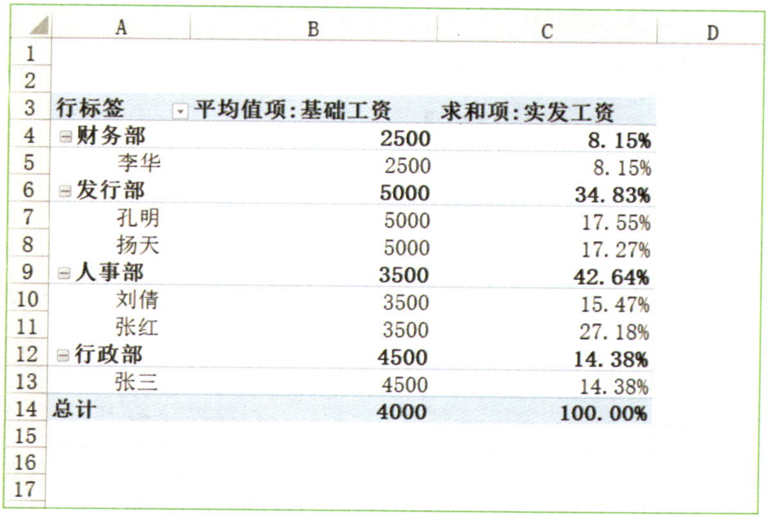

行标签	平均值项:基础工资	求和项:实发工资
财务部	2500	8.15%
李华	2500	8.15%
发行部	5000	34.83%
孔明	5000	17.55%
扬天	5000	17.27%
人事部	3500	42.64%
刘倩	3500	15.47%
张红	3500	27.18%
行政部	4500	14.38%
张三	4500	14.38%
总计	4000	100.00%

图 7-64

10 选中数据透视表中任意一个单元格，此处选择 A3 单元格，单击【数据透视表分析】选项卡下的【工具】选项组中的【数据透视图】按钮，如图 7-65 所示。

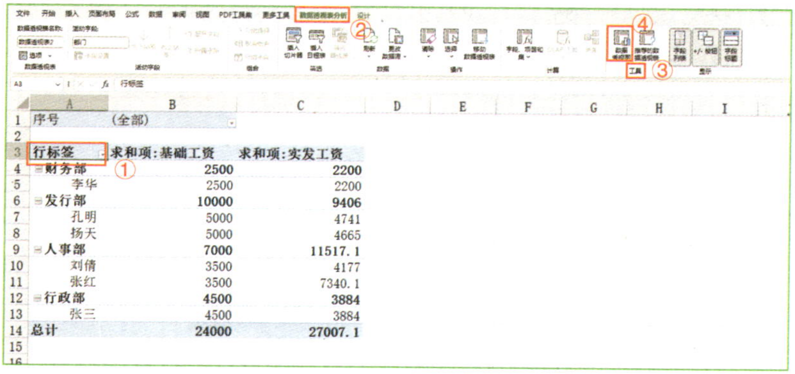

序号	(全部)	
行标签	求和项:基础工资	求和项:实发工资
财务部	2500	2200
李华	2500	2200
发行部	10000	9406
孔明	5000	4741
扬天	5000	4665
人事部	7000	11517.1
刘倩	3500	4177
张红	3500	7340.1
行政部	4500	3884
张三	4500	3884
总计	24000	27007.1

图 7-65

11 弹出【插入图表】对话框，在【所有图标】列表框中选择【柱形图】，再在右侧选择【三维堆积柱形图】，单击【确定】按钮，如图 7-66 所示。

12 调整图标的位置和大小，选中图表，在【设计】选项卡下【图表样式】选项组中选择合适的样式，如图 7-67 所示。

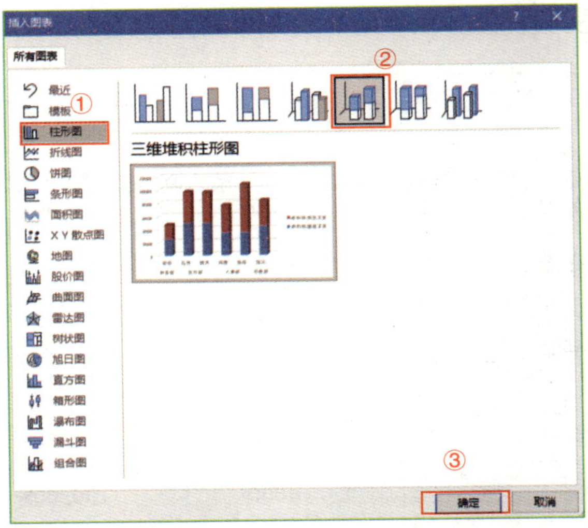

图 7–66

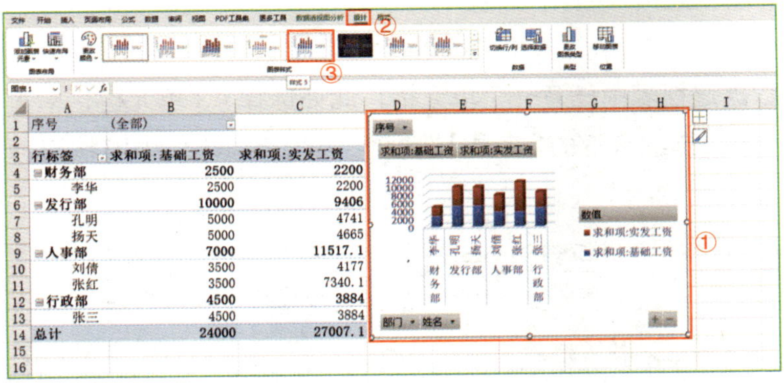

图 7–67

13 效果如图 7–68 所示。

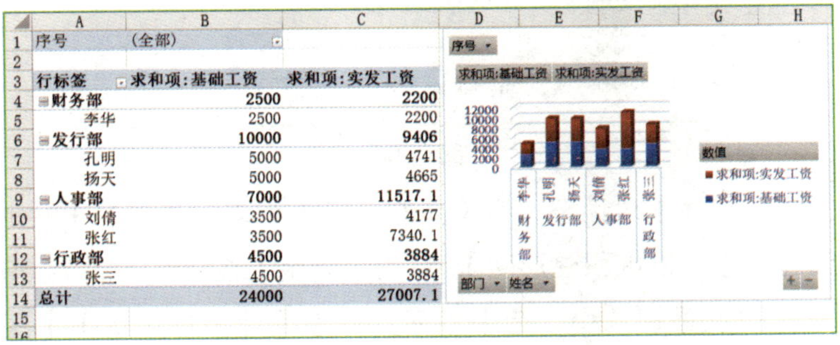

图 7–68

Chapter

08

第 8 章

员工入职与离职管理

导读 ▷

企业中的每位员工在入职和离职前都需要在人力资源部门办理入职和离职手续的，入职和离职相关的手续是不同的，本章将详细介绍利用Excel创建员工入职和离职相关表格的方法和步骤。

学习要点：★学会创建员工入职管理表

★学会创建员工离职管理表

8.1 员工入职管理

本节将详细介绍与员工入职管理相关的各种表格的创建。

8.1.1 创建员工入职表

创建“员工入职表”的操作步骤如下：

1 创建一个空白工作簿，将“Sheet1”工作表重命名为“员工入职表”，将第 1 行行高设置为【40】，第 2~14 行行高设置为【25】，A~G 列列宽设置为【15】，效果如图 8–1 所示。

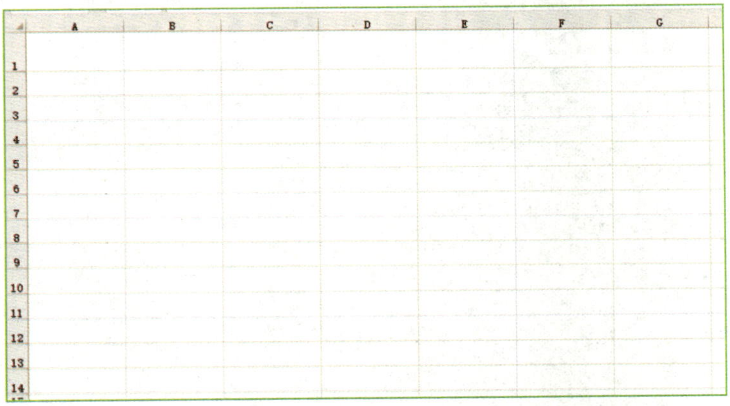

图 8–1

2 将 A1:G1 单元格合并后居中，并输入文字“员工入职表”，字体设置为【黑体】，字号设置为【20】，效果如图 8–2 所示。

3 选中 A2:G14 单元格区域，单击【开始】选项卡下【字体】选项组中的【边框】下拉按钮，在其下拉列表中选择【所有框线】命令，效果如图 8–3 所示。

4 分别将 F2:G2、F3:G3、B4:D4、A5:A8、B5:D5、B6:D6、B7:D7、B8:D8、B9:E9、B10:E10、B11:E11、B12:E12、B13:E13、F4:G8、A9:A13、F9:G13、B14:C14、E14:G14 单元格合并后居中，如图 8–4 所示。

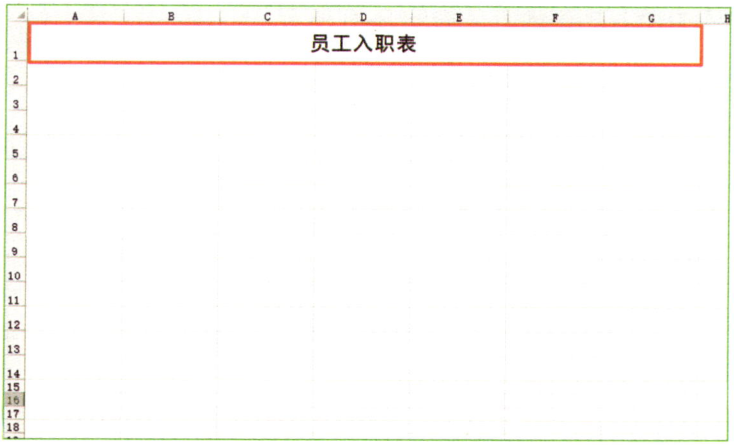

图 8–2

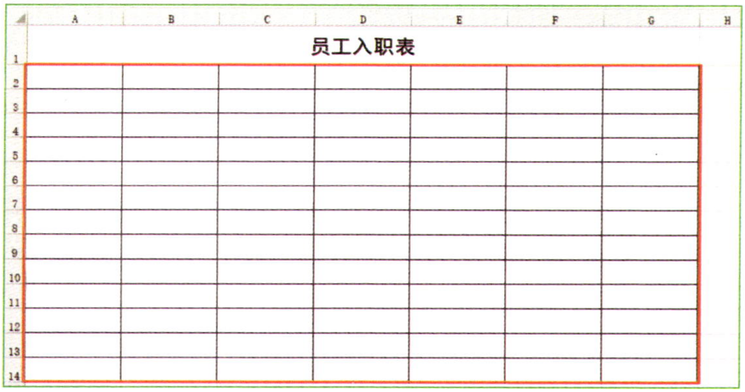

图 8–3

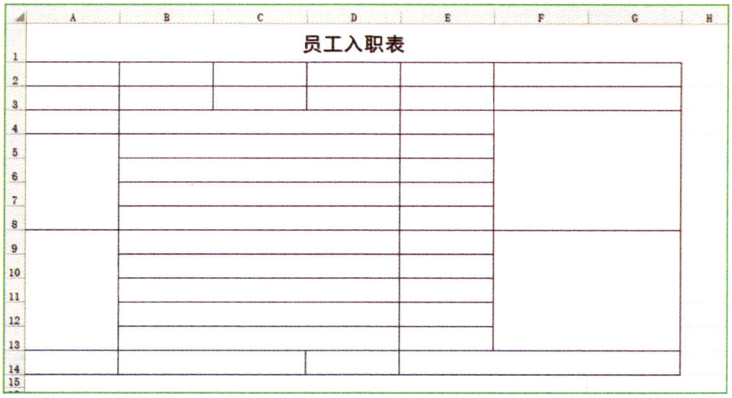

图 8–4

5 在工作表中填入相应内容，如图 8–5 所示。

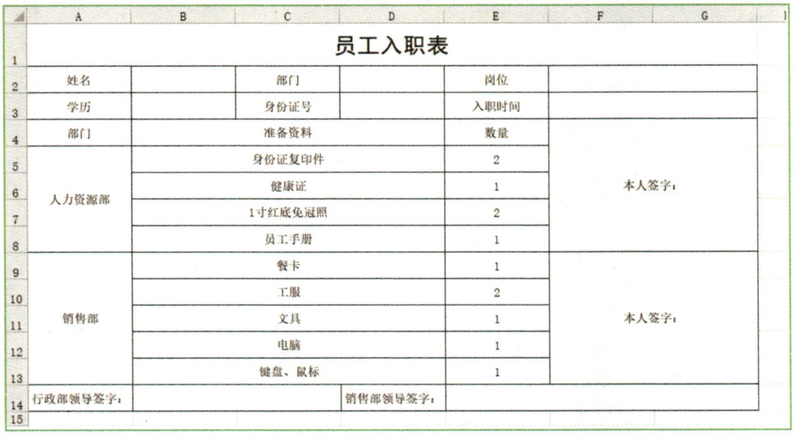

员工入职表						
姓名		部门		岗位		
学历		身份证号		入职时间		
部门	准备资料			数量		
人力资源部	身份证复印件			2	本人签字：	
	健康证			1		
	1寸红底免冠照			2		
	员工手册			1		
销售部	餐卡			1	本人签字：	
	工服			2		
	文具			1		
	电脑			1		
	键盘、鼠标			1		
行政部领导签字：			销售部领导签字：			

图 8–5

8.1.2 创建员工试用期表现表

创建“员工试用期表现表”的操作步骤如下：

1 创建一个空白工作簿，将“Sheet1”工作表重命名为“员工试用期表现表”，将第 1 行行高设置为【45】，第 2~10 行行高设置为【25】，A~E 列列宽设置为【15】，效果如图 8–6 所示。

图 8–6

2 将 A1:E1 单元格合并后居中，并输入文字“员工试用期表现表”，将字体设置为【华文仿宋】，字号设置为【20】，如图 8–7 所示。

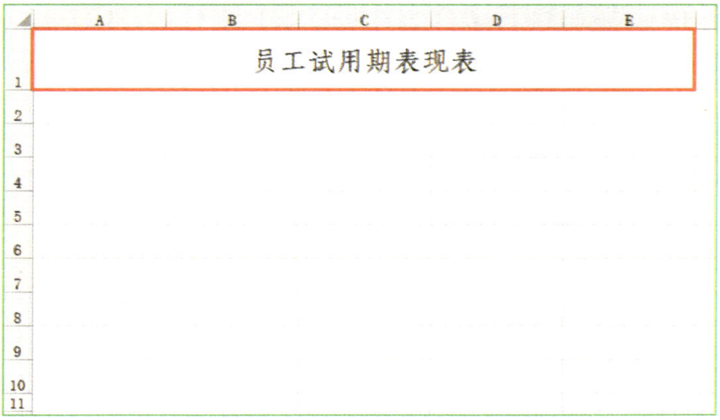

图 8-7

3 选中 A2:E10 单元格区域，单击【开始】选项卡下【字体】选项组中的【边框】下拉按钮，在其下拉列表中选择【所有框线】命令，效果如图 8-8 所示。

图 8-8

4 分别将 D2:E2、D3:E3、A9:B9、D10:E10 单元格合并后居中，如图 8-9 所示。

5 在工作表中填入相应内容，如图 8-10 所示。

6 在 E5 单元格中输入公式 “=AVERAGE(C5:D5)” 如图 8-11 所示。

图 8–9

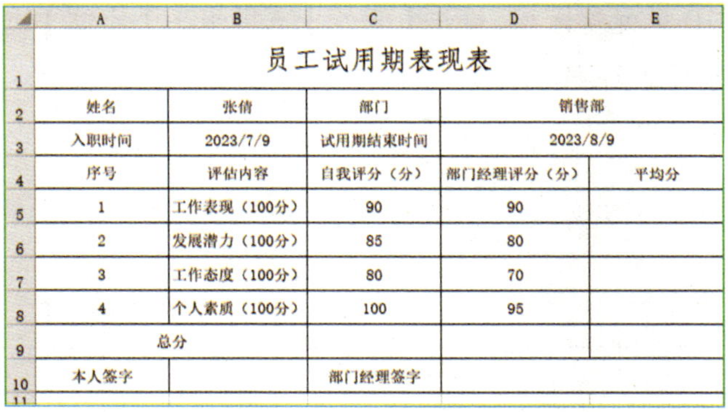

员工试用期表现表

姓名	张倩	部门	销售部	
入职时间	2023/7/9	试用期结束时间	2023/8/9	
序号	评估内容	自我评分（分）	部门经理评分（分）	平均分
1	工作表现（100分）	90	90	
2	发展潜力（100分）	85	80	
3	工作态度（100分）	80	70	
4	个人素质（100分）	100	95	
总分				
本人签字		部门经理签字		

图 8–10

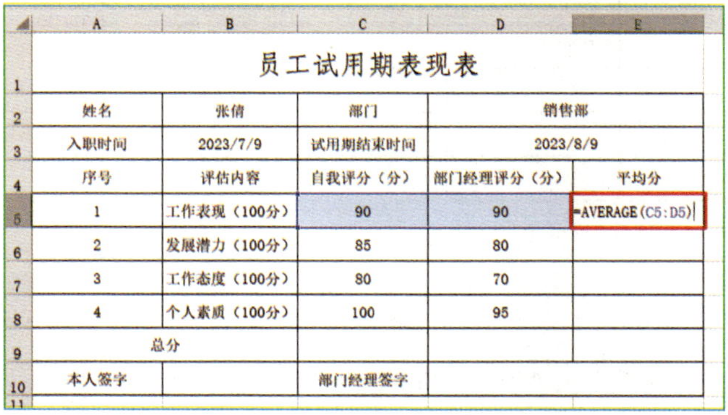

员工试用期表现表

姓名	张倩	部门	销售部	
入职时间	2023/7/9	试用期结束时间	2023/8/9	
序号	评估内容	自我评分（分）	部门经理评分（分）	平均分
1	工作表现（100分）	90	90	=AVERAGE(C5:D5)
2	发展潜力（100分）	85	80	
3	工作态度（100分）	80	70	
4	个人素质（100分）	100	95	
总分				
本人签字		部门经理签字		

图 8–11

7 按【Enter】键得出结果，如图 8–12 所示。

员工试用期表现表				
姓名	张倩	部门	销售部	
入职时间	2023/7/9	试用期结束时间	2023/8/9	
序号	评估内容	自我评分（分）	部门经理评分（分）	平均分
1	工作表现（100分）	90	90	90
2	发展潜力（100分）	85	80	
3	工作态度（100分）	80	70	
4	个人素质（100分）	100	95	
总分				
本人签字		部门经理签字		

图 8-12

8 再次单击 E5 单元格，将鼠标指针放置单元格的右下方，当鼠标指针变为【＋】时，按住鼠标左键向下拖动至 E8 单元格并填充公式，结果如图 8-13 所示。

员工试用期表现表				
姓名	张倩	部门	销售部	
入职时间	2023/7/9	试用期结束时间	2023/8/9	
序号	评估内容	自我评分（分）	部门经理评分（分）	平均分
1	工作表现（100分）	90	90	90
2	发展潜力（100分）	85	80	82.5
3	工作态度（100分）	80	70	75
4	个人素质（100分）	100	95	97.5
总分				
本人签字		部门经理签字		

图 8-13

9 在 C9 单元格中输入公式“=SUM(C5:C8)”，如图 8-14 所示。

10 按【Enter】键得出结果，如图 8-15 所示。

11 再次单击 C9 单元格，将鼠标指针放置单元格的右下方，当鼠标指针变为【＋】时，按住鼠标左键向右拖动至 E9 单元格并填充公式，结果如图 8-16 所示。

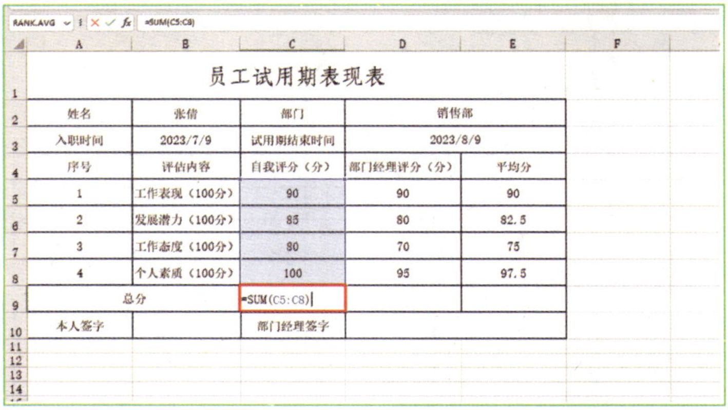

=SUM(C5:C8)

员工试用期表现表				
姓名	张倩	部门	销售部	
入职时间	2023/7/9	试用期结束时间	2023/8/9	
序号	评估内容	自我评分（分）	部门经理评分（分）	平均分
1	工作表现（100分）	90	90	90
2	发展潜力（100分）	85	80	82.5
3	工作态度（100分）	80	70	75
4	个人素质（100分）	100	95	97.5
总分		=SUM(C5:C8)		
本人签字		部门经理签字		

图 8-14

员工试用期表现表				
姓名	张倩	部门	销售部	
入职时间	2023/7/9	试用期结束时间	2023/8/9	
序号	评估内容	自我评分（分）	部门经理评分（分）	平均分
1	工作表现（100分）	90	90	90
2	发展潜力（100分）	85	80	82.5
3	工作态度（100分）	80	70	75
4	个人素质（100分）	100	95	97.5
总分		355		
本人签字		部门经理签字		

图 8-15

员工试用期表现表				
姓名	张倩	部门	销售部	
入职时间	2023/7/9	试用期结束时间	2023/8/9	
序号	评估内容	自我评分（分）	部门经理评分（分）	平均分
1	工作表现（100分）	90	90	90
2	发展潜力（100分）	85	80	82.5
3	工作态度（100分）	80	70	75
4	个人素质（100分）	100	95	97.5
总分		355	335	345
本人签字		部门经理签字		

图 8-16

8.1.3 创建员工试用期鉴定表

创建“员工试用期鉴定表”的操作步骤如下：

1 创建一个空白工作簿，将“Sheet1”重命名为“员工试用期鉴定表”，将第 2 行行高设置为【45】，第 3~9 行行高设置为【25】，B~E 列列宽设置为【15】，如图 8–17 所示。

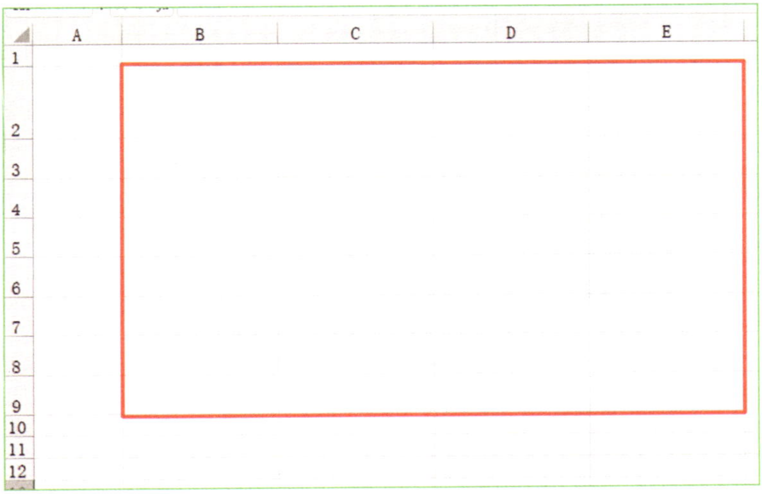

图 8–17

2 将 B2:E2 单元格合并后居中，并输入文字“员工试用期鉴定表”，字体设置为【微软雅黑】，字号设置为【22】，如图 8–18 所示。

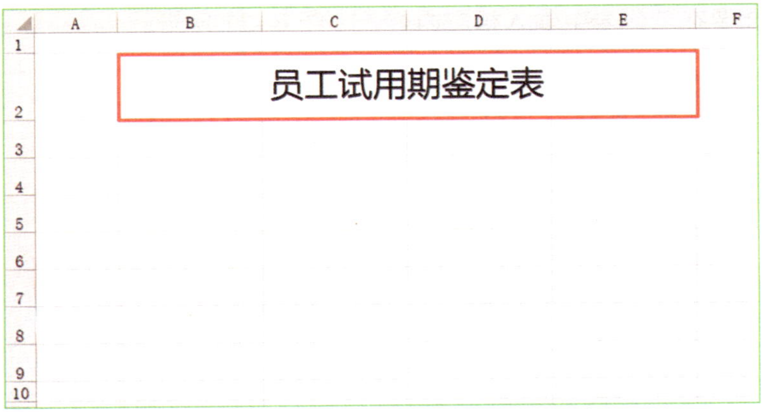

图 8–18

3 选中 B3:E9 单元格区域，如图 8-19 所示。

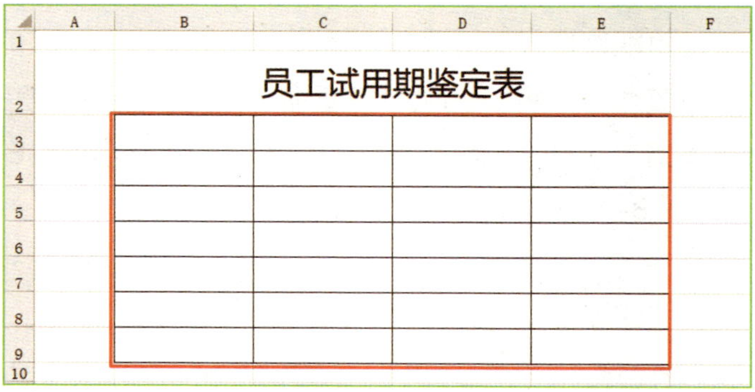

图 8-19

4 分别将 C5:E5、C6:E6、C7:E7、C8:E8、B6:B7 单元格合并后居中，效果如图 8-20 所示。

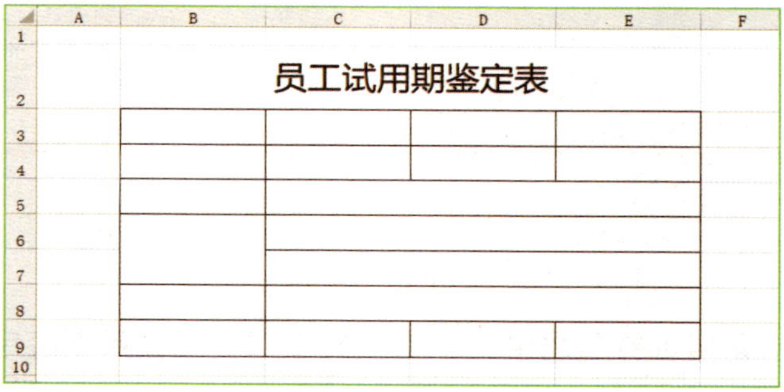

图 8-20

5 根据需要在工作表中输入相应内容，如图 8-21 所示。

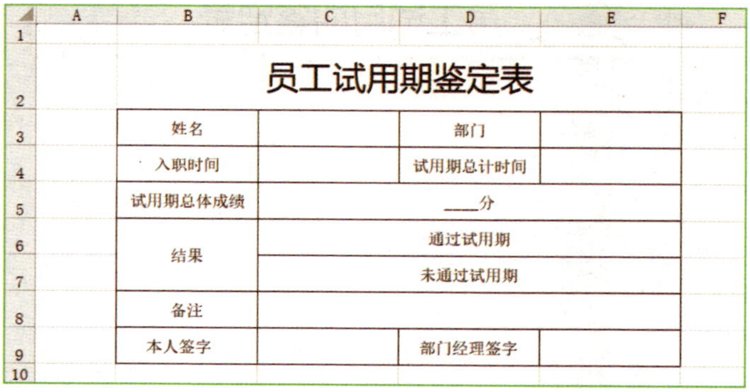

图 8-21

8.1.4 创建转正申请表

创建“转正申请表”的操作步骤如下：

1 创建一个空白工作簿，将“Sheet1”工作表重命名为“转正申请表”，将第 2 行行高设置为【45】，将第 3~7 行行高设置为【25】，B~E 列列宽设置为【15】，效果如图 8-22 所示。

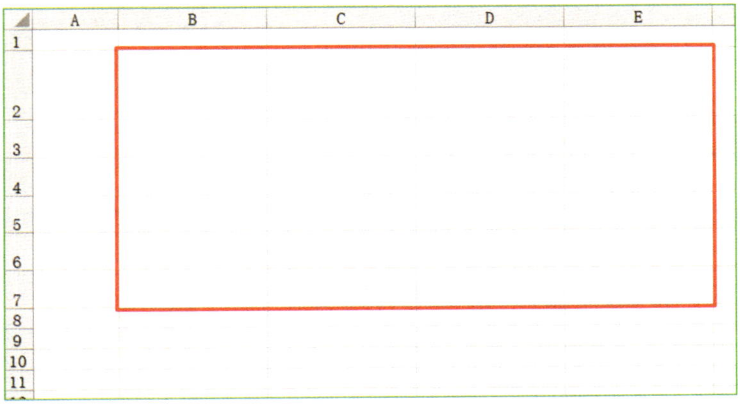

图 8-22

2 将 B2:E2 单元格合并后居中，并输入文字“转正申请表”，将字体设置为【黑体】，字号设置为【22】，效果如图 8-23 所示。

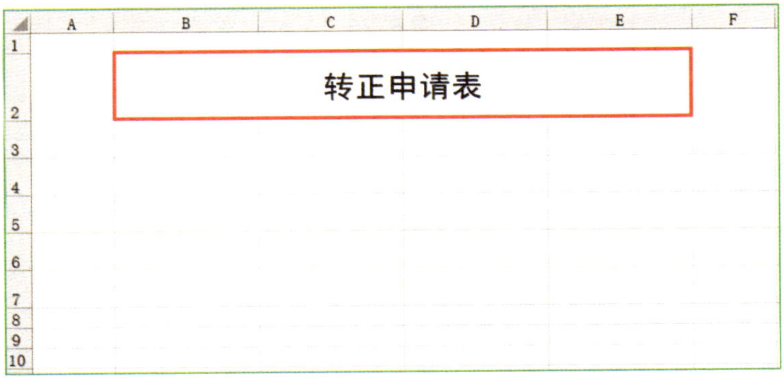

图 8-23

3 选中 B3:E7 单元格区域，单击【开始】选项卡下【字体】选项组中的【边框】下拉按钮，在其下拉列表中选择【所有框线】命令，效果如图 8-24 所示。

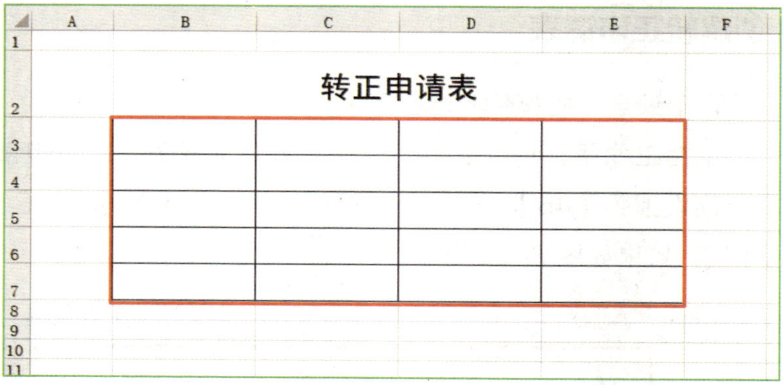

图 8–24

4 分别将 C5:E5、C6:E6 单元格合并后居中，如图 8–25 所示。

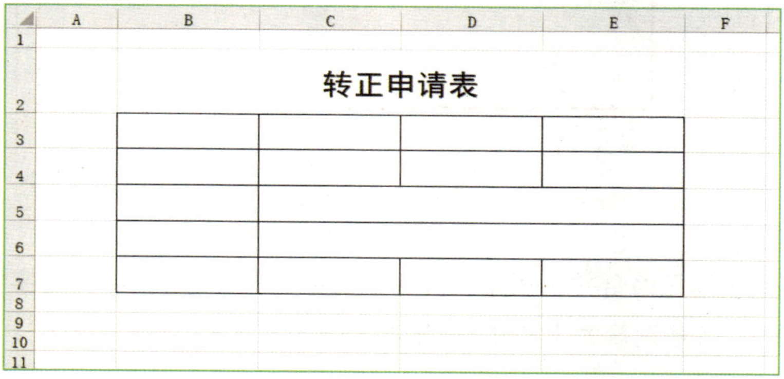

图 8–25

5 在工作表中填入合适的文字，如图 8–26 所示。

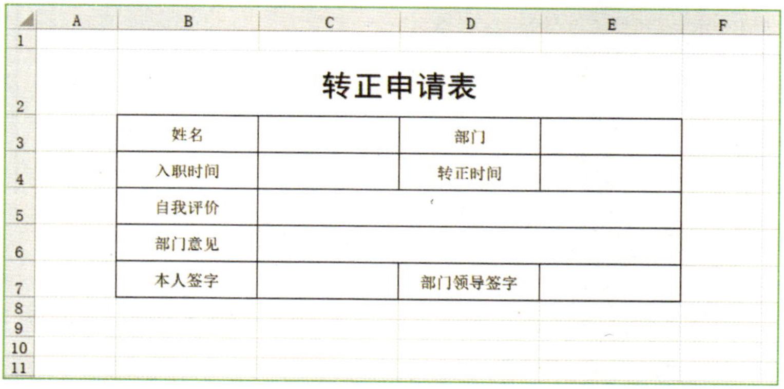

图 8–26

实用贴士

如果想要选中表格中的单元格区域，除了使用鼠标选中所需单元格区域，还可以在编辑栏左侧的名称框中输入第一个单元格名称和最后一个单元格名称，中间用英文状态下的冒号连接，如“A1:G5”。

8.2 员工离职管理

在企业中，员工如果因故离职，应提前1个月向其部门经理/总经理提出书面申请。离职时必须办理相关的离职手续。本节将详细介绍与员工离职管理相关的各种表格的创建。

8.2.1 创建员工离职申请表

创建“员工离职申请表”的操作步骤如下：

1 创建一个空白工作簿，将“Sheet1”重命名为“离职申请表”，将第1行行高设置为【45】，第2~9行行高设置为【20】，A~F列列宽设置为【15】，如图8–27所示。

图8–27

2 将A1:F1单元格合并后居中，并输入文字“离职申请表”，将字体设置为【黑体】，字号设置为【20】，效果如图8–28所示。

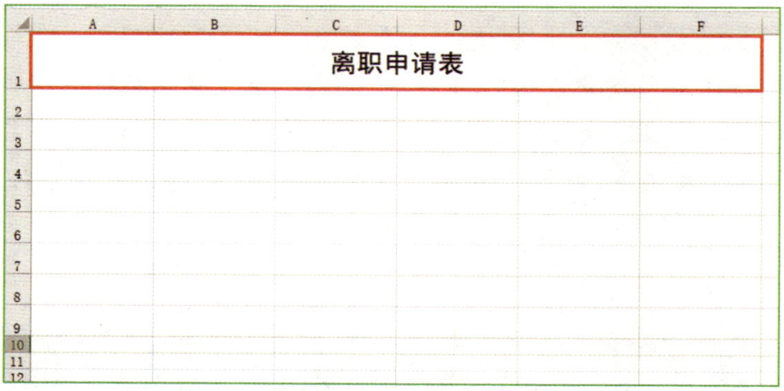

图 8–28

3 选中 A2:F9 单元格区域，单击【开始】选项卡下【字体】选项组中的【边框】下拉按钮，在其下拉列表中选择【所有框线】命令，效果如图 8–29 所示。

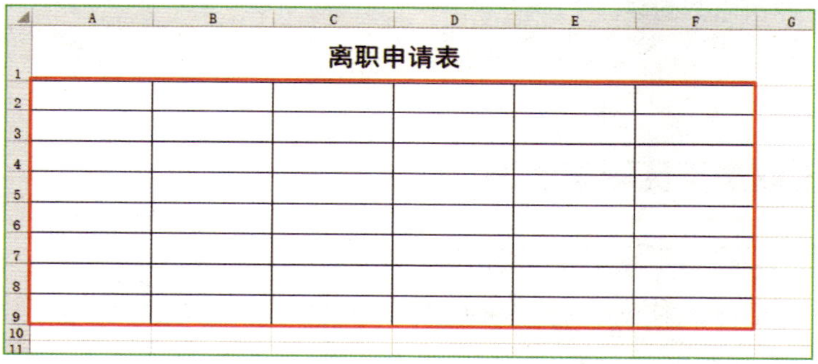

图 8–29

4 分别将 B4:F4、A5:F5、A6:B6、C6:D6、E6:F6、B9:F9、A7:B8、C7:D8、E7:F8 单元格合并后居中，如图 8–30 所示。

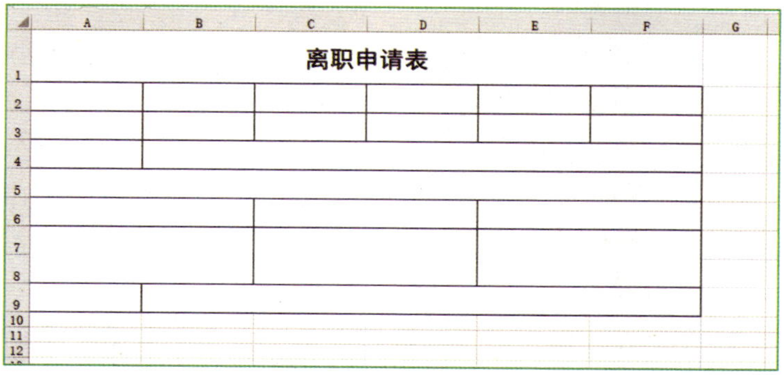

图 8–30

5 在表格中填入合适的文字，如图 8–31 所示。

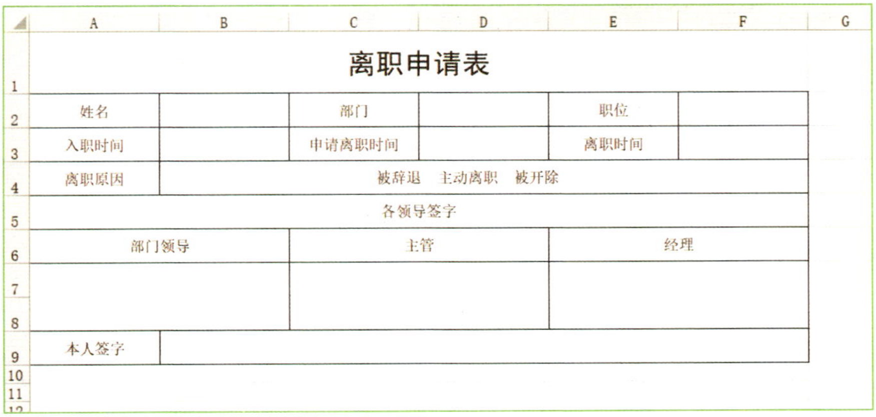

图 8–31

6 选中 C4:F4 单元格区域，将光标定位在“被辞退”的前面，单击【插入】选项卡下【符号】选项组中的【符号】按钮，如图 8–32 所示。

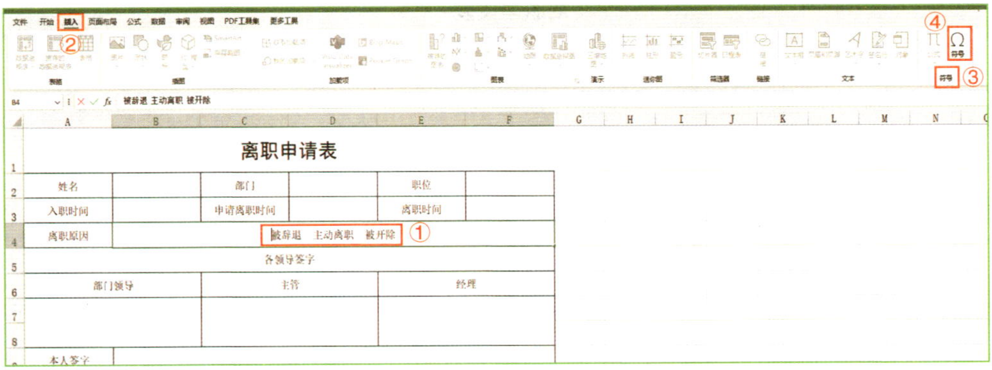

图 8–32

7 弹出【符号】对话框，但就【符号】选项，在【字体】下拉列表中选择【Wingdings2】，再选择合适的图形，单击【插入】按钮，然后单击【 × 】按钮，如图 8–33 所示。

8 返回工作表，效果如图 8–34 所示。

9 以同样的方式分别在“主动离职”“被开除”前面插入该符号，效果如图 8–35 所示。

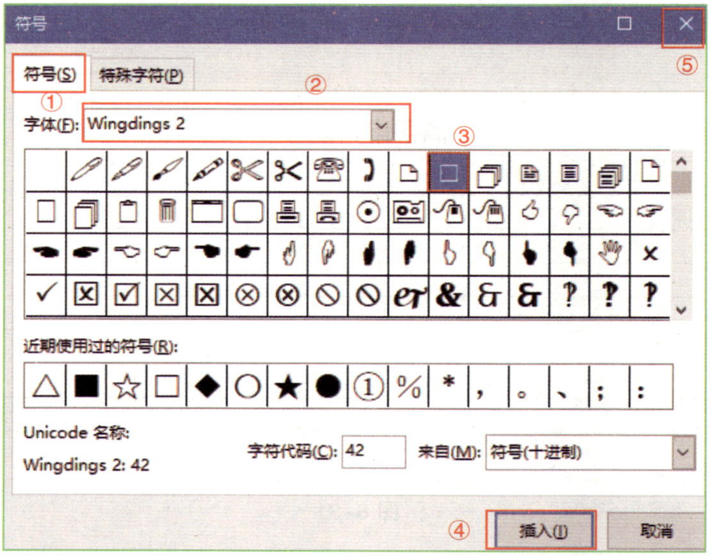

图 8–33

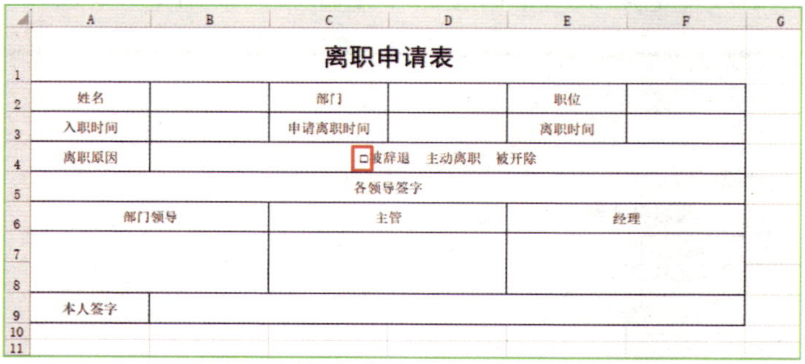

离职申请表

姓名		部门		职位	
入职时间		申请离职时间		离职时间	
离职原因	□被辞退　主动离职　被开除				
各领导签字					
部门领导		主管		经理	
本人签字					

图 8–34

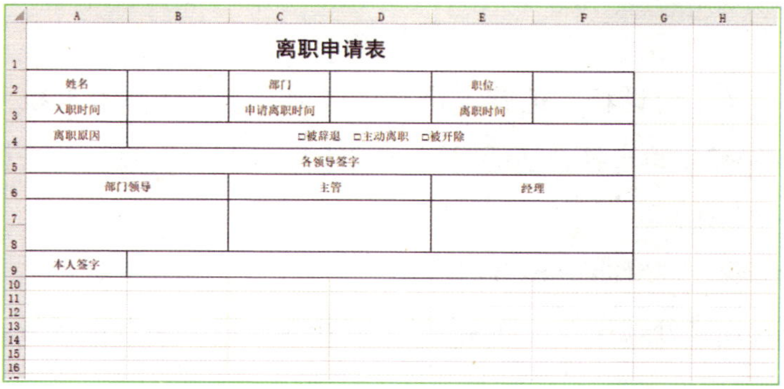

离职申请表

姓名		部门		职位	
入职时间		申请离职时间		离职时间	
离职原因	□被辞退　□主动离职　□被开除				
各领导签字					
部门领导		主管		经理	
本人签字					

图 8–35

实用贴士

在插入符号时，如果插入的是相同符号，那么可以在弹出的【符号】对话框中，在【近期使用过的符号】中直接选择相关符号。

8.2.2 分析员工离职原因

利用图表分析员工离职原因的操作步骤如下：

1 创建一个空白工作簿，将“Sheet1”工作表重命名为“离职原因”，将第2行行高设置为【45】，将第3~8行行高设置为【25】，将B~I列列宽设置为【15】，如图8-36所示。

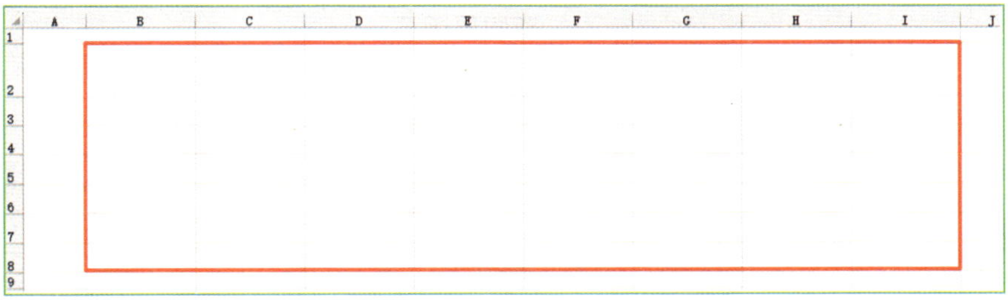

图8-36

2 将B1:I1单元格合并后居中，并输入文字“离职原因”，将字体设置为【黑体】，字号设置为【22】，如图8-37所示。

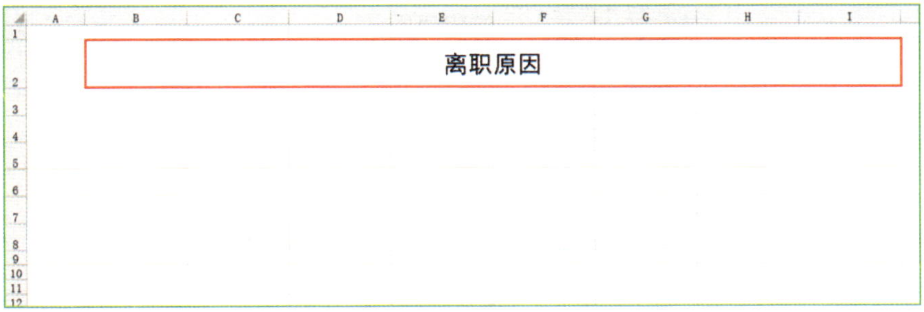

图8-37

3 选中B2:I8单元格区域，单击【开始】选项卡下【字体】选项组中的【边框】下拉按钮，在其下拉列表中选择【所有框线】命令，效果如图 8–38 所示。

图 8–38

4 分别将 B3:B4、C3:I3 单元格合并后居中，如图 8–39 所示。

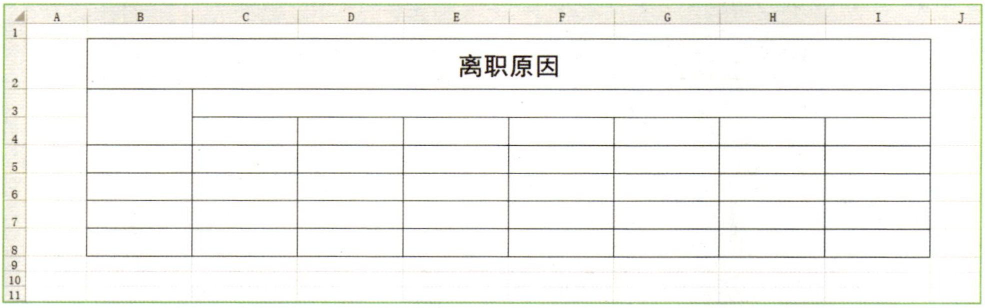

图 8–39

5 在工作表中填入相应内容，如图 8–40 所示。

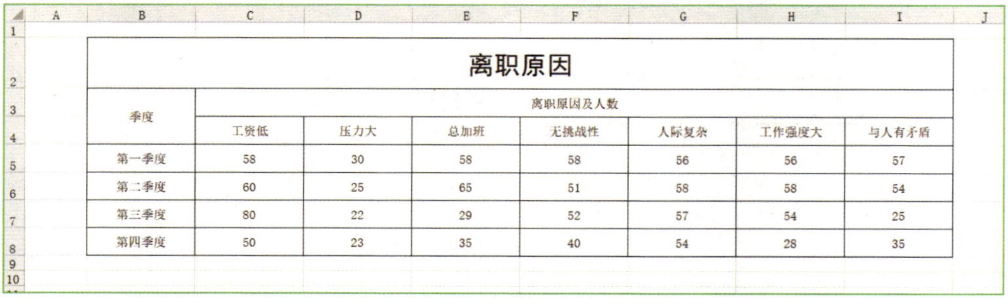

离职原因							
季度	离职原因及人数						
	工资低	压力大	总加班	无挑战性	人际复杂	工作强度大	与人有矛盾
第一季度	58	30	58	58	56	56	57
第二季度	60	25	65	51	58	58	54
第三季度	80	22	29	52	57	54	25
第四季度	50	23	35	40	54	28	35

图 8–40

6 选中 B3:I8 单元格区域，单击【插入】选项卡下【图表】选项组中的【选择推荐的图表】，如图 8–41 所示。

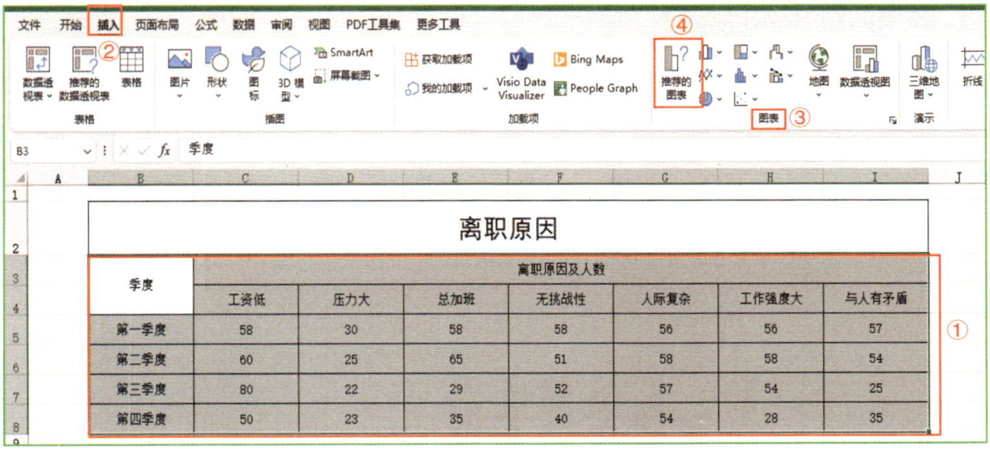

离职原因							
季度	离职原因及人数						
	工资低	压力大	总加班	无挑战性	人际复杂	工作强度大	与人有矛盾
第一季度	58	30	58	58	56	56	57
第二季度	60	25	65	51	58	58	54
第三季度	80	22	29	52	57	54	25
第四季度	50	23	35	40	54	28	35

图 8–41

7 弹出【插入图表】对话框，在【推荐的图表】列表框中选择【簇状柱形图】，最后单击【确定】按钮，如图 8–42 所示。

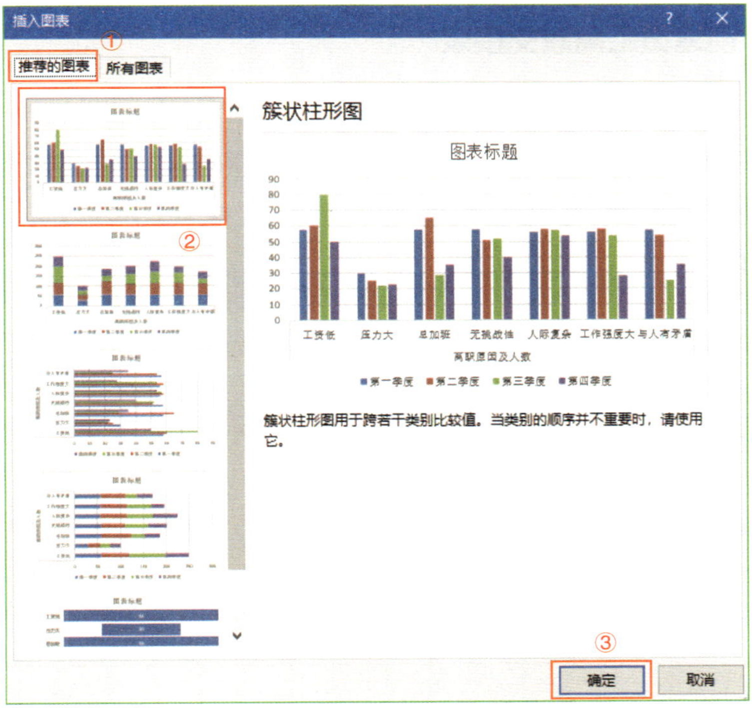

图 8–42

8 效果如图 8-43 所示。

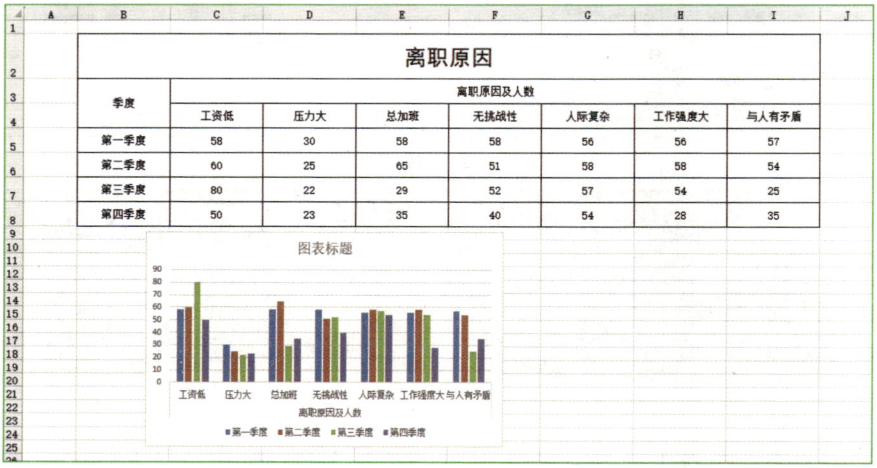

离职原因							
季度	离职原因及人数						
	工资低	压力大	总加班	无挑战性	人际复杂	工作强度大	与人有矛盾
第一季度	58	30	58	58	56	56	57
第二季度	60	25	65	51	58	58	54
第三季度	80	22	29	52	57	54	25
第四季度	50	23	35	40	54	28	35

图 8-43

8.2.3 创建员工离职交接表

创建“员工离职交接表”的操作步骤如下：

1 创建一个空白工作簿，将“Sheet1”工作表重命名为“离职交接表”，将第 1 行行高设置为【45】，将第 2~9 行行高设置为【25】，A~G 列列宽设置为【15】，如图 8-44 所示。

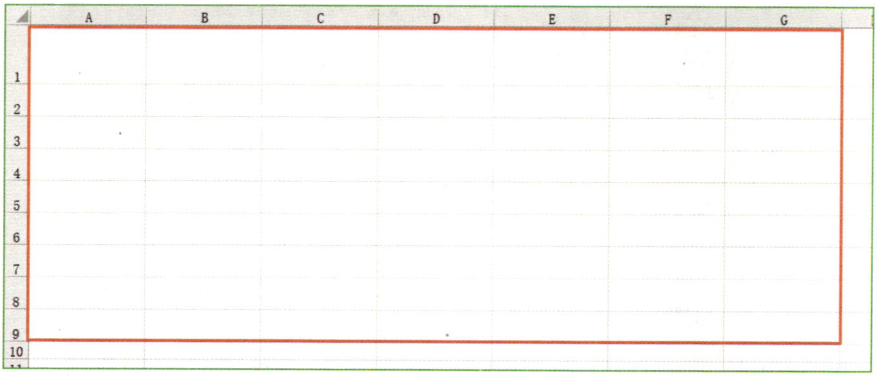

图 8-44

2 将 A1:G1 单元格合并后居中，并输入文字“离职交接表”，将字体设置为

【黑体】，字号设置为【22】，如图 8–45 所示。

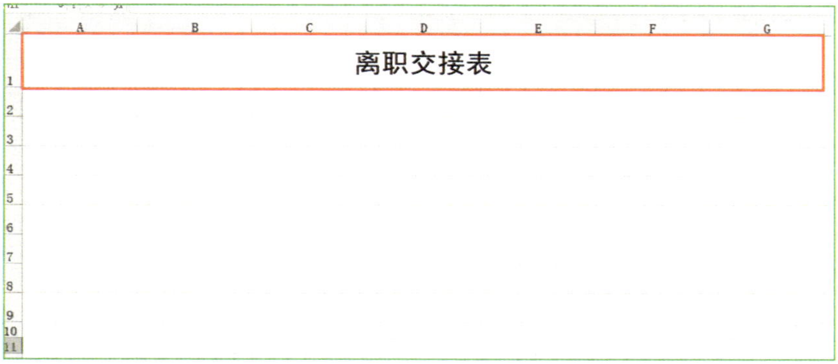

图 8–45

3 选择 A2:G9 单元格区域，单击【开始】选项卡下【字体】选项组中的【边框】下拉按钮，在其下拉列表中选择【所有框线】命令，效果如图 8–46 所示。

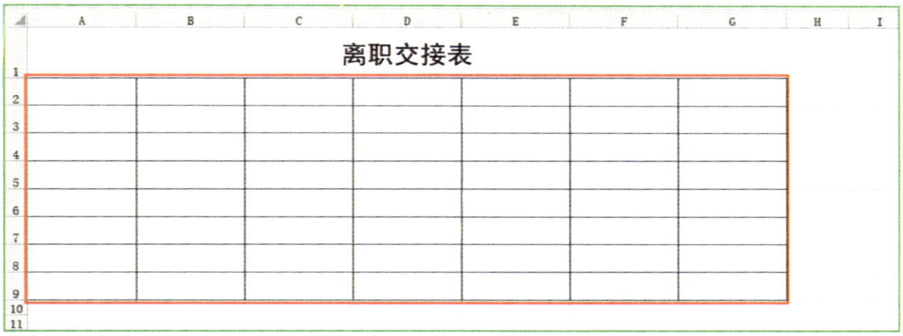

图 8–46

4 分别将 F2:G2、F3:G3、C4:E4、A5:A6、A7:A8、B5:B6、B7:B8、A9:G9、G5:G6、G7:G8 单元格合并后居中，如图 8–47 所示。

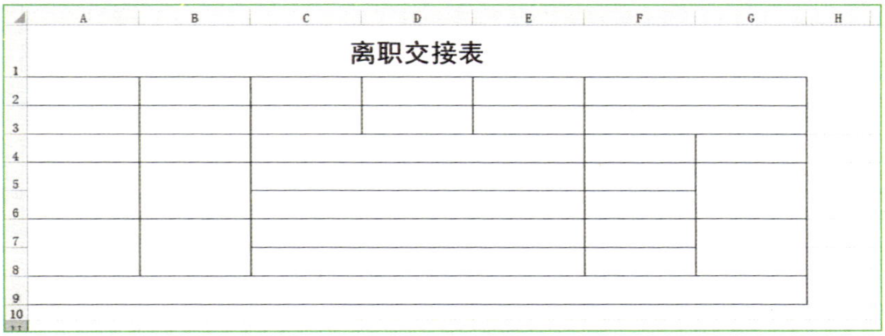

图 8–47

5 根据需要在工作表中填入相应内容，如图 8–48 所示。

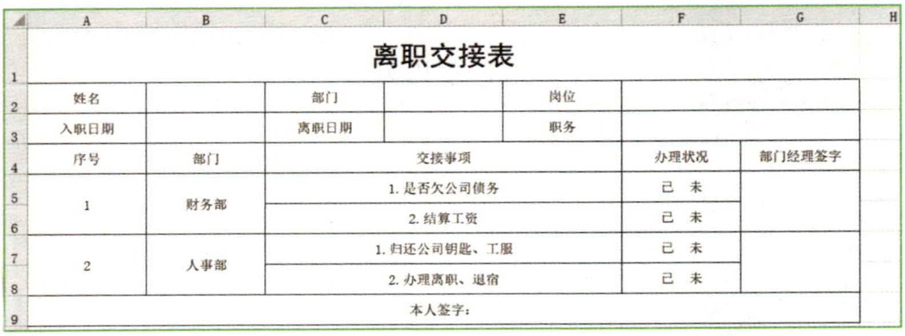

离职交接表					
姓名		部门		岗位	
入职日期		离职日期		职务	
序号	部门	交接事项		办理状况	部门经理签字
1	财务部	1. 是否欠公司债务		已 未	
		2. 结算工资		已 未	
2	人事部	1. 归还公司钥匙、工服		已 未	
		2. 办理离职、退宿		已 未	
本人签字：					

图 8–48

6 选中 C5:E6 单元格区域，按住【Ctrl】键再选中 A9:G9 单元格区域，单击【开始】选项卡下的【对齐方式】选项组中的【≡】按钮，如图 8–49 所示。

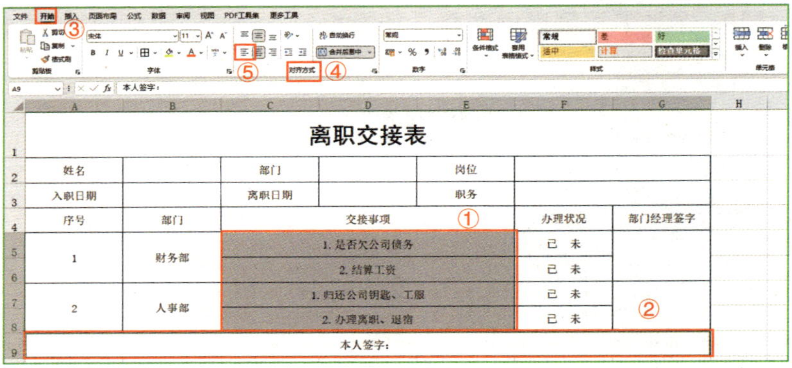

图 8–49

7 效果如图 8–50 所示。

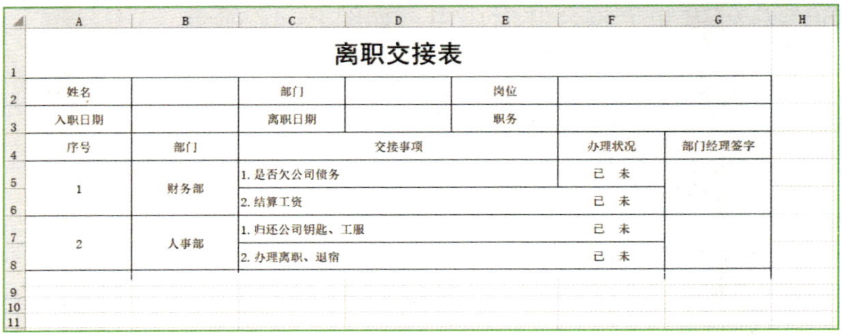

离职交接表					
姓名		部门		岗位	
入职日期		离职日期		职务	
序号	部门	交接事项		办理状况	部门经理签字
1	财务部	1. 是否欠公司债务		已 未	
		2. 结算工资		已 未	
2	人事部	1. 归还公司钥匙、工服		已 未	
		2. 办理离职、退宿		已 未	

图 8–50

8 选中 F5 单元格，将光标定位在“已”的前面，单击【插入】选项卡下【符号】选项组中的【符号】按钮，如图 8-51 所示。

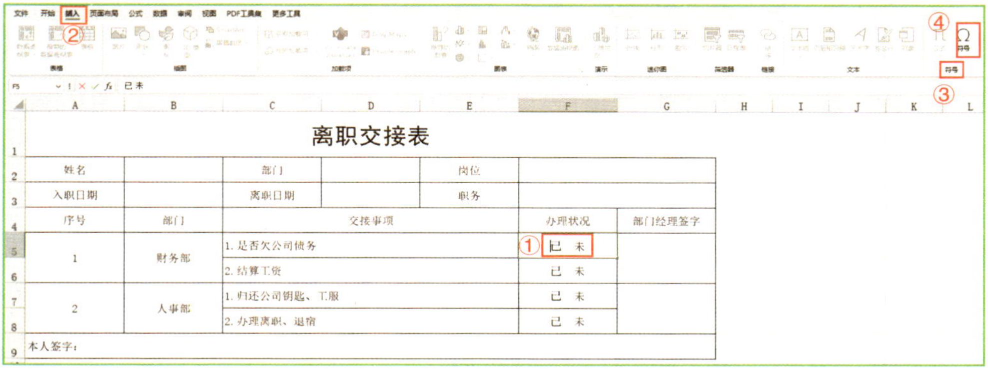

图 8-51

9 单击【符号】选项下【字体】下拉按钮，选择【Wingdings2】，在下面选择合适的符号，单击【插入】按钮，最后单击【 × 】按钮，如图 8-52 所示。

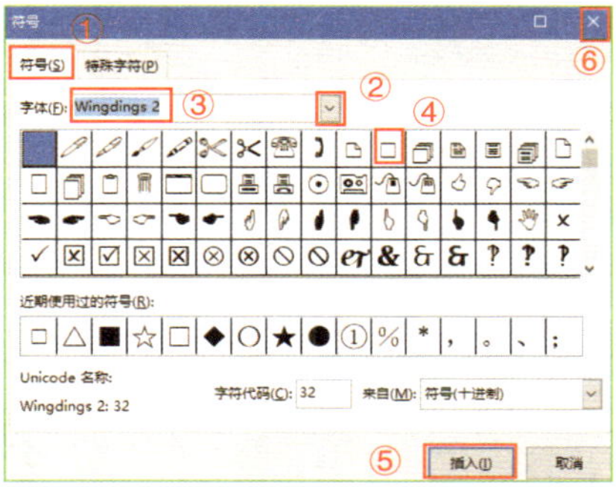

图 8-52

10 效果如图 8-53 所示。

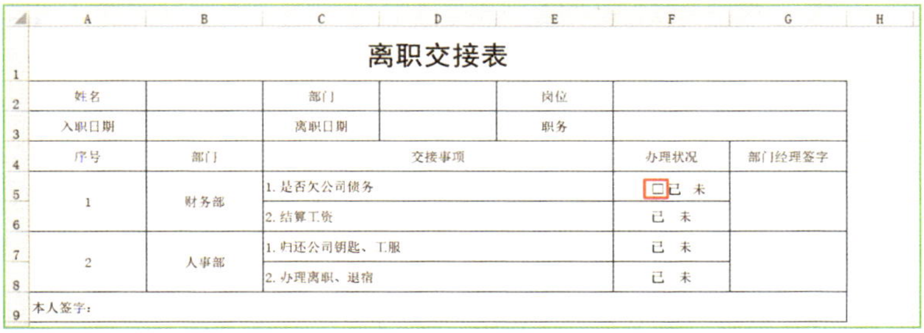

图 8-53

11 利用同样的方式，分别在其他的“已”“未”前添加该符号，最终效果如图 8-54 所示。

离职交接表

姓名		部门		岗位		
入职日期		离职日期		职务		
序号	部门	交接事项			办理状况	部门经理签字
1	财务部	1. 是否欠公司债务			□已 □未	
		2. 结算工资			□已 □未	
2	人事部	1. 归还公司钥匙、工服			□已 □未	
		2. 办理离职、退宿			□已 □未	
本人签字：						

图 8-54